तुलसीदास कृत

कवितावली

तुलसीदास कृत

कवितावली

सम्पादक

सुधाकर पाण्डेय

लोकभारती प्रकाशन

लोकभारती प्रकाशन
पहली मंजिल, दरबारी बिल्डिंग, महात्मा गाँधी मार्ग
प्रयागराज-211 001
वेबसाइट : www.lokbhartiprakashan.com
ईमेल : info@lokbhartiprakashan.com

शाखाएँ : 1-बी, नेताजी सुभाष मार्ग, दरियागंज
नयी दिल्ली-110 002
अशोक राजपथ, साइन्स कॉलेज के सामने
पटना-800 006
36-ए, शेक्सपियर सरणी
कोलकाता-700 017 (प. बंगाल)

मूल्य : ₹ 400

नवीन संस्करण : 2022

जे.के. आर्ट प्रेस
प्रयागराज द्वारा मुद्रित

KAVITAWALI
Edited by Sudhakar Pandey

ISBN : 978-81-8031-124-6

अनुक्रमणिका

प्रस्तावना	....	१-३६
१. बाल कांड	....	१
२. अयोध्या कांड	....	१६
३. अरण्य कांड	....	३३
४. किष्किंधा कांड	....	३४
५. सुन्दर कांड	....	३५
६. लंका कांड	....	५९
७. उत्तर कांड	....	९७

प्रस्तावना

भारत में मुस्लिम शासन के विकास के प्रथम वेग में इस्लाम का प्रगाढ़ प्रभाव था। पर ज्यों-ज्यों समय व्यतीत होते लगा, त्यों-त्यों भारतीय जन-मन को इसकी एकांगिकता एवं अपूर्णता का बोध होने लगा। अनेक मुस्लिम शासकों की उदार नीति के कारण सारे देश के लोकग्राही सुधी, सन्त, फकीर, महात्मा इस अभाव की पूर्ति में लगे और उत्तरी भारत में सर्वाधिक महत्त्वपूर्ण कार्य महात्मा रामानन्द ने किया। इनके पूर्व भी नामदेव, त्रिलोचन आदि रामभक्ति के प्रचारक लोक-सेवक महात्मा हो चुके थे। पर स्वामी रामानन्द ने पन्द्रहवीं शताब्दी में राम-भक्ति परम्परा को नया आलोक दिया।

स्वामी रामानुजाचार्य ने भक्ति के प्रसार के लिए वैष्णव श्री सम्प्रदाय की स्थापना की। श्री शंकराचार्य द्वारा प्रतिष्ठित अद्वैतवाद में रसात्मक भक्ति के लिए कोई स्थान नहीं था। वे उसे भो माया के अन्तर्गत ही मानते थे। ऐसी परिस्थिति में जन-जीवन में उस भाव की प्रतिष्ठा, जिसका प्रवर्तन रामानुजाचार्य ने किया, अत्यन्त लोकग्राही हुई। इनका मत विशिष्टाद्वैत के नाम से प्रसिद्ध हुआ। इस मत के अनुसार जीव ब्रह्म का अंश है। उसकी उत्पत्ति भी उसी से होती है और वह उसी में लय भी होता है। मनुष्य प्रेम या भक्ति द्वारा उससे तादात्म्य स्थापित कर सकता है। उनकी १३वीं पीढ़ी के बाद इस सम्प्रदाय के प्रधान आचार्य स्वामी श्री राघवानन्द हुए, जो काशी में रहते थे। रामानन्द जी उन्ही के परम समर्थ शिष्य थे।

यद्यपि रामानन्द जी रामानुजाचार्य के मतावलम्बी थे, तो भी इन्होंने युग के अनुरूप उसका संसार-प्रिय रूप ग्रहण किया। इसके संस्कर्ता भी वे स्वयं बने। इन्होंने विष्णु के स्थान पर लोक-लीला विस्तारक परम पुरुष राम को अपना इष्ट बनाया और 'राम' नाम इनकी साधना का मूलमन्त्र बना। यद्यपि राम का स्मरण इसके पूर्व ही साधना के क्षेत्र में साधक कर चुके थे, तथापि लोक में परम ब्रह्म को सगुण रूप में रामानन्द ने ही प्रतिष्ठित किया। राम के इस लोक-रूप की प्रतिष्ठा के लिये उन्होंने प्रबल आन्दोलन किया तथा एक विशाल संगठन भी। लोगों को ऐसे भगवान् का रूप बताया, जिसका प्रत्येक जाति, प्रत्येक वर्ग और प्रत्येक देश के लोग इस लोक में साक्षात् पा सकते हैं। उनकी यह भाव-धारा विशुद्ध पौराणिक थी। इसका उद्गम-स्थान महाभारत और पुराण

था तथा यह वर्णाश्रम-व्यवस्था की पूर्ण समर्थिका थी। नव-निर्माण की भावना से अनुप्राणित रामानन्द जी का युग के अनुरूप यह नवीन क्रांतदर्शी जीवनदर्शन था। सभी प्रकार का भेदभाव तोड़कर उन्होंने हिन्दू-मुसलमान, ऊँच-नीच यहाँ तक कि महिलाओं को भी अपना शिष्य बनाया, जिनमें से अनेक ने अपने-अपने क्षेत्र में युग-विधायक कार्य सम्पन्न किए।

तुलसीदास

यद्यपि रामानन्दी सम्प्रदाय में दीक्षित भक्तगण लोक में पुरुषोत्तम राम की प्रतिष्ठा में दत्तचित्त होकर लगे थे, तो भी तुलसीदास के पूर्व तक इतनी बड़ी किसी प्रतिभा का दर्शन इन भाव-धारा में नहीं हुआ, जो रामानन्द द्वारा प्रशस्त सहज मार्ग को जन-मन के हृदय पर युग-युग के लिए राजपथ के रूप में प्रतिष्ठित कर सके।

तुलसीदास अत्यन्त विनय सम्पन्न-स्वाभिमानी एवं सदाचारी भक्त थे। उन्होंने अपने विषय में स्वयं जो कुछ कहीं-कहीं कहा है, उससे उनके जीवन-वृत्त की स्पष्ट रूपरेखा ज्ञात करना संभव नहीं। क्षेत्रीयता, साम्प्रदायिकता, पांडित्य की यशोलिप्सा तथा नवीन अनुसंधानों द्वारा स्वयं को आभूषित कर कुछ नवीन बातें ढूंढ़ निकालने की प्रवृत्ति ने तुलसीदास के जीवन-वृत्त को इस भाँति आच्छन्न कर लिया है, जिस भाँति किसी गुप्त स्थान में छिपी हुई श्री सम्पदा को प्रचलित जनश्रुतियाँ। थोड़े-थोड़े समय के बाद नवीन-नवीन ग्रन्थों का पता चलता रहता है, नई-नई बातें कही जाती हैं, पर जिन आधारों को लेकर ऐसा किया जाता है, उन आधारों की प्रामाणिकता परीक्षण पर स्वत: अप्रामाणिक सिद्ध हो जाती है।

विगत कुछ वर्षों में तुलसीदास के जीवनवृत्त पर :जो नई खोज हुई है, वह पुरानी खोजों के सर्वथा विपरीत है, पर सर्वमान्य कोई भी नहीं। सभी पक्षों से अपनी बातों के लिए अकाट्य प्रमाण उपस्थित किए गए हैं। ऐसी परिस्थिति में सत्य का पता लगाना अत्यन्त कठिन है; क्योंकि दुराग्रह और हठ के भी स्पष्ट दर्शन इन विचारों में हैं।

शिवसिंह सेंगर अपने "सरोज" में तुलसीदास का जन्म संवत् १८५३ मानते हैं। उन्होंने वेणीमाधव कृत मूल गोसाईं-चरित देखने की बात भी लिखी है। किन्तु प्रकाशित मूल गोसाईं चरित की प्रामाणिकता अत्यन्त संदिग्ध है, इसमें इनका जन्म संवत् १५५४ है। महात्मा रघुबरदास रचित 'तुलसी चरित' में (जिसकी सूचना हिन्दी जगत् को इन्द्रदेवनारायण ने 'मर्यादा' द्वारा दी थी)

उनका जन्म सं० १५५४ माना गया है। डॉ० ग्रियर्सन तुलसीदास का जन्म संवत् १५८९ मानते हैं। डॉ० माताप्रसाद गुप्त भी ग्रियर्सन के मत के समर्थक हैं। पं० रामगुलाम दुबे भी यही संवत् प्रामाणिक मानते हैं। मैं भी इसका ही समर्थक हूँ। बहुत समय तक यह बात प्रायः मान्य थी कि ये पराशर गोत्र के सरयूपारीण ब्राह्मण थे, तथा बांदा जिलांतर्गत राजापुर के पं० आत्माराम दुबे के पुत्र थे। इनकी माता का नाम हुलसी था।

तुलसी के सम्बन्ध में विद्वानों में मतभेद है। कुछ लोग इन्हें सोरों का मानते हैं और उन्होंने इसके लिए पर्याप्त प्रमाण भी एकत्र किए हैं; यथा रत्नावली-रचित दोहावली, नन्ददास का भाई होना, नन्ददास का गुरुभाई होना, नन्ददास के पुत्र कृष्णदास की रचनाएँ तथा चौरासी वैष्णवों की वार्ता आदि का उल्लेख इस प्रसंग में किया जाता है। इतना माना जा सकता है कि सोरों से भी इनका सम्बन्ध रहा है।

कहा जाता है, मूल नक्षत्र में उत्पन्न होने के कारण माता-पिता ने इन्हें त्याग दिया था और बचपन में इन्हें दर-दर की ठोकरें खानी पड़ीं। इनकी बाल्यावस्था ऐसी भयंकर परिस्थिति से गुजरी कि इन्हें पेट भरने के लिए लोगों से भिक्षा तक माँगनी पड़ी। ये बातें तो निर्विवाद रूप से सत्य हैं, क्योंकि स्वयं तुलसीदास ने इन तथ्यों का उल्लेख किया।

"मातु पिता जग जाय तज्यो बिधिहूँ न लिखी कछु भाल भलाई।"

(कवितावली, उ० ५७)

यहाँ तक कि पेट भरने के लिए इन्हें जाति, कुजाति, सजाति सभी लोगों के सम्मुख हाथ फैलाना पड़ा—

"जाति के, सुजाति के, कुजाति के, पेटागि बस,
खाए टूक सबके, विदित बात दुनी सो।"

(कवितावली, उ० ७२)

अन्न के दाने-दाने के लिए इन्हें तरसना पड़ा, उसे धर्म, अर्थ, काम, मोक्ष सभी कुछ मानना पड़ा। इसके पश्चात् इन्हें बाबा नरहरिदास का संरक्षण प्राप्त हुआ। लोगों का कहना है, 'कृपासिन्धु नर रूप हरि' इन्हीं के सम्बन्ध में लिखा गया है। नरहरि नरहर्यानन्द ही थे, ऐसा लोग मानते हैं। नरहर्यानन्द रामानन्द की शिष्य-परम्परा में माने जाते हैं। अयोध्या के सम्प्रदायों की परम्परा में तुलसीदास इनके शिष्य रूप में प्रतिष्ठित हैं। श्री प्रेमलता जी का वृहद् जीवन

चरित्र इस प्रकार की गुरु परम्परा का उल्लेख करता है : रामानन्द, सुरसुरानन्द, माधवानन्द, गरीबानन्द, लक्ष्मीदास, गोपालदास, नरहरिदास, तुलसीदास। यह भी अनुमान लगाया जाता है कि इन्हीं नरहरिदास से शूकरक्षेत्र में तुलसीदास ने रामकथा सुनी थी और उनके द्वारा ही इनमें रामभक्ति का भाव जगा। 'विनयपत्रिका' के एक पद के आधार पर ऐसा आभास होता है कि यौवनोचित रूपलिप्सा की भावना इनके भीतर भी जगी थी और इन्होंने उसमें रस भी लिया था—

लरिकाई बीती अचेत चित, चंचलता चौगुनी चाय।
जोबन जर जुबती कुपथ्य करि, भयो त्रिदोष भरि मदन बाय॥

(विनयपत्रिका, ८३)

स्थान-स्थान पर इन्होंने जो वर्णन किए हैं, उनसे ऐसा विदित होता है कि स्त्री-संसर्ग में ये रहे हैं और शादी आदि के सम्बन्ध में अत्यन्त सूक्ष्म निरीक्षण इनके साहित्य में व्याप्त है। जनश्रुति के अनुसार इनकी शादी रत्नावली से हुई थी। उसके प्रेमपाश में ये इस तरह आबद्ध थे कि क्षण भर के लिए भी अपनी आँखों से उसे ओझल होने देना नहीं चाहते थे। कहा जाता है कि एक बार वह नैहर चली गई। भयंकर कष्टों का सामना करते हुए तत्काल ये वहाँ पहुँचे। इनकी पत्नी ने इनकी इस कामुकता की तीव्र भर्त्सना की।

यह भर्त्सना तुलसीदास के जीवन के लिए नई चेतना का संदेशवाहक बन बैठी। प्रिया द्वारा मिली फटकार विराग में परिवर्तित हो गई। मायाजन्य चंचलता की नश्वरता इन्हें ज्ञात हुई और उसके बाद ये अविलम्ब काशी चले आए। इस लोकवार्ता की पुष्टि भक्तमाल, तुलसीचरित और गोसाइंचरित से भी होती है। इधर 'रत्नावली-दोहा-संग्रह' नाम की एक पुस्तिका मिली है, जिसके आधार पर तुलसीदास के जीवन पर प्रकाश पड़ता है। यद्यपि इस ग्रन्थ की प्रामाणिकता अभी वास्तविक कसौटी पर नहीं कसी गई है। अभी तक यह पं० गोविन्दवल्लभ पन्त के पास सुरक्षित है। इसका लिपिकाल सं० १८७५ है। इसके द्वारा यह ज्ञात होता है कि रत्नावली का विवाह १२ वर्ष की अवस्था में हुआ था। १६ वर्ष की आयु में गौना और संवत् १६२७ में रत्नावली-त्याग की घटना घटती है।

यह सामग्री सोरों के प्रसंग को लेकर हिन्दी जगत् के सामने आई। इसका ध्येय तुलसीदास को नन्ददास का अग्रज प्रमाणित करना भी था। यह पहले ही निवेदन किया जा चुका है कि तथोक्त सामग्री की प्रामाणिकता संदिग्ध है।

इन्होंने नाना तीर्थों का परिभ्रमण किया। काशी, चित्रकूट और अयोध्या से इनकी ममता थी। ये स्थान इन्हें अत्यन्त प्रिय थे। इनके जीवन का अधिकांश काशी में व्यतीत हुआ। काशी की प्रशस्ति में इन्होंने लिखा है—

मुक्ति जनम महि जानि, ज्ञान खानि अघहानि कर।
जँह बस संभु भवानि, सो कासी सेइय कस न॥
(मानस, किष्किधा कांड)

और चित्रकूट तो उनकी दृष्टि में राम का सच्चा स्नेहप्रदाता ही है…

तुलसी जो राम सों सनेह साँचों चाहिए।
तौ सेइए सनेह सों विचित्र चित्रकूट सो॥
(कवितावली, उ० १४१)

अयोध्या में तो इन्होंने हिन्दी साहित्य के अमर-रत्न 'रामचरितमानस' की रचना का ही प्रकाश किया।

जिसका बचपन लललाते, बिललाते, दर-दर भिक्षा माँगकर बीता, प्रणय के अतृप्तिबोध ने जिसके यौवन पर वैराग्य की विभूति लेपित कर दी, उस तुलसी--दास का अन्तिम समय भी सुखकर न व्यतीत हुआ। संभवतः विधाता का यह उन्हें सबसे बड़ा वरदान था। ऐसा आभास होता है। आरम्भ में, काशी में इनका कड़ा विरोध हुआ। कहा जाता है कि पहले ये प्रह्लाद घाट पर रहते थे। विनयपत्रिका की रचना इन्होंने गोपालमन्दिर के पिछवाड़े एक छोटे से कमरे में की। वहाँ एक पट अंग्रेजी में लगा हुआ है। लेकिन बाद में उन्हें इन स्थानों को छोड़ना पड़ा और अस्सी (तुलसीघाट) पर जमना पड़ा।

जिस व्यक्ति ने जीवन भर अभाव से संघर्ष कर अपनी भक्ति के सहारे विश्व की फूटी आँखों में ज्योतिदान करने का सफल प्रयत्न किया, उस पर अन्त में रोग ने आक्रमण किया। उन्होंने किसी वैद्य की नहीं, राम, शंकर और हनुमान की आराधना की, रोग से निवृत्ति के लिए। उदरशूल, बाहुशूल आदि से तो वे जर्जर हो ही गए थे; लगता है कि महामारी (हैजा, प्लेग) का भी उन्हें शिकार होना पड़ा। ऐसी जर्जर परिस्थिति में अधिक दिनों जीवित रहना संभव न था और सं० १६८० में इनका देहावसान काशी में हो गया। इस सम्बन्ध में यह दोहा प्रसिद्ध है—

संवत सोरह सौ असी, असी गंग के तीर।
सावन कृष्ना तीज सनि; तुलसी तज्यो शरीर॥

तुलसी के मित्र टोडर के परिवार वाले इसी तिथि को उनके नाम पर श्राद्ध का सिद्धा दान करते हैं।

'विशाल भारत' में छपा यह अंश तुलसी के जीवन पर प्रकाश डालता है…

"कवि अविनाशराय कृत इस तुलसी प्रकाश में लिखित जन्मतिथियों के आधार पर गोस्वामी तुलसीदास का जन्म संवत् १५६८ वि० की श्रावण शुक्ला सप्तमी, शुक्रवार को हुआ। दस मास की अवस्था होने के पश्चात् उनकी माता हुलसी का और हुलसी से लगभग एक मास पश्चात् उनके पिता का परलोकवास हुआ। ७ वर्ष ११ मास २२ दिन की आयु में श्री तुलसीदास अपने गुरु श्री नृसिंह (नरहरि) की पाठशाला में प्रविष्ट हुए। २१ वर्ष ३ मास ४ दिन की आयु होने पर उनका विवाह एवं २६ वर्ष १० दिन की आयु में वैराग्य हुआ। ६३वें वर्ष में श्री रामचरित मानस का लेखन आरम्भ किया। ७६वें वर्ष के कार्तिक मास में काशी निवास करने चले। पयस्विनी नदी के संगम के समीप राजा नामक साधु की कुटी पर गए। निवास करते हुए उस कुटी को राजापुर रूप में परिणत किया। आशा है, इतिहास एवं साहित्य प्रेमी विद्वान् पाठक इन तिथियों पर ध्यान देंगे।'

'विशाल भारत' मई, १९५४ के अंक में प्रकाशित उक्त लेख में श्री भद्रदत्त शर्मा ने 'तुलसी प्रकाश' के आधार पर उपर्युक्त निष्कर्ष निकाला है। जब तक मूल न देखा जाय इसे भी प्रामाणिक मानना ठीक न होगा।

तुलसी साहित्य

यद्यपि नागरी प्रचारिणी सभा के खोज विभाग की रिपोर्ट के द्वारा तुलसी की ३७ रचनाएँ प्राप्त हुई हैं, तथापि नागरी प्रचारिणी सभा ने उनमें से केवल १२ ग्रन्थों को ही प्रामाणिक माना। शेष, दूसरे तुलसी नामधारियों के हैं। हिन्दी के प्रायः सभी समर्थ आलोचक इन्हें ही प्रामाणिक मानते हैं। उनके प्रामाणिक ग्रन्थों के नाम निम्नलिखित हैं—

१—रामचरित मानस, २—वैराग्य संदीपनी, ३—रामलला नहछू, ४—बरवे रामायण, ५—पार्वती मंगल, ६—जानकी मंगल, ७—रामाज्ञा प्रश्न, ८—दोहावली, ९—कवितावली, १०—गीतावली, ११—कृष्णगीतावली और, १२—विनयपत्रिका।

रामचरित मानस—हिन्दी में सभी दृष्टियों से सर्वोत्तम इस प्रबन्ध-काव्य का प्रारम्भ सं० १६३१ में अयोध्या में हुआ। कवि ने स्वयं लिखा है—

'संवत सोरह सौ एकतीसा, करौं कथा हरि पद धरि सीसा।'

इस ग्रन्थ में कवि ने सात सोपानों में रामकथा विस्तारपूर्वक लिखी है। इसमें वर्णिक और मात्रिक—दोनों छन्दों का प्रयोग किया गया है। वर्णिक छन्दों में अनुष्टुप, रथोद्धता, स्रग्धरा, मालिनी, तोटक, वंशस्थ, भुजंगप्रयात, नगस्द-रूपिणी, बसंततिलका, इन्द्रवज्रा, और शार्दूलविक्रीड़ित तथा मात्रिक छन्दों में दोहा, सोरठा, तोमर, हरिगीतिका, चौपाई, त्रिभंगी आदि १८ छन्दों का प्रयोग हुआ है। यह ग्रन्थ अवधी में लिखा गया है और विश्व की प्रायः सभी संपन्न भाषाओं में इसका अनुवाद किया गया है।

वैराग्य संदीपनी—दोहा, चौपाई तथा सोरठा छन्दों में रचित ६२ छन्दों का यह संग्रह है। इसके विषय हैं, ज्ञान, भक्ति, वैराग्य, शांति तथा संतों के लक्षण आदि।

रामलला नहछू—विवाह और यज्ञोपवीत संस्कार के अवसर पर औरतों के गाए जाने के हेतु लिखे गए सोहर छन्दों में २० पदों का संग्रह है।

बरवै रामायण—अलंकार-योजना युक्त सात कांडों तथा ६९ बरवै छन्दों में लिखे गए इस ग्रन्थ में स्फुट रूप में राम की कथा वर्णित है।

जानकी मंगल—२१६ छन्दों में लिखित इस पुस्तक का विषय राम और सीता का विवाह वर्णन है।

पार्वती मंगल—१६४ छन्दों में शिव-पार्वती विवाह का वर्णन इस रचना में हुआ है।

रामाज्ञा प्रश्न—शकुन विचार के लिए लिखित सात अध्यायों में यह पुस्तक है, प्रत्येक अध्याय में ४९ दोहे हैं तथा इन दोहों में भी रामकथा ही वर्णित है।

दोहावली—भक्ति और नीति के ५७३ दोहों का यह संग्रह है, जिनमें से अनेक दोहे तुलसीदास की अन्य रचनाओं से संग्रहीत किये गये हैं।

गीतावली—राग-रागनियों से समाविष्ट सात खंडों में तथा ३३० छन्दों में सूरसागर की शैली पर इस ग्रन्थ का प्रणयन हुआ है। राम की सौन्दर्य सुषमा का वर्णन तुलसीदास ने इस ग्रन्थ में किया है।

कृष्ण गीतावली—यह रचना ब्रजभाषा में रचित कृष्ण सम्बन्धी श्रृङ्गार-रस-प्रधान ६१ स्फुट पदों का संकलन है।

विनयपत्रिका—यह राग-रागनियों से युक्त विनय के अप्रतिम २७९ पदों का संग्रह है। देवी, देवता, राम और शंकर की सेवक-भाव से की गई वन्दनाएँ इसमें संकलित हैं। ज्ञान, वैराग्य, संसार की नश्वरता आदि के सम्बन्ध में रस-सिक्त कवि-हृदय का आत्म-निवेदन इस ग्रन्थ में बड़ी ऊँचाई पर है और साहि-

त्यिक मुक्तकों की दृष्टि से भी इसकी गरिमा हिन्दी मुक्तक साहित्य के इतिहास में सनातन महत्त्व की है।

युग और तुलसी का व्यक्तित्व

तुलसीदास के प्रादुर्भाव के समय का समाज सभी दृष्टियों से संक्रमणकालीन था। सामाजिक एवं आर्थिक दृष्टि से सामान्य लोगों का जीवन विपन्न था। तत्कालीन समाज में सामाजिक दृष्टि से उच्च वर्ग के लोग विलासिता के गर्त में गोते लगा रहे थे। उन्हें अवकाश नहीं था कि आँख खोलकर उस समाज के प्रति कोई सर्जनात्मक कार्य करें जो एक ओर महामारी, दारिद्रय और रोग से आक्रांत था, दूसरी ओर ऐसों के ही जर्जर कंधों पर तथाकथित बड़ों की लोक-शोषिका वैभवशालिनी विलासिता का बोझ था। संसार ऐसे लोगों के लिए विलास एवं उपभोग की सामग्री-मात्र था। कोढ़ में खाज की स्थिति में जनता थी।

मध्यकालीन मानव की धर्म पर प्रगाढ़ आस्था थी। वह उसे जीवन की सबसे बड़ी सम्पत्ति समझता था। यह लोक तो उनका नष्ट था ही, वह परलोक की चिन्ता कर निराश मन को ढाढ़स बँधाता था। जिन लोगों के हाथों में धर्म-क्षेत्र की बागडोर थी, उनमें या तो अनेक गद्दीधारी रटंत पंडित थे, जिनका धर्म इतना कमजोर था कि स्पर्श मात्र से टूट जाता था। उन्हें जन-जीवन से कुछ नहीं लेना था। अहंकार-मंडित ये लोग दूसरों को कोसकर, म्लेच्छ एवं अस्पृश्य मान अपने को समेटकर संकुचित हो गए थे। ऐसे लोग जाति-पाँति, छुआछूत के बन्धन को कठोर बना रहे थे।

दूसरी ओर ऐसे लोग समाज के ठेकेदार थे, जो कहीं ठिकाना न लगने पर सर मुड़ा-मुड़ाकर संन्यासी हो जाते थे। भारतीय परम्परा ब्राह्मण को जगद्गुरु सौर संन्यासी को ब्राह्मण गुरु मानती आयी है। विश्व का हर सर्वोत्तम पद संन्यास के द्वारा उन्हें सहज सुलभ हो जाता था। भेष की माया में फँस, लोग उनका सम्मान तो करते ही थे, नीच कही जाने वाली जातियाँ उन्हें महात्मा मान बैठती थीं। टोटका, टोना और मन्तर, सबका जादू जमकर समाज पर चलने लगा।

कबीर का सारा प्रयत्न उनके जीवन के बाद समाप्त हो गया, यद्यपि उनकी परम्परा में बाद में अनेक अच्छे संत हुए। दूसरे, कबीर के मत में पुनर्निर्माण की भावना नहीं थी। अवशिष्ट को ध्वस्त कर वह नव-निर्माण करना चाहते थे। भारत में केवल व्यापक संचयी सारग्राही दृष्टिकोण ही सफल हो सकता है।

सम्राट् अकबर ने कहीं का ईंट कहीं का रोड़ा जोडकर दीनइलाही धर्म चलाया। पर उसमें जीवन नहीं, चेतना नहीं और न ही थी मृतप्राय जीवन को अमृत देकर जीवित करने की जातीय शक्ति। उधर ब्रज की ओर कृष्ण के अत्यन्त सुन्दर मनोमुग्धकारी मधुर रूप पर वैष्णव भक्त संगीत की स्वर-लहरी में खो रहे थे। कमनीय कृष्ण की चारुता में समाज को वे डुबाना चाहते थे। मुरली उन्हें प्रिय थी। सुदर्शन चक्र चलाना वे नहीं चाहते थे। यह काम सहज भी नहीं था। पर उनका यह सामाजिक उपचार उसी प्रकार का था जिस प्रकार पीड़ा से आकुल होने पर कोई चिकित्सक ऐसी वस्तु का सेवन कराये जिसमें पीड़ित चेतना ही खो बैठे। राग-रंग तभी भाता है, जब व्यक्ति का तन और मन तृप्त हो। भूखे रहने वाले भजन नहीं करते।

यद्यपि रामानंद स्वयं बहुत बड़े क्रांतिदर्शी और भविष्य-द्रष्टा थे, तथापि उनके मत को कोई ऐसा समर्थ प्रसारक नहीं मिला जैसे अन्य मतों को, इसलिए वह संकुचित रूप से जी रहा था क्योंकि उसमें जीवनी शक्ति थी। ऐसी ही परिस्थिति में तुलसीदास का आविर्भाव हुआ। तुलसी ने जगत् देखा था, जीवन देखा था, उनके पैरों में बिवाई फटी थी। लोक में व्याप्त पीड़ा का उन्हें अनुभव था, लोक के प्रति उनमें सहानुभूति थी, उसका उन्हें कष्ट था। वे जहाँ एक ओर समस्त जग को सियाराममय जानकर लोक की पूजा करने वाले सुजान थे वहीं राम के प्रेम में चातक की भाँति उनमें निष्ठा भी थी। नाना शास्त्रों और पुराणों का तथा भाषा एवं प्राकृत के ग्रन्थों का उन्होंने अध्ययन, मनन एवं चिंतन तो किया ही था, भुक्तभोगी होने के कारण समाज के लिए सत्य एवं सुन्दर का तत्त्व भी समझते थे। इन सबका प्रभाव, उनके मेधावी प्रतिभासंपन्न जीवन में एक नई चेतना लेकर आया। ऐसी चेतना की लहर जागी जिससे साहित्य की इतनी बड़ी शक्ति प्रस्फुटित हुई, जैसी विश्व के इतिहास में ढूंढ़े भी नहीं मिलेगी। निर्गुण और सगुण में भेद न मानकर भी उन्होंने लोक की आवश्यकता का अनुभव कर ऐसे राम की प्रतिष्ठा जनजीवन में की जो युग के राक्षसों को ही नहीं, दशानन रावण को भी पद-लुंठित कर सकने की सामर्थ्य रखता है, जो सुन्दरता में अपना सानी न रखने पर भी आपदा आने पर पर-उपकार के लिए अपना कुसुम-सा हृदय वज्र बना सकता है। वे कबीर और सूर के एकांगी मार्ग की पूर्णता बनकर आये। समाज को राक्षसों से बचाने के लिए उन्होंने दबे हुए जंगली लोगों तक के भीतर उनकी सोई शक्ति का उद्बोध कराया।

वे पंडित और विद्वान् थे, इसलिए तथाकथित पंडितों को भी उन्होंने अपनी अप्रतिम प्रतिभा से चकित कर दिया। तुलसीदास में निर्माण की अभूत-

पूर्व क्षमता थी। तत्कालीन सामाजिक ढाँचे को, जो जर्जरावस्था में था, उन्होंने संजीवनी बूटी पिलाई। वे निर्माण में विश्वास रखने वाले अत्यन्त मर्यादावादी जीव थे। जीवन को विनष्ट करने वाली वृत्तियों से उन्होंने संघर्ष किया था। वे इंद्रियजित् भी थे। उन्होंने लोक में व्याप्त माया, काम, क्रोध के विनाशकारी प्रभाव की भर्त्सना की। उनकी राम-राज्य की कल्पना आज के युग में भी सामाजिक चेतना का आदर्श है। उन्होंने लोक में आदर्श नारी की प्रतिष्ठा भी की। उन्होंने रामानंदी संप्रदाय का अनुगमन नहीं किया। उसको एक नया रूप दिया। उन्होंने नवीन जीवन-दर्शन दिया, नई दृष्टि दी, नई चेतना जगाई। पर सभी कुछ साहित्यकार की भाँति, जीवंत अलख तत्त्वों को रसात्मक ढंग से जगाकर, प्रचारक की तरह नहीं।

लोक-कल्याण करके भी व्यक्ति आत्म-कल्याण की महत्तम साधना कर सकता है। तुलसीदास इस बात के प्रतीक हैं। उन्होंने आत्म-कल्याण की साधना भी केवल अपने तक ही सीमित नहीं रखी, संसार को उस सहज पथ का पता भी बताया, उस पर चलने की प्रेरणा भी दी। वे असज्जनों की वंदना करके भी उनके सामने कभी झुके नहीं। इतने विशाल व्यक्तित्व वाले जन-कल्याणकारी, आत्म-द्रष्टा, क्रांतदर्शी तथा तत्त्व-संग्रही कवि का उस युग में प्रादुर्भाव न केवल भारत के लिए गौरव की बात है, अपितु समस्त-मानव-समाज के लिए आदर्श प्रेरणादायिनी संपत्ति भी है।

भारतीय जीवन की सर्वाधिक दृढ़ भित्ति पारिवारिक जीवन है। पारिवारिक जीवन की ऐसी आदर्श प्रतिष्ठा तुलसीदास ने की, जैसी भारत का अन्य कोई साहित्यकार नहीं कर सका। उन्होंने लोगों को दिखाया कि पारिवारिक मर्यादा में जरा भी विकृति आने पर सारा का सारा घर कलह, दुःख और अशांति का अखाड़ा बन सकता है। लोक में व्याप्त सारी मर्यादाएँ विनष्ट हो सकती हैं। कैकेयी का कोप, विभीषण का रावण के प्रति विद्रोह और बालि तथा सुग्रीव इसके उदाहरण हैं। इस कार्य में उन्हें पूर्ण सफलता भी मिली। उन्होंने जिन चरित्रों का निर्माण किया है, वे अजर-अमर तो हैं ही, साथ ही लोक-मंगलकारी आदर्श की प्रतिष्ठा भी करते हैं, जो लोक-जीवन को श्रीसमृद्धिमय बनाने में सहायक होते हैं।

इतने विविध किन्तु पूर्ण अन्योन्याश्रित चरित्रों का चित्रण उन्होंने अपने काव्य में किया है जितने चरित्र एक साथ हिन्दी के किसी अन्य काव्यग्रन्थ में दिखाई नहीं पड़ते। अन्यत्र यदि कहीं दिखाई भी पड़ेंगे तो इस अन्योन्याश्रित प्रतिष्ठा के साथ नहीं।

उनकी रचनाओं में राजनीति से लेकर वेदान्त दर्शन तक की अभिव्यक्ति है और सभी क्षेत्रों में उनकी नई सूझ-बूझ अपनी एक मौलिक एवं मंगलमय छाप लगाती है। यद्यपि वे मूलतः भक्ति के ही उपासक थे; तथापि वीर, शृङ्गार, हास्य सभी कुछ उनकी रचनाओं में अत्यन्त उच्च कोटि का मिलता है। उनके विनय के पद तो इतने सुन्दर बन पड़े हैं कि ऐसा आभास होता है कि पाठक के हृदय का आत्म-निवेदन उनमें फूट पड़ा है। उनमें गंभीर हृदय की व्यापक अनुभूतियों की अभिव्यक्ति है। तब तक प्रचलित प्रायः सभी काव्य-पद्धतियों एवं रचना-विधाओं में उन्होंने रचनाएँ कीं और इतना व्यापक समन्वय इस क्षेत्र में किया कि आर्जव के साथ इतनी मधुरता एवं व्यापकता किसी भी अन्य रचनाकार के साहित्य में दिखाई नहीं पड़ती।

नीति उपदेश की सूक्ति पद्धति, सूफियों की दोहा-चौपाई वाली पद्धति, वीर-शृङ्गार की छप्पय पद्धति, विद्यापति और सूरदास की गीति-पद्धति, गंग आदि चारण कवियों की कवित्त-सवैया पद्धति, सभी साहित्यिक विधाओं का निखार उनकी रचनाओं में मिलता है। वे विद्वान् और पंडित तो थे ही, संस्कृत के भी कवि थे। उन्होंने संस्कृत में भी इतस्ततः रचना की है। उन्होंने अवधी और ब्रज—दोनों में रचनाएँ की हैं और उनका साहित्यिक सुसंस्कृत रूप ही इनकी रचनाओं में मिलता है। भाषा की दृष्टि से भी उनकी देन हिन्दी के लिए अत्यन्त मूल्यवान् है।

ये सभी विचारों के सारग्राही पुरुषार्थी भक्त कवि हैं। इन्हें सियाराम मय भक्ति का रूप ही ग्राह्य था और उसके द्वारा लोकमंगल की सिद्धि उनके काव्य का प्रतिपाद्य है।

कवितावली

नामकरण

कवितावली को बहुत से पुराने हस्तलेखों में कवित्त-रामायण और कवितावली-रामायण की भी संज्ञा दी गई है। कवित्त-रामायण संज्ञा चंद, लाला मंगल दास, लाल (कवि), सेनापति, हरिदास के रामकथा सम्बन्धी हस्तलेखों को भी दी गई है। कवितावली नाम के हस्तलेख, जनकराज, किशोरी शरण, दूलनदास, परमेश्वरी दास, सरयूदास, सहजराम के मिले हैं। कवितावली रामायण रामचरण दास कृत भी मिला है। कवित्त का प्रयोग विशेषण के रूप में ग्रन्थों में बराबर किया गया है। यथा—कवित्त-विनोद, कवित्त रत्नाकर, कवित्त शृङ्गार और कवितावली शब्दों का प्रयोग विविध कवियों के संकलन ग्रन्थों में या एक ही कवि के मुक्तक संग्रहों के लिए मिलता है। कवितावली नामकरण

प्रायः वहाँ हुआ है, जहाँ विषय की अनेकता है और कवित्त नामकरण जहाँ एक या उससे ही संबद्ध विषय हैं, वहाँ किया गया है। एक कवि के मुक्तक संग्रह के लिए भी कवित्त शब्द का प्रयोग हुआ है किन्तु वहाँ कवि का नाम कवित्त के साथ जोड़ दिया गया है।

नागरी प्रचारिणी सभा ने तुलसीदास की तीसरी जन्म-शती के अवसर पर प्रकाशित तुलसी ग्रन्थावली (तीन भाग) में तुलसीदास के १२ ग्रन्थ प्रामाणिक माने हैं। उनमें कवितावली संज्ञा ही इसे दी गई। कवित्त-रामायण नामकरण का कारण यह हो सकता है कि राम के बाल रूप से लेकर राम के सभी प्रिय रूपों की झाँकी इसमें है और राम सम्बन्धी तुलसी के प्रिय मार्मिक प्रसंग भी इसमें हैं। इसलिए इसका नाम लोगों ने रामायण के आधार पर कवित्त-रामायण रखा किन्तु वस्तु-स्थिति यह है कि कवितावली में रामचरित के अतिरिक्त तुलसीदास और उनका देशकाल भी है और उत्तर काण्ड में तो यह उभर कर है। इसलिए इसे कवित्त-रामायण की संज्ञा देना समुचित नहीं जान पड़ता। तुलसीदास ने अपने साहित्य में सभी प्रचलित साहित्यिक पद्धतियों पर राम की गुण-गाथा गाने का सफल प्रयत्न किया है। कवितावली में उन्होंने कवित्त, सवैया और छप्पय की प्राचीन पद्धति जो पृथ्वीराजरासो आदि की रही है, इसमें अपनायी है। यह पद्धति लोक में प्रचलित और प्रिय थी। रामचरित मानस में चौपाई, दोहा, सोरठा को विशेष रूप से उन्होंने स्थान दिया। अन्यान्य ग्रन्थों में अन्य काव्य-पद्धतियों को अपनाया। इससे स्पष्ट है कि तुलसीदास सभी पद्धतियों में राम को आदर्श बनाकर अपना संदेश सब तक पहुँचाना चाहते थे। क्योंकि उनका जीवन ही राममय था। राम को केवल प्रबन्ध-माला के रूप में ही नहीं, मुक्तक-मणि के रूप में भी वे प्रचारित करना चाहते थे।

कवितावली में बहुत से ऐसे छन्द हैं, जिन्हें रामचरित मानस के कथा-प्रवाह में जोड़ा जा सकता है और कहीं-कहीं कथा-प्रवाह को इससे गति मिल सकती है। इसलिए यह भी अनुमान किया जा सकता है कि हो सकता है रामचरित मानस के अंश के रूप में इसके बहुत से छन्दों की रचना की गई हो और बाद में उसे शैली के कारण अनुपयुक्त मानकर अलग कर दिया गया हो। यह बात प्रामाणिक नहीं अनुमान की है। तथ्य यह है कि रामचरित के उन रूपों की जो तुलसी को प्रिय थे, जो शील और सौन्दर्य के साथ ही साथ उनकी लोकरक्षक अनन्त शक्ति के उद्घाटक थे, उन पर समय-समय पर लिखे गये ये स्फुट मुक्तक हैं, जिनका संकलन कवितावली में है।

कवितावली का संयोजन और संपादन तुलसीदास के समय में ही हो गया

था। यह मानने में आपत्ति नहीं होनी चाहिए। यद्यपि उनके हाथ या समय की लिखी हुई कोई प्रति नहीं मिलती किन्तु जितने हस्तलेख मिले हैं,[1] सब के सब रामचरित मानस के सप्त-सोपान पद्धति पर हैं और प्रायः पदों का क्रम भी सर्वथा एक सा ही है। इस एकता का कारण यह भी हो सकता है कि लंका काण्ड तक जो पद हैं, वे सब रामकथा पर आधारित हैं और ये पद आधे से अधिक हैं। रामकथा का क्रम रामचरित मानस के आधार पर सहज ही संकलित और संपादित किया जा सकता है और किया भी गया है। उत्तर कांड विविध विषय मंडित है। इसलिए कवितावली नामकरण ही सार्थक है। कवितावली रामायण

---

१. नागरी प्रचारिणी सभा की खोज रिपोर्ट के संक्षिप्त विवरण से कवितावली (पद्य)—अन्य नाम 'कवित्त रामायण'। तुलसीदास (गोस्वामी) कृते। वि० संक्षित रामकथा।
(क) लि० का० सं० १७९७।
प्राप्ति स्थान—प्रतापगढ़ नरेश का पुस्तकालय, प्रतापगढ़।
(ख) लि० का० सं० १८५०।
प्रा०—बाबू पद्मबक्ससिंह, लवेदपुर (बहराइच)।
(ग) लि० का० सं० १८५६।
प्रा०—महाराज बनारस का पुस्तकालय, रामनगर (वाराणसी)।
(घ) लि० का० सं० १८८९।
प्रा०—भिनगानरेश का पुस्तकालय, भिनगा (बहराइच)।
(ङ) लि० का० सं० १९००।
प्रा०—बरगदिया बाबा, हिंडोलने का नाका, लखनऊ।
(च) लि० का० सं० १९०१।
प्रा०—ठा० विश्वनाथसिंह, तालुकेदार, अग्रेसर, डा० तिरसुंडी (सुलतानपुर)। २३-४३२ ए।
(छ) लि० का० सं० १९१६।
प्रा०—पं० देवीदयाल मिश्र, ठाकुरद्वारा, खजुहा (फतेहपुर)।
(ज) प्रा०—नागरी प्रचारिणी सभा, वाराणसी।
(झ) प्रा०—श्री उमाशंकर दूबे, साहित्यान्वेषक, सैदपुर (गाजीपुर)। २५-४८४ ई०।
(ञ) प्रा०—श्री राम जी अध्यापक, डा० नारखी (आगरा)।
(ट) प्रा०—नागरीप्रचारिणी सभा, वाराणसी।

मध्य-मार्गी नाम है। इसमें भी वही बात है, जो कवित्त रामायण में है। इसलिए 'कवितावली' नाम प्रायः सर्वमान्य है।

विषयवस्तु

कवितावली में बालकाण्ड, अयोध्याकाण्ड, अरण्यकाण्ड, किष्किन्धाकाण्ड, सुन्दरकाण्ड, लंकाकाण्ड और उत्तरकाण्ड—ये सात काण्ड हैं। बालकाण्ड में बाल-रूप की झाँकी, बाल-लीला, धनुष-यज्ञ, परशुराम-लक्ष्मण-संवाद हैं। अयोध्याकाण्ड में वन-गमन, केवट का पाद-प्रक्षालन, वन में राम-यात्रा का वर्णन, अरण्य-निवास है। अरण्यकाण्ड और किष्किन्धाकाण्ड में केवल एक-एक पद 'मरीचानुधावन', हनुमान जी का समुद्र-लंघन है। सुन्दरकाण्ड में अशोक-वन, लंका-दहन, अशोका-वाटिका से हनुमान की विदाई है। लंकाकाण्ड में राक्षसों की चिन्ता, त्रिजटा का आश्वासन, समुद्र पार करना, अंगद का दूत-कर्म, मन्दोदरी-रावण संवाद, राक्षस-बन्दर संग्राम, लक्ष्मण-मूर्च्छा, राम-रावण युद्ध का अन्त वर्णित है। उत्तरकाण्ड में विनय, उद्बोधन, राम-महिमा, नाम-महिमा, नाम विश्वास, कलि-वर्णन, राम-कीर्ति गान, चित्रकूट वर्णन, प्रयाग-सुषमा वर्णन, गंगा-माहात्म्य, अन्नपूर्णा-विश्वनाथ माहात्म्य और स्तवन, काशी में महामारी का वर्णन अन्यान्य विषयों के साथ हैं। इस प्रकार कवितावली में कुल ४२५ पद हैं।

कवितावली की विधा

विधा की दृष्टि से नाहक यह विवाद उठा दिया जाता है कि कवितावली मुक्तक है या निबन्ध या प्रबन्ध काव्य। कवितावली की विषय वस्तु देख लेने के बाद भी इसे मुक्तक न मानना किसी पूर्वाग्रह का ही प्रतीक हो सकता है। शास्त्र भी मुक्तक का ही समर्थक है। अग्नि पुराण[1], काव्यानुशासन[2], साहित्य-दर्पण[3], ध्वन्यालोक[4] किसी की भी कसौटी पर इसे कसा जा सकता है और सब पर यह खरा मुक्तक ही ठहरेगा। कवितावली का प्रत्येक पद अपने में पूर्ण है।

---

१. मुक्तकं श्लोक एकैकश्चमत्कारक्षमः सताय।—अग्नि पुराण।
२. अनिबद्धं मुक्तकाण्डः। काव्यानुशासन—हेमचन्द्र
३. छन्दोबद्ध पदम् पद्यम् तेन मुक्तेन मुक्तके—साहित्यदर्पण। विश्वनाथ
४. पूर्वापद निरपेक्षणापिहि येन रस चर्वणा क्रियते तदेवमुक्तकम्।

—अभिनवगुप्त की ध्वन्यालोक टीका।

पूर्वापर पदों के सम्बन्ध के बिना भी स्वयं में एक भावखण्ड की सफल अभिव्यक्ति करता है। वह अनिबद्ध होते हुए भी भावबद्ध है, छन्दबद्ध होते हुए भी पूर्वपद्य से उत्तरपद्य अनाबद्ध है।

जहाँ निबन्धन या प्रबन्धत्व होता है, वहाँ कथानक की संतुलित संगठना की जाती है। कवितावली में कुल ४२५ पदों में बालकाण्ड में २२, अयोध्याकाण्ड में २८, अरण्य और किष्किन्धाकाण्ड में १-१, सुन्दरकाण्ड में ३२, लंकाकाण्ड में ५८ और उत्तरकाण्ड में १८३ पद हैं। काण्डों के इस प्रकार का असंतुलन मुक्तक में ही तुलसी जैसे कलानिधि शिल्पी से हो सकता है। इतना नहीं, भरत, कैकेयी-मंथरा संवाद, अहिल्या-उद्धार, बालि-युद्ध जैसे प्रसंग ही लापता हैं। इसमें केवल राम ही नहीं, अन्य देवी-देवता तथा अन्यान्य क्षेत्रों की जीवन की अनुभूतियाँ कवि ने चित्रित की हैं। इसलिए यह प्रबन्ध नहीं मुक्तक काव्य हैं।

प्रबन्ध या निबन्ध काव्य में चरित्र नायक, नायिका आदि के रूप में होता है और क्रमबद्ध उनके चरित्र या कर्म का आकलन होता है। कवितावली में ऐसी बात नहीं है। प्रबन्ध या निबन्ध काव्य में रस की दृष्टि से भी एक रस की प्रधानता होती है, जिसे अंगीरस कहते हैं। कवितावली में सारे रस हैं। वे किसी रस के अंग रूप में नहीं, सर्वथा स्वतन्त्र हैं। समस्यापूर्ति के ढंग के अनेक पद्य इसमें हैं। समस्यापूर्ति प्रबन्ध या निबन्ध काव्य में नहीं होती, अपितु मुक्तक में ही होती है। राम के साथ कृष्ण और अन्यान्य विषयों की उपस्थिति उसके मुक्तक होने का स्वतन्त्र प्रमाण है।

इसमें युग्मक (एक ही विषय के दो पद), विशेषक (तीन पदों में एक ही विषय), कलापक (चार पदों में एक ही विषय), कुलक (पाँच या उससे अधिक पदों में वर्णित एक ही विषय) के कारण प्रबन्धकत्व की बात करना शास्त्रीय अवमानना है।

कवितावली में 'हनुमान बाहुक' परिशिष्ट रूप में कुछ हस्तलेखों में मिलता है। इसे हम स्वतन्त्र स्फुट रचना मानते हैं। इसे परिशिष्ट के रूप में ग्रहण करने का कारण यह हो सकता है कि कवितावली के उत्तरकाण्ड में तुलसी के जीवन से संबद्ध अनेक पद हैं, यह भी उनके जीवन से संबद्ध है। दैहिक (बात की पीड़ा) पीड़ा से मुक्ति के लिए लक्ष्मण के लिए संजीवनी लाने वाले राम-भक्त हनुमान की आराधना हनुमान-भक्त तुलसी ने की है।

रचना काल

कवितावली में तुलसी के जीवन में विभिन्न समयों पर रचे पद्य हैं।

कवितावली में मीन की शनीचरी[१] का उल्लेख किया है और रुद्र बीसी[२] का। सं० १६४० एवं संवत् १६६९ में मीन राशि में तुलसी के जीवन-काल में शनि था। प्रत्येक ३०वें वर्ष शनि मीन राशि में आता है। रुद्र बीसी सं० १६२३ से १६४२ तक उनके जीवन में पड़ती है। इसलिए इसके पहले और बाद तक इस रचना का कार्यकाल ठहरता है। रामचरित मानस की रचना से पूर्व के इसमें पद हैं और बाद के भी।

कवितावली में मीन के शनीचर और रुद्र बीसी के अतिरिक्त काशी में आयी महामारी की भी चर्चा है। प्लेग और हैजा ऐसी बीमारियाँ थीं, जिन्हें काशी के अंचल में महामारी की संज्ञा दी जाती रही है। ये प्राय: इस क्षेत्र में साथ-साथ ही आती थीं। संवत् १६७३ या सन् १६१६ ई० के पहले 'महामारिन्ह'[३] या महामारियों का इतिहास नहीं मिलता। कवितावली में समस्या-पूर्ति जैसी रचनाएँ भी हैं, वे प्रौढ़ हैं। कभी-कभी कविता की एक पंक्ति कवि को इतनी मनभावन लगती है कि वह एक पद बनाकर ही संतुष्ट नहीं होना चाहता, अपितु उस पर अनेक पद अपने संतोष के लिए रचता है। इसे देखकर यह मानना कि कवितावली तुलसी की केवल आरम्भिक रचना है, उचित नहीं लगता। रामचरित मानस के रचनाकाल संवत् १६३१ के पूर्व की रचनाएँ भी इसमें असंभाव्य नहीं हो सकतीं और उनके सम्पूर्ण जीवन काल की स्फुट रचनाएँ इसमें हैं। इसलिए मोटे तौर पर इसे संवत् १६३०-१६८० तक की रचनाओं का संकलन मानने पर आपत्ति नहीं होनी चाहिए।

कवितावली में आए पदों को कवित्त संज्ञा दी गयी है। कवित्त के अन्तर्गत उस समय तक कवित्त, सवैया, घनाक्षरी, छप्पय छन्द अभिहित किए जाते थे। पृथ्वीराज रासो आदि ग्रन्थों में इसे सहज ही ढूँढ़ा जा सकता है। पुराने हस्त-लेखों और संग्रहों में भी यही बात मिलेगी। तुलसीदास जी ने झूलना छन्द को भी इसके भीतर ही समाहित किया है।

---

१. एक तो कराल कलिकाल सूल मूल तामे
   कोढ़ में की खाजु सी सनीचरी है मीन की।

२. बीसी विश्वनाथ की विषाद बड़ो वारानसी
   बूझिए न ऐसी गति संकर सहर की॥

३. देवता निहोरे महामारिन्ह सों कर जोरे,
   भोरानाथ जानि मारे आपनी सी ठई है।

उन छन्दों का परिचय और कवितावली से उनका उदाहरण यहाँ प्रस्तुत किया जा रहा है।

छप्पय

छप्पय में ६ चरण होते हैं। यह मिश्रित छन्द है। रोला (२४ मात्राएँ) तथा उल्लाला या उल्लाल छन्द (२६ अथवा २८ मात्राएँ) के मिश्रण से यह छन्द बनता है। रोला २४ मात्रा का छन्द है, जिसमें ११, १३ मात्राओं पर विश्राम होता है। इसके अन्त में प्रायः दो (गुरु) होते हैं। इसका एक नाम काव्य-छन्द भी है। काव्य-छन्द में प्रत्येक ग्यारहवीं मात्रा (लघु) होती है। कुंडलिया में प्रायः इसी का प्रयोग होता है। उल्लाला छन्द चार चरण का होता है तथा विश्राम १३-१५। किन्तु छप्पय में केवल दो पंक्तियों में लिखा जाता है। इस छन्द के ७१ भेद होते हैं। उनके नाम सोमनाथ ग्रन्थावली (भाग—१) (संपादक—सुधाकर पाण्डेय) के आधार पर निम्नांकित है :—

अजय १ विजय २ वलवंतहि ३ जानि।
और वीर ४ वेताल ५ वषानि।
वहुरि विहंकर ६ मरकट ७ और।
हरिहर ८ ब्रह्म ९ इन्दु १० सिरमौर।
चंदन ११ रस १२ शंकर १३ उर आनो।
स्वान १४ सिंघ १५ सार्दूल १६ बखानो ॥४२॥
कूरम १७ कोकिल १८ अरु खर १९ कुंजर २०।
मदन २१ मत्स्य २२ नारंग २३ सेष २४ बर ॥४३॥
सारंग २५ और मनोहर २६ कहो।
निबल २७ कमल २८ पुनि कंद २९ सुलहो ॥
बानर ३० बिस ३१ लव ४२ बसह ३३ अनूप।
और अजंगम ३४ करम ३५ स्वरूप ॥४४॥
सर ३६ बरु सरस ३७ समर ३८ पुनि सारस ३९।
सरह ५० मेरु ४१ कहि मरुत ४२ अनालस ॥
यम ४३ अरु सिद्धि ४४ बुद्धि ४५ अलि ४६ अलकहि ४७।
धवला ४८ मलय ४९ ध्वजा ५० कनक ५१ लहि ॥४५॥
कृष्न ५२ औरु रजनी ५३ उर में गनि।
मेघागम ५४ गंभीर ५५ गरुड़ ५६ भनि ॥
ससि ५७ सूरज ५८ मल्लक ५९ पहिचानि ॥
नवरंग ६० और मनोरथ ६१ मानि ॥४६॥

गगन ६२ रतन ६३ निर्झर ६४ नीहार ६५ ।
भरत ६६ तपन ६७ अरु कुसुम ६८ उदार ॥
दीप ६९ सक ७० स्वच्छ ७१ अनूप ॥
एक इकहत्तरि छप्पय रूप ॥४७॥
सतरि गुरु बारह लघु जा में ॥ मच्छर होय बयासी ता मैं ॥
अजय नाम छप्पय सौ जानौ । गुरु टूटे द्वै लघु बढ़ि मानौ ॥४८॥
तवही न्यारो नाऊ बतावो ॥
सुकबि समझि हिय में सुख पावै ॥४९॥
गुरु उनहत्तरि ६९ जा बिषैं, अरु चौदह लघु ठानि ॥
बरन तिरासी विजय सो, छप्पय उर मैं आनि ॥५०॥
ऐसेंई औरौं जानियौ ॥

उदाहरण

कतहुँ विटप-भूधर उपारि परसेन बरष्षत ।
कतहुँ बाजि सों बाजि मर्दि, गजराज करष्षत ॥
चरनचोट चटकन चकोट अरि-उर-सिर बज्जत ।
बिकट कटकु बिद्दरत बीरु बारिदु जिमि गज्जत ॥
लंगूर लपेटत पटकि भट, जयतिराम, जय ! उच्चरत ।
तुलसीस पवननंदनु अटल युद्ध क्रुद्ध कौतुक करत ॥
(कवितावली—लंका० पद—४७)

झूलना

इस छन्द में ३७ मात्रा होती है जो दस-दस और सत्रह मात्रा के विश्राम से होती है । प्रत्येक चरण के अन्त में यगण (।ऽऽ) होता है :—

कनकगिरि सृङ्ग चढ़ि देखि मर्कटकटकु,
बदत मंदोदरी परम भीता ।
सहजभुज - मत्तगजराज - रनकेसरी,
परसुधर गर्बु जेहि देखि बीता ॥
दास तुलसी समरसूर कोसलधनी,
ख्याल हीं बालि बलसालि जीता ।
रे कंत ! तृन दंत गहि 'सरन श्रीरामु' कहि,
अजहूँ एहि भाँति लै सौंपु सीता ॥१७॥
(कवितावली—लंका० पद—१७)

सवैया

यह वर्णिक छंद है। इसमें पद के चारों चरणों के तुकांत एक होते हैं। २२ से लेकर २६ तक इसमें वर्णवृत्त होते हैं। सवैया हिन्दी का प्रिय छन्द रहा है। सवैया के अनेक प्रकार होते हैं—मदिरा, हंसी, मत्तगयंद, अद्रक, चकोर, मति-प्रिया, दुर्मिल, गंगोदक, तन्वी, मकरन्द, मुक्तहारा या मोतियादाम, भुजंग, उर्मिल, अंगार, सुन्दरी, लवंगलता अथवा विजया, क्रौंच, अरविन्द, मदन मनोहर, किशोर, भुजंग, विच्छम्भित तथा मिश्रित सवैये आदि।

तुलसीदास ने अनेक सवैयों का प्रयोग किया है, जिनमें कुछ के उदाहरण प्रस्तुत किए जा रहे हैं—

दुर्मिल अथवा चन्द्रकला

दुर्मिल सवैये अथवा चन्द्रकला सवैये में प्रत्येक चरण में आठ सगण होते हैं।

उदाहरण

पग नूपुर औ पहुँची करिकंजनि मंजु बनी मनिमाल हिएं।
नवनील कलेवर पीत झंगा झलकै पुलकैं नृप गोद लिएं।।
अरबिंदु सो आननु रूप मरंदु अनंदित लोचन-भृङ्ग पिएं।
मनमो न बस्यौ अस बालकु जौं तुलसी जग में फलु कौन जिएं।।
(कवितावली—बाल० पद—२)

सुन्दरी

सुन्दरी सवैया के प्रत्येक चरण में आठ सगण तथा एक गुरु (ऽ) होता है। सब मिलकर २५ अक्षर होते हैं। माधवी, चन्द्रकला, कमला और मल्ली नाम से भी इस सवैये को संबोधित करते हैं।

उदाहरण

पद कोमल, स्यामल-गौर कलेवर राजत कोटि मनोज लजाए।
कर बान-सरासन सीस जटा, सरसीरुह-लोचन सोन सुहाए।।
जिन्ह देखे सखी ! सतिभायहु तें तुलसी तिन्ह तौ मन फेरि न पाए।
एहिं मारग आजु किसोर बधू बिधु बैनी समेत सुभाय सिधाए।।
(कवितावली—अयो० पद—२४)

मिश्रित सवैया

मिश्रित सवैये में कई प्रकार के सवैयों के चरण मिले रहते हैं। कुछ चरणों में कुछ सवैये और कुछ चरणों में कुछ सवैये। उदाहरण के रूप में कवितावली का जो सवैया नीचे दिया जा रहा है, उसमें पहला, तीसरा और चौथा चरण

मत्तगयंद सवैये का है तथा दूसरा चरण सुन्दरी सवैये का। मत्तगयंद सवैये के प्रत्येक चरण में सात मगण और दो गुरु होते हैं। इसका नाम मालती और विजय सवैया भी है।

उदाहरण

तूं रजनीचरनाथु महा, रघुनाथ के सेवक को जनु हौं हौं।
बलवान है स्वानु गलीं अपनी तोहि लाज न गालु बजावत सौ हौं॥
बीस भुजा, दससीस हरौं, न डरौं प्रभु-आयसु-भंग तें जौं हौं।
खेत में केहरि ज्यों गजराज दलौं दल, बालि को बालकु तौ हौं॥१३॥

(कवितावली—लंका० पद—१३)

कवित्त

कवित्त में ३१ वर्ण हर चरण में होते हैं और अन्तिम वर्ण गुरु होता है। सोलह-पन्द्रह पर यति या विश्राम होता है। इसे घनाक्षरी मनहर छन्द भी कहते हैं।

उदाहरण

पात भरी सहरी, सकल सुत बारे-बारे,
केवट की जाति, कछु बेद न पढ़ाइहौं।
सबु परिवारु मेरो याहि लागि, राजा जू,
हौं दीन वित्तहीन, कैसे दूसरी गढ़ाइहौं॥
गौतम की घरनी ज्यों तरनी तरैगी मेरी,
प्रभुसों निषादु ह्वै के बादु न बढ़ाइहौं।
तुलसी के ईस राम, रावरे सों सांची कहौं,
बिना पग धोएं नाथ, नाव ना चढ़ाइहौं॥

(कवितावली—अयो० पद—८)

रूप घनाक्षरी

इसके प्रत्येक चरण में ३२ वर्ण होते हैं और विश्राम १६-१६ वर्णों पर होता है। इसमें अन्तिम दो वर्ण प्रायः गुरु-लघु (ऽ।) होते हैं।

उदाहरण

प्रभु रुख पाइ कै, बोलाइ बालक घरनिहि,
बंदि कै चरन चहूँ दिसि बैठे घेरि-घेरि।
छोटो-सो कठौता भरि आनि पानी गंगाजू को,
धोय पाय पीअत पुनीत बारि फेरि-फेरि॥

तुलसी सराहैं ताको भागु, सानुराग सुर,
बरषैं सुमन, जय-जय कहैं टेरि-टेरि।
विविध सनेह-सानी बानी असयानी सुनि,
हंसें राघौ जानती-लखन तन हेरि-हेरि॥
(कवितावली—अयो०, पद—१०)

साहित्यिक सौन्दर्य

कवितावली तुलसीदास की ऐसी कृति है जिसमें उनका व्यक्तित्व राम-महिमा के साथ देश-काल से तादात्म्य करता हुआ एक संघर्षशील सर्जनात्मक, लोकमंगलाकांक्षी भक्त के रूप में प्रकट होता है। इस काव्य में राम चरित और उनसे सम्बद्ध चरित्रों की तथा उनके चरित्र की महिमा का आख्यान तो है ही, इसकी सबसे बड़ी विशेषता यह है कि उन स्थानों, उन तत्त्वों के भी संबंध में तुलसीदास स्पष्ट प्रकट होते हैं जो उनके जीवन में गुण-धर्म के समान समा गए हैं और जो उनके व्यक्तित्व को प्रकट करते हैं। तुलसीदास के महान् व्यक्तित्व के पीछे देश-काल को देखने की उनकी जो सर्जनात्मक दृष्टि है, उसका भी हमें इसमें ज्ञान प्राप्त होता है। तुलसीदास जी केवल द्रष्टा ही नहीं कर्मजयी स्रष्टा भी हैं और उनकी जीवन-गति में जो अवरोध समाज के सम्मुख आते हैं, उनसे संघर्षकर्ता तथा अजेय योद्धा के रूप में भी कवितावली में अपने को प्रकट करते हैं। जाति-पाँति के बन्धन से मनुष्य के व्यक्तित्व को ऊँचा उठाने का आह्वान भी कवितावली में है। कवितावली के भीतर उनकी उन मान्यताओं की भी प्रभा है, जिनके कारण उन्हें लोग समवन्यवादी मानते हैं और मैं सार-ग्राही।

जो बड़ा व्यक्ति होता है, वह गुण देखता है, जो छोटा व्यक्ति है भले ही उसे गिद्ध की भाँति अपार दृष्टि मिल जाय, उस दृष्टि में उसे केवल सड़े मांस का ही दर्शन हो सकता है। शक्ति की अपारता यदि स्वार्थ के लिए है तो समाज में राक्षस-वृत्ति का उदय होता है। राम वहाँ प्रकट होता है, जहाँ सुख-दुःख, प्रशंसा-गाली समान हो और सारी शक्ति,पुरुषार्थ और कृतित्व जन-मंगल के लिए हो। जब लोक का स्वार्थ अपना स्वार्थ बनता है, तब व्यक्ति विराट होता है और वह विराटता लोक श्रद्धा और विश्वास का पात्र तब बनती है, जब केवल भावुकता नहीं, विवेकशीलता का भी उपयोग व्यक्ति लोक में व्याप्त विषमता के नाश के लिए करता है। भावुकता और विवेक का योग यदि कर्म-मण्डित नहीं है तो वह वैचारिक आन्दोलन मात्र हो सकता है, लोक-

मंगलमूलक सत्याचरण नहीं बन सकता। ऐसी वैचारिकता ज्ञानियों को सोचने के लिए सामग्री दे सकती है किन्तु जग को उठाने के लिये सोपान नहीं बना सकती। वह एक संकुचित वर्ग-विशेष की साम्प्रदायिक संपदा बन सकती है। अभेद समाज की अनन्त संपदा नहीं। कर्म, ज्ञान और भाव के माध्यम से ऐसा सोपान बनाता है जो लोगों को सदा सहज होने के लिये मार्ग प्रस्तुत करता है। जो सब का हित चाहता है वह सर्वत्र सुन्दर तत्वों का संयोजन करता है और उसके माध्यम से कालजयी मंगल मूर्ति गढ़ता है। सुन्दर और मंगलमय का संचयन वह अपने ढंग से इस प्रकार करता है कि सारे सुन्दर और मंगलमय तत्त्व अपने-अपने को उसमें पाते हुए भी सब की कुछ-न-कुछ झलक पाते हैं और एक नया अलौकिक रूप ले लेते हैं। रूप का यह नया आभास केवल सुन्दर ही नहीं होता, मंगलमय भी होता है, क्योंकि उसके भीतर युगों का शील समन्वित रहता है तथा शक्ति की वसुन्धरा पर वह खड़ा होता है। ऐसी शील, शक्तिमयी कृति सदा मंगल वर्षा करती है और सौन्दर्य को सुन्दर, कल्याण को कल्याणमय और शक्ति को लोकहितकारी बनाती है। इसलिए यह कहने में संकोच नहीं होना चाहिए कि तुलसीदास ने समन्वय नहीं किया है अपितु शक्ति एवं तत्त्व-संचयन किया है और उसे अपने रंग में रँगा है और वह रंग ऐसा है जिसमें सब को अपना रंग दिखायी पड़ता है; क्योंकि केवल तुलसीदास ने अपने जीवन में प्रकाश पाने के लिये अपने को नहीं जलाया है, अपितु सब का जीवन प्रकाशित हो, इसलिए अपने को जलाया है। 'कवितावली' में उनके इस पौरुष का रूप अपनी शक्ति और शील के साथ प्रस्फुटित हुआ है। इसलिए इसमें राम भी हैं, कृष्ण भी हैं, शंकर भी हैं, कलियुग भी है और वे स्वयं भी हैं और इन सब पर वे छाये हुए हैं और अपने प्रकाश में इन सबको प्रकाशित करते हुए दीखते हैं।

मुक्तकों में कवि के व्यक्तित्व की स्पष्ट अवतारणा होती है। शिल्प का चमत्कार काव्य की अन्य विधाओं में जहाँ व्यक्तित्व को वस्त्राभूषण-मंडित कर सहजता को ढक सकता है, वहीं मुक्तक में सहजता की मौलिकता अपना दर्शन देती है। यह मौलिकता काव्य-व्यक्तित्व का निकष है। इन मुक्तकों में तुलसी का वह अजेय व्यक्तित्व निखरा है, जो दशरथ-पुत्र को भगवान् बनाकर घर-घर प्रतिष्ठित करने की क्षमता रखता है। व्यक्ति की अजेयता, आस्था और विश्वास की अडिगता पर आश्रित है। संपन्नता में प्रायः सैद्धान्तिकता भाव-विलास तक ही सीमित रहती है। उसका परीक्षण विपन्नता एवं अभाव के समय होता है। अभाव के समय भी आस्थावान व्यक्तित्व असीम होता है और अगाध विश्वास

उसमें ऐसी परम संक्रमणकालीन स्थिति में भी अभिव्यक्त होता है, जिसमें व्यक्तित्व के अस्तित्व का प्रश्न उपस्थित होता है। ऐसा व्यक्तित्व बन्धन-मुक्त होता है तथा जाति, अर्थ, मान, अपमान सबसे मुक्त आदर्श का बावरा होता है। कवितावली में तुलसीदास भयंकर दीन हैं, प्रकृति प्रकोप से पीड़ित हैं, विनाशकारी कलि समाज के बीच वे रह रहे हैं पर उनमें टूटन या संत्रास नहीं, सर्जन की अदम्य वृत्ति है। ऐसी भयंकर स्थिति में भी जब लोग सोच रहे हैं कि—"कहाँ जाई, का करी" वे राम के नेह पर गुलाम की भाँति भरोसा करते हैं। ऐसा अखण्ड व्यक्तित्व काव्य में केवल तुलसी का है।

आस्था और विश्वास की प्रतिमूर्ति ही कवितावली की रचनाएं नहीं हैं। उनसे लघुता को विराट् बनाने का जीवन-दर्शन है। स्थान और समय का मोह सब को होता है। इस मोह में जो डूब जाता है, वह उस स्थान और काल को भी डुबा देता है और जो उसे अपने प्रेम से उठा देता है, वह स्थानिकता को सार्वलौकिकता और समय को सनातन बना देता है। कवि का व्यक्तित्व ऐसा करने में पारस का काम करता है। ऐसा मानी सबके गुण का मान करता है। सबके गुण का मान करने से आराध्य का मान गुणियों की आराधना का विषय बनता है, और ऐसे गुणी गुणियों के आराधकों की वंदना का विषय। इस प्रकार अपनी भाव-मूर्ति को लोकाराधना का विषय बनाने में कवि सफल होता है। ऐसे ही लोकाराधक कवि तुलसीदास कवितावली में हैं। काशी, वाराणसी के देवी-देवता शंकर, अन्नपूर्णा, भैरवनाथ, दण्डपाणि, गणेश, पंचकोसी तथा अपने देश-काल के साथ कवितावली में तुलसी अपने अभेद व्यक्तित्व के साथ पूर्ण गरिमा में उपस्थित हैं और सार्वकालिक हो उठे हैं। जिसे पितरों का ऋण चुकाने के लिये भी सर पर बाल तक नहीं हैं, जो चने के चार दानों को ही अर्थ, धर्म, काम, मोक्ष सब कुछ समझता रहा हो, जिसके जाति, पाँति, धन, धाम का ठिकाना नहीं, उस तुलसी की अंतहीन ऊँचाई का दर्शन कवितावली में है, जिसमें मर्यादा का असाधारण शील है, पुरुषार्थी व्यक्तित्व का अनन्य उभार है और इन सब में है अपना सौन्दर्य जो सुन्दरता को भी सुन्दर बनाता है और शीलवान भी।

साहित्य की दृष्टि से जब विचार किया जाता है, तो रस-चर्चा सहज ही आ जाती है; क्योंकि शास्त्रीय विवेचन में रस का मान इस देश में सनातन महत्त्व का रहा है। कवितावली में सभी रस अपने-अपने वैभव के साथ हैं। वीर रस इस ऊंचाई से कवितावली में वर्णित है कि उस युग के बहुत कम कवि ही उस सीमा को स्पर्श भी कर सकेंगे। वीर रस के चारों रूप इसमें मिलते हैं।

जहाँ तक श्रृङ्गार रस का प्रश्न है, बाल-सौन्दर्य से ही यह कृति आरम्भ होती है और सीता के शील-सौन्दर्य तक का पूर्ण निखार इसमें आपको मिलेगा। श्रृङ्गार रस-साहित्य में परकीया का महत्त्वपूर्ण माना गया है किन्तु भारत में सतीत्व की आराधना मानव का परम धर्म रहा है। स्त्री का सौन्दर्य तब मंगल-मय माना जाता है, जब उसमें सतीत्व हो। स्वकीया का शील और सौन्दर्य इस कृति में अपनी विशिष्टता पर है। हास्य और व्यंग्य रस का भी एक ही छन्द है किन्तु वह छन्द भी इतना ऊँचा है कि जिस ऊँचाई तक गम्भीर हास्य उस युग में ढूंढ़े भी नहीं मिलेगा। वह भड़ौवा नहीं है किन्तु सच्चे अर्थों में और आधुनिक अर्थों में भी वह ऐसा व्यंग्य है जो दृष्टान्त के रूप में कहीं भी उद्धरण बन सकता है। शान्त रस के सम्बन्ध में तुलसी अपने स्थान पर ही हैं, इस कृति में भी। वीभत्स रस का भी इसमें वर्णन है। रौद्र रूप को भी लंकाकाण्ड में बड़ी ऊँचाई से प्रस्तुत किया गया है। करुण रस के सफल दर्शन भी इस कृति में होते हैं। वीभत्स तथा भयानक रस के भी। इस प्रकार यह कृति साहित्यिक दृष्टि से रसों का रसायन है।

रस

श्रृङ्गार रस कवितावली में अपने सभी रूपों में है—किन्तु तुलसीदास मूलतः निर्वेद कवि हैं। वात्सल्य-श्रृङ्गार, संयोग-श्रृङ्गार और वियोग-श्रृङ्गार—तीनों श्रृङ्गार इसमें हैं। वात्सल्य को कुछ लोग रस के अन्तर्गत लेते हैं किन्तु मैं उसे श्रृङ्गार के अन्तर्गत ही मानता हूँ। उसी प्रकार भक्ति को शान्त रस के अंतर्गत समाहित करना अधिक अच्छा मानता हूँ। इनके उदाहरण नीचे दिए जा रहे हैं :—

१—श्रृंगार रस

वात्सल्य-श्रृङ्गार

उदाहरण

अवधेश के द्वारे सकारे गई सुत गोद के भूपति लै निकसे।
अवलोकि हौं सोच बिमोचनको ठगि-सी रही, जे न ठगे धिक-से॥
तुलसी मन-रंजन रंजित-अंजन नैन सुखंजन-जातक-से।
सजनी ससि में समसील उभै नवनील सरोरुह-से बिकसे॥
(कवितावली, बाल० पद-१)

संयोग-श्रृङ्गार

उदाहरण

दूलह श्रीरघुनाथु बने दूलही सिय सुंदर मंदिर माहीं।
गावति गीत सबै मिलि सुंदरि बेद जुवाजुरि बिप्र पढ़ाहीं॥

राम को रूपु निहारति जानकी कंकन के नग की परछाहीं।
यातें सबै सुधि भूलि गई करि टेक रही पल टारत नाहीं ।।
(कवितावली, बाल० पद-१७)

वियोग-शृङ्गार

उदाहरण

जोग-कथा पठई ब्रज को, सब सो सठ चेरी की चाल चलाकी।
ऊधौजू क्यों न कहै कुबरी, जो बरी नगनागर हेरि हलाकी ।।
जाहि लगै परि जाने सोई, तुलसी सो सोहागिनि नंदललाकी।
जानी है जानपनी हरि की, अब बाँधियैगी कछु मोटि कला की ।।
(कवितावली उत्तर० पद-१३४)

वीर रस

वीर रस के चारों रूप कवितावली में हैं :—

धर्म-वीर

उदाहरण

कीर के कागर ज्यों नृपचीर, बिभूषन उप्पम अंगनि पाई।
औधतजी मगवास के रूख ज्यों, पंथ के साथ ज्यों लोग-लोगाई ।।
संग सुबंधु, पुनीत प्रिया, मनो धर्मु क्रिया धरि देह सुहाई।
राजिवलोचन रामु चले तजि बाप को राजु बटाउ की नाईं ।।
(कवितावली अयो० पद-१)

दान-वीर

उदाहरण

नगरु कुबेर को सुमेरु की बराबरीं,
बिरंचि-बुद्धि को बिलासु लंक निरमान भो।
ईसहि चढ़ाइ सीस बीसबाहू बीर तहाँ,
रावनु सो राजा रज-तेज को निधानु भो ।।
'तुलसी' तिलोक की समृद्धि,सौंज, संपदा,
सकेलि चाकि राखी रासि जांगरु जहानु भो।
तीसरें उपास बनबास सिंधु पास सो,
समाजु महाराजजू को एक दिन दानु भो ।।
(कवितावली, सुन्द० पद-३२)

दया-वीर

उदाहरण

मातु पिता जग जाइ तज्यो बिधिहूँ न लिखी कछु भाल भलाई।
नीच, निरादरभाजन, कादर, कूकर-टूकन लागि ललाई॥
रामु-सुभाउ सुन्यो तुलसी प्रभु सों कह्यो बारक पेटु खलाई।
स्वारथ को परमारथ को रघुनाथु सो साहेबु, खोरि न लाई॥

(कविता वली, उत्तरकांड)

युद्ध-वीर

उदाहरण

हाथिन सों हाथी मारे, घोरे सों संघारे घोरे,
रथिन सों रथ बिदरनि बलवान की।
चंचल चपेट, चोट चरन, चकोट चाहें,
हहरानीं फौजें भहरानी जातुधान की॥
बार-बार सेबक सराहन करत रामु,
'तुलसी' सराहै रीति साहेब सुजान की।
लांबी लूम लसत, लपेटि पटकत भट,
देखौ-देखौ, लखन! लरनि हनुमान की॥

(कवितावलो, लंका० पद-४०)

३—करुण रस

उदाहरण

सिथिल सनेह कहैं कौसिला सुमित्राजू सों,
मैं न लखी सौति, सखी भगिनी ज्यों सेई है।
कहै मोहि मैया, कहौं मैं न मैया, भरत की,
बलैया लेहौं भैया तेरी मैया कैकेयी है॥
तुलसी सरल भायं रघुरायं माय मानी,
काय-मन-बानी हू न जानी कै मतेई है।
बाम बिधि मेरो सुखु सिरिस-सुमन-सम,
ताको छल-छुरी कोह-कुलिस लै टेई है॥

(कवितावली, अयो० पद-३)

४—अद्भुत रस

उदाहरण

लीन्हो उखारि पहारु बिसाल,
चल्यो तेहि काल, बिलंबु न लायो।
मारुतनंदन मारुत को, मन को,
खगराज को बेगु लजायो॥
तीखी तुरा 'तुलसी' कहतो,
पै हिएं उपमा को समाउ न आयो।
मानों प्रतच्छ परब्बत की नभ,
लीक लसी, कपि यों धुकि धायो॥

५—हास्य रस

उदाहरण

विन्ध्य के बासी उदासी तपी ब्रतधारी महा बिनु नारि दुखारे।
गौतमतीय तरी 'तुलसी' सो कथा सुनि भे मुनिवृंद सुखारे॥
ह्वै हैं सिला सब चंद्रमुखी परसें पद मंजुल कंज तिहारे।
कीन्हीं भली रघुनायकजू। करुना करि कानन को पगु धारे॥

(कवितावली, अयो० अंतिम पद)

६—रौद्र रस

उदाहरण

गर्भ के अर्भक काटन कों पटु धार कुठारु कराल है जाको।
सोइ हौं बूझत राजसभा 'धनु को दल्यौ' हौं दलिहौं बलु ताको॥
लघु आनन ऊतर देत बड़े लरिहै मरिहैं करिहै कछु साको।
गोरा गरूर गुमान भर्‌यौ कहौ कौसिक छोटी-सी ढोटो है काको॥

(कवितावली, बाल० पद-२०)

७—भयानक रस

उदाहरण

देखि ज्वालाजालु, हाहाकारु दसकंध सुनि,
कह्यौ, धरो, धरो, धाए बीर बलदान हैं।
लिएं सूल-सेल पास-परिघ, प्रचंड दंड,
भाजन सनीर, धीर धरें धनु-बान हैं॥

'तुलसी' समिध, सौंज, लंक जग्यकुंडु लखि,
जातुधान पुंगोफल जव तिल धान हैं ।।
स्रुवा सो लंगूर, बलमूल प्रतिकूल हबि,
स्वाहा महा हांकि-हांकि हुनै हनुमान हैं ।।
(कवितावली, सुन्दर० पद-७)

८—वीभत्स रस

उदाहरण

ओझरी झोरी काचे, आंतनि की सेल्ही बांधे,
मूँड़ के कमंडल खपर किएँ कोरि कै ।
जोगिनी झुटुंग झुंड-झुंड-बनी तापसी-सी
तीर-तीर बैठीं सो समर-सरि खोरि कै ।।
सोनित सों सानि-सानि गूदा खात सतुआ-से,
प्रेत एक पिअत बहोरि घोरि-घोरि कै ।
'तुलसी' बैताल-भूत साथ लिए भूतनाथु,
हेरि-हेरि हँसत हैं हाथ-हाथ जोरि कै ।।
(कवितावली, लंका० पद-५०)

९—शांत रस

उत्तर-कांड शान्त-रस के उदाहरणों से भरा हुआ है :—

उदाहरण

बारि तिहारो निहारि मुहारि भएं परसें पद पापु लहौंगो ।
ईसु ह्वै सीस धरों पै डरौं, प्रभु की समतां बड़े दोष दहौंगो ।।
बरु बारहिं बार सरीर धरौं, रघुबीर को ह्वै तब तीर रहौंगो ।
भागीरथी ! बिनवौं कर जोरि, बहोरि न खोरि न लगै सो कहौंगो ।।
(कवितावली, उत्तर० पद-१४७)

कवितावली की भाषा अत्यन्त परिमार्जित और भाव के अनुरूप अपने को सर्वत्र अभिव्यक्त करती है और कहीं-कहीं तो भाषा इतनी सशक्त हो गयी है कि भावों को भी ऊँचा उठा देती है और इतनी चित्रमयता कहीं-कहीं दिखायी देती है कि केवल मूर्ति ही खड़ी नहीं होती, उसकी अन्तरात्मा का भी उदघाटन हो जाता है। इसकी भाषा पूर्वी ब्रजभाषा है। मुहावरे और लोकोक्तियाँ इसके कथ्य को स्थान-स्थान पर प्रामाणिकता प्रदान करती हैं। बनारसी कहावतें भी

इसमें हैं। अरबी, फारसी के शब्द भी हैं। भाषा का प्रयोग भाव की अभिव्यक्ति के लिए हुआ है। भाषा भाव के ताल पर कवितावली में थिरकती मिलती है।

जहाँ तक अलंकारों का प्रश्न है, इसमें प्रायः उपयुक्त अलंकार यथा-स्थान मिलते हैं, जिसका संकेत स्थान-स्थान पर मूल पाठ में कर दिया गया है। अलंकार कहीं बोझ बना है, अपितु भाव-सौन्दर्य के निखार का साधन मात्र है।

कवितावली एक आस्थावान् सतत विद्रोही की रचना है, जिसमें क्रान्ति है और अजस्र मंगल करने की शक्ति है। किसी की वन्दना से यह कृति आरम्भ नहीं होती। इस तरह से तुलसीदास ने अपनी कोई कृत्ति प्रारम्भ नहीं की है। कृति आरम्भ से अन्त तक मौलिक है। यह बाल-रूप से शुरू होती है और तुलसीदास के अन्तिम समय तक का वर्णन करती है। स्थानीय चीजों से और स्थानों से इसमें कवि का प्रेम प्रदर्शित है किन्तु लौकिकता और सामयिकता को अलौकिक और सनातन बना दिया गया है। गीति-पद्धति की भारतीय परम्परा की दृष्टि से भी देखी जाय तो कवितावली में तुलसी के व्यक्तित्व का जो उद्रेक हुआ है, वह साधारण होते हुए भी असाधारण है। असाधारण होते भी साधारण लोगों के लिए है। इस दृष्टि से यदि देखा जाय तो तुलसी की कवितावली केवल साहित्य की मधुमती भूमिका ही नहीं प्रस्तुत करती है या उसका उत्थान ऋतंभरा भूमिका तक ही नहीं होता, अपितु वह साहित्य को ज्योतिष्मती भूमिका प्रस्तुत करने वाली तुलसीदास की कृति प्रमाणित होता है। जब ज्योतिष्मती भूमिका काव्य में प्रस्तुत होती है, तो संसार का सारा ज्ञान और विज्ञान कवि के व्यक्तित्व में समा जाता है और उसकी अभिव्यक्ति का साधारणीकरण केवल व्यक्ति की ही नहीं, लोक की सनातन सम्पदा बन जाती है। तुलसी की यह भूमिका केवल रामचरितमानस में ही नहीं है, कवितावली में भी है।

इस भूमिका में साहित्य के मनीषी संभवतः कोई ऐसी बात पायें जो उनको रुचिकर न लगे और मधुमती भूमिका से ऊपर उठने की बात न सोचें किन्तु सरस्वती का आवेग यदि मधुमती, ऋतम्भरा और ज्योतिष्मती है तो कवि का आवेग भी इस कोटि का होगा ही। जहाँ तक ऊँचाई की बात है, सब से ऊँचा पहाड़ यदि हिमालय हो सकता है तो कवि भी सबसे अधिक आवेग का हो सकता है। लेकिन हिमालय भी एक ही है, काव्य की ऊँचाई भी वैसी होने पर आपत्ति नहीं होनी चाहिए। हो सकता है कि आगे कोई नयी सृष्टि हो

तो नयी ऊँचाइयाँ बनें। रेगिस्तान के टीलों की ऊँचाई को पर्वतों की ऊँचाई से आँकना और पर्वतों की ऊँचाई को महापर्वतों की ऊँचाई से आँकना आज का गुण-धर्म भले ही हो गया हो, किन्तु गिरिराज एक ही होगा। उसी प्रकार कविता के क्षेत्र में तुलसीदास की ज्योतिष्मती भूमिका उनकी अपनी है और किसी से तुलना की अपेक्षा नहीं करती और कवितावली में भी वह भूमिका विद्यमान है।

—सुधाकर पाण्डेय

दीपावली
सं०:२०२३

बाल कांड

अवधेस के द्वारे सकारे गई, सुत गोद कै भूपति लै निकसे।
अवलोकिहौं सोच-बिमोचन को ठगि सी रही, जे न ठगे धिक से ।।
तुलसी, मनरंजन रंजित अंजन नयन सुखंजन-जातक से।
सजनी ससि में समसील उभै नवनील सरोरुह से बिकसे ।।१।।

टिप्पणी—सकारे = प्रातःकाल। कै लै = में लेकर। हौं = मैं। सोच-विमोचन = शोक से मुक्त करने वाले। ठगि सी रही = चकित हो गई। से = वे (उनको)। जातक = बच्चा। सजनी = सखी। समसील = समान गुण-धर्म वाले।

भावार्थ—(एक सखी का दूसरी सखी से कथन) हे सखी, मैं सबेरे अयोध्यापति महाराज दशरथ के द्वार पर (कार्य विशेष से) गयी थी। उसी समय महाराज पुत्र को गोद में लिये हुए बाहर आये। मैं तो उस शोकहारी बालक को देखकर ठगी-सी रह गयी—जैसे कि मेरा सर्वस्व किसी के द्वारा छीन लिया गया हो। उस रूप को देखकर जो न मोहित हो उन्हें धिक्कार है। उस बालक के अञ्जन से रंजित (अंजन लगाया गया है जिनमें) आँखें खंजन पक्षी के बच्चे के समान थीं। वे ऐसे प्रतीत हो रहे थे मानो चन्द्रमा के भीतर दो समान गुण-धर्म वाले नवीन नील कमल खिले हुए हों।

विशेष—खंजन पक्षी के बच्चे की आँखों की पलकें काली होती हैं, विशालता और चंचलता तो इतर विशेषताएँ हैं ही। चन्द्रमा वस्तुतः मुख के लिए प्रयुक्त हुआ है। कमल के प्रतीक में पुण्यता का भी बोध है।

पग नूपुर औ पहुँची करकंजनि, मंजु बनी मनिमाल हिये।
नवनील कलेवर पीत झँगा झलकैं, पुलकैं नृप गोद लिये।।
अरबिंद सो आनन, रूपमरंद अनन्दित लोचन-भृंग पिये।
मन मों न बस्यौ अस बालक जौ तुलसी जग में फल कौन जिये ।।२।।

टिप्पणी—नूपुर = घुंघरू। कलेवर = शरीर। झंगा = झिंगुली। अरबिंद = कमल। सो = समान। मरंद = मकरंद = पराग। भृंग = भौंरे।

भावार्थ—उस बालक के चरणों में घुंघुरू और कमल के समान कोमल और सुन्दर हाथों में पहुँची तथा हृदय पर सुन्दर मणियों की माला शोभायमान है। नवीन नीले कमल की भाँति सुन्दर श्यामल शरीर पीली झिंगुली में झलक रहा हैं। ऐसे रामचन्द्र जी को गोद में लिये हुए राजा आनन्द से पुलकित हो रहे हैं। नेत्र रूपी भौंरे कमल के समान सुन्दर मुख के रूप रूपी मकरंद का पान करके आनन्द-मग्न हैं (मस्त हैं) तुलसीदास कहते हैं—यदि मन में ऐसे बालरूप का ध्यान न आया तो संसार में जीवित रहने से क्या लाभ है ?

विशेष—विद्वानों के मतानुसार यह पद अन्नप्राशन के दिन से सम्बद्ध है।

अलंकार—उपमा और रूपक (तीसरे चरण में)।

तन की दुति स्याम सरोरुह, लोचन कंज की मंजुलताई हरैं।
अति सुन्दर सोहत धूरि भरे, छबि भूरि अनंग की दूरि धरैं॥
दमकैं दतियाँ दुति दामिनि ज्यों, किलकैं कल बाल-बिनोद करैं।
अवधेस के बालक चारि सदा तुलसी-मन-मंदिर में बिहरैं॥३॥

टिप्पणी—दुति = कांति शोभा। सरोरुह = कंज, कमल। धूरि = धूल। ज्यौं = तरह। कल = सुन्दर (श्रवण को सुखद, जैसे कलगान)।

भावार्थ—उनके शरीर की आभा नील कमल के समान है तथा नेत्र कमल की मंजुलता (सुषमा) से अधिक मंजुल और सुन्दर हैं। धूलि-धूसरित होने पर वे इतने सुन्दर लगते हैं कि कामदेव की आत्यंतिक शोभा भी उनके सामने निरर्थक प्रतीत होती है। छोटे दाँतों की ज्योति बिजली की तरह दमकती है। वे किलक-किलक कर बाल-लीलाएँ करते हैं। अयोध्यापति महाराज दशरथ के वे चारों बालक तुलसीदास के मन-मन्दिर में सदैव विहार करें।

विशेष—भगवान् राम के बालरूप की आराधना पर कृष्णभक्त कवियों का प्रभाव भी माना जाता है। मन के लिए मन्दिर का प्रयोग पवित्रता की भावना का प्रतीक है, ध्वनिमयता और सुर का महत्त्व भी है।

अलंकार—'तन की दुति स्याम सरोरुह' में 'वाचक लुप्तोपमा'। 'लोचन कंज की मंजुलताई हरैं' और 'छबि भूरि अनंग की दूरि धरैं' में तीसरा प्रतीप। 'दमकैं दँतियाँ दुति दामिनि ज्यौं' में पूर्णोपमा 'मन-मन्दिर' में रूपक।

कबहूँ ससि माँगत आरि करैं, कबहूँ प्रतिबिंब निहारि डरैं।
कबहूँ करताल बजाइ कै नाचत, मातु, सबै मन मोद भरैं॥

कबहूँ रिसिआइ कहैं हठि कै, पुनि लेत सोई जेहि लागि अरैं।
अवधेस के बालक चारि सदा तुलसी-मन-मन्दिर में बिहरैं ।।४।।

टिप्पणी—आरि करैं = हठ करते हैं। प्रतिविम्ब = परछाईं। मोद = प्रसन्नता।

भावार्थ—कभी खेलने के लिए चन्द्रमा को लेने का हठ करते हैं; कभी अपनी परछाईं देखकर डरते हैं; कभी अपने हाथ से ताली बजाकर नाचते हैं, जिसे देखकर माताओं का हृदय आनन्द से भर जाता है। कभी नाराज होकर हठ करके कुछ कहते हैं और फिर वह प्राप्त कर ही लेते हैं जिसके लिए हठ करते हैं। अयोध्यापति राजा दशरथ के चारों बालक तुलसीदास के मन रूपी मन्दिर में विहार करते हैं।

विशेष—स्वभाव की दृष्टि से बाल-स्वभाव की सहजानुभूति है।

अलंकार—स्वभावोक्ति।

बर दंत की पंगति कुंदकलीं, अधराधर-पल्लव खोलन की।
चपला चमकै घन बीच जगै छबि मोतिन माल अमोलन की ।।
घुंघुरारी लटैं लटकै मुख ऊपर, कुंडल लोल कपोलन की।
निवछावरि प्रान करै तुलसी, बलि जाउँ लला इन बोलन की ।।५।।

टिप्पणी—अधराधर = दोनों ओष्ठ। पल्लव = नवीन आम की पत्तियाँ। जगै = जाग जाती है। लोल = चंचल, हिलते हुए। लला = रामचन्द्र जी।

भावार्थ—कुंदकली के समान श्वेत श्रेष्ठ दन्तपंक्ति की बलि जाऊँ। हँसते समय ओठों का नये पल्लवों की भाँति खोलने की बलि जाऊँ। अनमोल मोतियों की माला जो श्यामल शरीर पर बादलों के मध्य चमकती हुई बिजली की भाँति है उसकी बलि जाऊँ तथा मुख पर लटकती हुई घुंघराली अलकों की, कपोलों पर हिलते हुए कुण्डलों की ओर लला (रामचन्द्र जी) की तोतली बोली बलि जाऊँ। तुलसीदास इन सब पर अपने प्राण न्योछावर करते हैं।

विशेष—इस छन्द के अन्वय और अर्थ दोनों में 'बलि जाऊँ' प्रत्येक पंक्ति के साथ लगेगा। इसमें 'लला' शब्द के कारण एक प्रकार का नारी-विलास और त्वरा आ गयी है।

अलंकार—रूपक और उपमा।

पदकंजनि मंजु बनी पनहीं, धनुहीं सर पंकजपानि लिये।
लरिका सँग खेलत-डोलत हैं सरजूतट चौहट हाट हिये ।।

'तुलसी' अस बालक सों नहिं नेह कहा जप जोग समाधि किये ?
नर ते खर सूकर स्वान समान, कहौ जग में फल कौन जिये ।।६।।

टिप्पणी—पनहीं = पदत्राण, जूता । धनुहीं = छोटा धनुष । बनी = शोभा देती है । चौहट = चौमुहानी । नेह = स्नेह, प्रेम । हाट = बाजार ।

भावार्थ—रामचन्द्र जी के कमल के समान कोमल पैरों में सुन्दर जूतियाँ शोभित हैं । वे कोमल हाथों में छोटा धनुष और बाण लिये हुए अपनी अवस्था के बालकों के साथ सरयू के किनारे चौमुहानी और बाजारों में खेलते हुए घूम रहे हैं । तुलसीदास कहते हैं कि यदि ऐसे बालकों से प्रेम न हुआ तो बताइये जप, योग और समाधि करने से क्या लाभ है ? ऐसे लोग तो गधों, सूअरों और कुत्तों के समान हैं, बताइये संसार में उनके जीने का सुफल क्या है ?

सरजू बर तीरहि तीर फिरैं रघुबीर, सखा अरु बीर सबै ।
धनुहीं कर तीर, निषंग कसे कटि, पीत दुकूल नवीन फबै ।।
तुलसी तेहि अवसर लावनिता दस, चारि, नौ, तीनि, इकीस सबै ।
मति-भारति पंगु भई जो निहारि, बिचारि फिरी उपमा न पबै ।।७।।

टिप्पणी—बीर = भाई । सबै = सवय, एक अवस्था के । निषंग = तरकश । दुकूल = रेशमी वस्त्र । फबै = सुन्दर लगता है । अवसर = अवसर । लावनिता = लावण्य । भारति = सरस्वती । बिचारि फिरी = विचार करके लौट आयी । पबै = पावै, पाती है ।

भावार्थ—श्री रघुनाथ जी अपने समवयस्क मित्रों और भाइयों को लेकर पवित्र सरयू नदी के किनारे-किनारे फिरते हैं । उनके हाथों में छोटे-छोटे धनुष-बाण हैं, कमर में तरकश बँधा हुआ है और शरीर पर नया पीला रेशमी वस्त्र सुशोभित है । तुलसीदास कहते हैं कि उस समय के लावण्य की उपमा चौदहों भुवन, नवों खण्ड, तीनों लोक, और इक्कीसों ब्रह्माण्डों में विचार करके खोजने पर भी न मिलने के कारण सरस्वती की बुद्धि कुण्ठित हो गयी और यह विचार करके कि अब सम्भवतः उपमा न मिलेगी लौट आयीं ।

विशेष—संख्यावाची पदों के अर्थ को लेकर प्रायः विवाद है । कुछ लोगों के अनुसार दसगुण माधुर्य के, चार गुण प्रताप के, नौ गुण ऐश्वर्य के, तीन गुण सहज या प्रकृति के और इक्कीस गुण यश के हैं ।

कुछ लोग इक्कीस को मुहावरों के रूप में बढ़ने के अर्थ में मानते हैं और कुछ विद्वान् तन्त्र और वेद का अर्थ ग्रहण करते हैं।

अलंकार—सम्बन्धातिशयोक्ति।

छोनी में के छोनीपति छाजै जिन्हैं छत्रछाया,
छोनी छोनी छाये छिति आए निमिराज के।
प्रबल प्रचंड बरिबंड बर बेष बपु,
बरबे को बोले बयदेही बर काज के॥
बोले बंदी बिरुद बजाइ बर बाजनेऊ,
बाजे बाजे बीरबाहु धुनत समाज के।
तुलसी मुदित मन पुर नर-नारि जेते,
बार-बार हेरैं मुख औध-मृगराज के॥८॥

टिप्पणी—छोनी = पृथ्वी। छोनीपति = राजा। छाजे = सुशोभित। छोन-छोनी = अक्षौहिणी, झुण्ड। निमिराज = जनक। बरिबंड = बलवान। ब्रपु = शरीर। बर काज = विवाह। बरबे को बोले = वरण करने को बुलवाये थे। बिरुद = यश। बाजे-बाजे = कोई-कोई। धुनत = ठोकते हैं। समाज = सभा। हेरैं = देखते हैं। मृगराज = सिंह।

भावार्थ—जनकपुरी में संसार के कोने-कोने से आये हुए अनेक राजा, जिनके सिर पर राजछत्र सुशोभित हैं, स्थान-स्थान पर डेरा डाले हुए हैं। वे बड़े बलवान, प्रतापी और तेजस्वी हैं, उनके शरीर और वेष भी बड़े सुन्दर हैं और वे श्री सीता जी को वरण करने के शुभ कार्य से बुलाये गये हैं। श्रेष्ठ बन्दीजन उनकी विरुदावली का बखान करते हैं। बाजे वाले बाजे बजाते हैं और उन राजाओं के समाज (समवाय) में कुछ वीर अपनी भुजाएँ ठोंकते हैं। तुलसीदास कहते हैं कि नगर के जितने भी स्त्री-पुरुष हैं वे सभी अवधकेशरी राम का मुख बार-बार देखते हैं और मन ही मन प्रसन्न होते हैं।

विशेष—पहली दो पंक्तियों में अनुप्रास और यमक दोनों हैं। शेष पंक्तियों में भी अनुप्रास है। मृगराज में यदि मृग में श्लेष मान कर अर्थ करें तो शेष राजा रामचन्द्र के सामने मात्र प्राणी प्रतीत होते हैं। अर्थात् शेष राजा मृग हैं और राम मृगराज हैं।

सीय के स्वयंबर, समाज जहाँ राजनि को,
राजनि के राजा महाराजा जानै नाम को ?

पवन, पुरंदर, कृसानु, भानु, धनद से,
गुण के निधान रूपधाम सोम काम को ?
बान बलवान जातुधानप सरीखे सूर,
जिन्हके गुमान सदा सालिम संग्राम को।
तहाँ दसरत्थ के समर्थ नाथ तुलसी के,
चपरि चढ़ायो चाप चन्द्रमा-ललाम को ।।९।।

टिप्पणी—जानै नाम को = उनका नाम कौन जान सकता है । पुरंदर = इन्द्र । धनद = कुबेर । से = समान । सोम काम = चन्द्रमा और कामदेव । बान = बाणासुर । जातुधानप = रावण । सूर = शूर (योद्धा) । सालिम = दृढ़, अविचलित । चपरि = फुर्ती से । चन्द्रमा-ललाम = चन्द्रभूषण, शंकर ।

भावार्थ—सीता जी के स्वयंवर में जहाँ राजाओं की इतनी बड़ी सभा है, बहुत से राजराजेश्वर और सम्राट् भी हैं, उनके नाम को कौन जान सकता है । वे बल में पवन के समान, ऐश्वर्य में इन्द्र के समान, तेज तथा प्रताप में अग्नि और सूर्य के समान एवं धन में कुबेर के समान गुणों के आगार हैं । उनके शारीरिक सौन्दर्य की तुलना में चन्द्रमा और कामदेव भी कुछ नहीं हैं । जिनमें बाणासुर जैसे बलवान और रावण जैसे योद्धा भी हैं जिन्हें युद्ध भूमि में अविचलित रहने का अभिमान है । इस प्रकार के राज-समाज में जब किसी से भगवान् शंकर का धनुष न उठ सका, तो तुलसीदास के समर्थ प्रभु दशरथ-नन्दन राम ने फुर्ती से भगवान शंकर का धनुष चढ़ा दिया ।

मयनमहन पुरदहन गहन जानि,
आनि कै सबै को सारु धनुष गढ़ायो है ।
जनक सदसि जेते भले भले भूमिपाल,
किए बलहीन बल आपनो बढ़ायो है ।
कुलिस कठोर कूर्म पीठ तें कठिन अति,
हठि न पिनाक काहू चपरि चढ़ायो है ।
तुलसी सो राम के सरोज-पानि परसत ही,
टूट्यौ मानों बारे ते पुरारि ही पढ़ायो है ।।१०।।

टिप्पणी—मयन = मदन । महन = मथन । पुरदहन = त्रिपुरदहन । आनि कै = एकत्र करके । सारु = सार, तत्त्व । कुलिस = वज्र । बारे तें = छुटपन से ।

भावार्थ—जिस धनुष को भगवान् शंकर ने त्रिपुरासुर का नाश और कामदेव का भस्म होना अत्यन्त कठिन जानकर सब शक्तिमान पदार्थों का सार ले-लेकर बनवाया था। जिस (धनुष) ने राजा जनक की सभा के बड़े-बड़े राजाओं को बलहीन करके अपनी मर्यादा की रक्षा की और बल को प्रतिष्ठित किया। वज्र से भी कठोर और कच्छप की पीठ से भी अत्यन्त कठिन जिस धनुष को कोई बलपूर्वक फुर्ती से (अभी तक) चढ़ा नहीं सका, तुलसीदास कहते हैं—कि वही धनुष राम के कमल से कोमल हाथों का स्पर्श पाते ही टूट गया, मानो महादेव जी ने उसके निर्माण के समय बालपन में ही यह पाठ पढ़ाया हो कि राम के छूते ही टूट जाना।

विशेष—अन्तिम दो पंक्तियों में 'सरोज-पानि' में रूपक और विभावना तथा अंतिम पंक्ति में उत्प्रेक्षा अलंकार है। अन्तिम पंक्ति काव्य की दृष्टि से सहज और महत्त्वपूर्ण है।

डिगति उर्वि अति गुर्वि सर्व पब्बै समुद्र सर।
ब्याल बधिर तेहि काल, बिकल दिगपाल चराचर॥
दिग्गयंद लरखरत, परत दसकंठ मुक्खभर।
सुरविमान हिमभानु भानु संघटित परस्पर॥
चौंके बिरंचि संकर सहित, कोल कमठ अहि कलमल्यौ।
ब्रह्मांड खंड कियो चंड धुनि जबहिं राम सिवधनु दल्यौ॥११॥

टिप्पणी—डिगति = डगमगाती है। उर्वि = पृथ्वी। गुर्वि = भारी। पब्बै = पर्वत। ब्याल = शेषनाग। मुक्खभर = मुखभर। संघटित = टकराते हैं। कोल = वाराह। चंड = भयंकर। दल्यो = तोड़ा।

भावार्थ—जिस समय श्रीराम ने शिव जी का धनुष तोड़ा उस समय उसका प्रचण्ड शब्द ब्रह्मांड को पार कर गया अर्थात् व्याप्त हो गया। उसके आघात से (ध्वनि के प्रभाव से) सारे पर्वत, समुद्र और तालाबों के सहित भारी पृथ्वी डगमगाने लगी। शेषनाग बहरे हो गये, दिशाओं के अधिपति और जड़-चेतन सभी जीव व्याकुल हो गये। दिग्गज लड़खड़ाने लगे, रावण मुख के बल पृथ्वी पर गिर पड़ा। देवताओं के विमान, सूर्य और चन्द्रमा आपस में टकराने लगे। (ऊपर = ब्रह्मलोक में) ब्रह्मा शिवजी सहित चौंक उठे और पाताल में पृथ्वी को स्थिर करने वाले वाराह, कच्छप और शेषनाग कलमला उठे—हिल गये।

विशेष—इस छप्पय में एक विशेष प्रकार की गति और त्वरा है। शब्द

की इस लय का कारण अनुभूति के अनुकूल छंद का चयन है।

अलंकार—अतिशयोक्ति।

लोचनाभिराम घनस्याम रामरूप सिसु,
सखी कहैं सखी सों तू प्रेमपय पालि, री!
बालक नृपालजू के ख्याल ही पिनाक तोर्‌यो,
मंडलीक-मंडली-प्रताप-दाप दालि, री।
जनक को, सिया को, हमारो, तेरो तुलसी को,
सब को भावतो ह्वै है, मैं जो कह्यो कालि, री।
कौसिला की कोखि पर तोषि तन वारिये री,
राय दसरत्थ की बलैया लीजै आलि, री ॥१२॥

टिप्पणी—लोचनाभिराम = नेत्रों को सुन्दर लगनेवाले। प्रेमपय = प्रेम रूपी दूध। ख्याल ही = कौतुकमात्र से। मंडलीक-मंडली = राजाओं की सभा। दापु = दर्प, अभिमान। भावतो = मनचाहा, इच्छित।

भावार्थ—(सखी का सखी से कथन) हे सखी! रामचन्द्र जी के नयन-सुखदायक, काले बादलों के समान श्यामल शरीर रूपी शिशु का तू प्रेम रूपी दूध से पालन कर, अर्थात् राम के रूप से स्नेह कर। राजा दशरथ के इस बालक ने अनेक राजाओं के अभिमान को चूर करके खेल ही खेल में भगवान् शंकर का धनुष तोड़ डाला। मैंने अभी कल ही कहा था कि यह बालक जनक की, सीता की, मेरी और तुलसीदास तथा सब की मनचाही इच्छा को पूरा करेगा। इसलिए अब हम प्रसन्न होकर राजरानी कौशल्या की कोख पर अपना शरीर न्योछावर करें जो उन्होंने ऐसे तेजस्वी बालक को जन्म दिया तथा महाराज दशरथ की बलैया लें कि उनके लड़के ने इतना अद्‌भुत कार्य किया।

दूध दधि रोचना कनकथार भरि भरि,
आरती सँवारि बर नारि चलीं गावतीं।
लीन्हें जयमाल करकंज सोहैं जानकी के,
'पहिराओ राघो जू को' सखियाँ सिखावतीं।
तुलसी मुदितमन जनक नगरजन,
झाँकती झरोखे लागीं सोभा रानी पावतीं,
मनहुँ चकोरी चारु बैठीं निज निज नीड़,
चंद की किरन पीवें पलकैं न लावतीं ॥१३॥

टिप्पणी—रोचना (गोरोचन) = रोली। बर = श्रेष्ठ स्त्रियाँ, सौभाग्य-वती। झरोखे = गवाक्ष से, खिड़की में से। नीड़ = घोंसला। चारु = सुन्दर। लावतीं = गिरातीं।

भावार्थ—सौभाग्यवती स्त्रियाँ सोने के थाल में दूध, दही और रोली (हल्दी) भर-भर कर आरती सजाकर मंगलगान गाती हुई चलीं। जानकी जी के कर-कमल माला लिये हुए शोभित हो रहे हैं। उन्हें सखियाँ सिखाती हैं कि 'रामचन्द्र जी को माला पहनाओ'। तुलसीदास जी कहते हैं कि इस समय सारे जनकपुर वासी परम प्रसन्न हो रहे हैं। उस समय की शोभा देखने के लिए झरोखों पर बैठी हुई सुनयना आदि रानियाँ इस प्रकार सुशोभित हो रही हैं मानो सुन्दर चकोरियाँ अपने-अपने घोसलों में बैठी हुई बिना पलकें बन्द किये एकटक (श्री रामचन्द्र के मुखरूपी) चन्द्रमा की किरणों को पी रही हैं।

विशेष—अंतिम पंक्ति काव्य की दृष्टि से महत्त्वपूर्ण है। इस प्रतीक के माध्यम से रानियों की उत्सुकता, अपलक दर्शन आदि को अभिव्यंजित किया गया है।

अलंकार—अंतिम पद में वस्तूत्प्रेक्षा है।

नगर निसान बर बाजैं, ब्योम दुंदुभीं
बिमान चढ़ि गान कै कै सुरनारि नाचहीं।
जय जय तिहूँ पुर, जयमाल राम उर
बरषैं सुमन सुर, रूरे रूप राचहीं॥
जनक को पन जयो, सबको भावतो भयो,
तुलसी मुदित रोम रोम मोद माचहीं।
साँवरो किसोर, गोरी सोभा पर तृन तोरि
'जोरी जियौ जुगजुग' सखीजन जाँचहीं॥१४॥

टिप्पणी—निसान = निशान (बाजे)। दुंदुभी = नगाड़ा। रूरे = सुन्दर। राचहीं = अनुरक्त होते हैं। पन = प्रण। जयो = विजयी हुआ। गोरी = गौर-वर्ण जानकी। तृन तोरि = निछावर होना, (एक प्रकार का टोटका है जिसमें तृण तोड़कर फेंका जाता है)।

भावार्थ—जनकपुर में अनेक प्रकार के मांगलिक बाजे बज रहे हैं और आकाश में नगाड़े बज रहे हैं। आकाशयानों पर चढ़-चढ़ कर देवताओं की स्त्रियाँ गा-गाकर नाच रही हैं। त्रैलोक्य में जय-जयकार हो रहा है। रामचन्द्र के हृदय पर जयमाला सुशोभित हो रही है। रामचन्द्र के सुन्दर रूप पर अनुरक्त

होकर देवता लोग फूलों की वर्षा कर रहे हैं तुलसीदास कहते हैं कि जनक की प्रतिज्ञा पूरी हुई और सब की मनचाही बात पूरी हो गयी। अतः आनन्द के कारण उनके रोम-रोम में हर्ष भर गया है। युवतियाँ—सीता की सखियाँ—श्यामसुन्दर कुमार और गौरवर्ण कुमारी की शोभा पर अरिष्ट-निवारण हेतु तृण तोड़कर निछावर कर रही है। अपने इष्टदेवों से यह प्रार्थना करती हैं कि यह (सीताराम की) जोड़ी युग-युग (चिरकाल तक) जिए।

भले भूप कहत भले भदेस भूपनि सों,
"लोक लखि बोलिए पुनीत रीति मारखी"।
जगदंबा जानकी, जगतपितु रामचंद्र,
जानि जिय जोवो जो न लागै मुँह कारखो ॥
देखे हैं अनेक ब्याह, सुने हैं पुरान बेद,
बूझे हैं सुजान साधु नर-नारि पारखी।
ऐसे सम समधी समाज न बिराजमान,
राम से न बर, दुलही न सीय सारखी ॥१५॥

टिप्पणी—भले = अच्छे। भदेस = बड़े दुष्ट। लोक लखि = संसार की रीति विचार कर। रीति मारखी = आर्ष रीति (सभ्यों की तरह)। मुँह कारखी = मुँह में कारिख लगना, कलंकित होना। पारखी = परीक्षक।

भावार्थ—सज्जन राजा लोग बुरे और दुष्ट राजाओं से कहते हैं कि समाज को देखकर सभ्य व्यक्तियों की भाँति पवित्र ढंग से बातें कीजिए। श्री जानकी जी को जगन्माता और श्रीरामचन्द्र को जगत्पिता की भाँति देखिए जिससे कि कलंकित न होना पड़े। अनेकों विवाह देखे हैं, पुराणों और वेदों का भी श्रवण किया और ज्ञानी, साधु पुरुषों तथा ज्ञाता नर-नारियों से भी पूछा है। ज्ञात यही होता है कि किसी भी विवाहोत्सव में ऐसे समानधर्मा समधी, समाज और रामचन्द्र जी के समान दूल्हा तथा सीता जी के सदृश दुलहिन विराजमान नहीं हुए।

अलंकार—धर्म वाचक-उपमान लुप्त अलंकार।

बानी बिधि गौरी, हर सेसहू, गनेस कही,
सही भरी लोमस भुसुंडि बहुबारिखो।
चारिदस भुवन निहारि नर-नारि सब,
नारद को परदा न नारद सो पारिखो ॥

तिन कहो जग में जगमगति जोरी एक,
दूजो को कहैया औ सुनैया चषचारिखो।
रमा रमारमन सुजान हनुमान कही,
सीय सी न तीय न पुरुष राम सारिखो ॥१६॥

टिप्पणी—बानी = सरस्वती। सही भरी = समर्थन किया। बहुबारिखो = बहुत अवस्था वाले वृद्ध अतएव सम्माननीय। पारिखो = भले-बुरे को पहचानने वाले। दूजो = दूसरा। चषचारिखो = चार चक्षु वाला, चार आँखों वाला।

भावार्थ—सरस्वती, ब्रह्मा, पार्वती, शिव, शेषनाग और गणेश ने कहा है और चिरंजीवी तथा अनुभवी लोमश एवं काकभुशुंडि ने साक्षी दी है, जिन नारद जी से कहीं पर्दा नहीं है और जिनके समान दूसरा कोई सद्-असद् का पहचानने वाला नहीं है, उन्होंने भी चौदहों भुवनों के समस्त स्त्री-पुरुषों को भली प्रकार देखकर कहा है कि संसार में एकमात्र श्रीराम-जानकी की ही जोड़ी जगमगा रही है। दूसरी किसी जोड़ी को अधिक श्रेष्ठ सिद्ध करने वाला कोई चार आँखों वाला व्यक्ति नहीं है। लक्ष्मी जी, विष्णु जी और चतुर हनुमान जी नें भी कहा है, कि न सीता के समान स्त्री है, न राम के समान पुरुष।

विशेष—कथन के ढंग में लोक का आग्रह है। जनसाधारण जिस प्रकार श्रेष्ठता सिद्ध करता है, वही आधार यहाँ भी ग्रहण किया गया है।

अलंकार—अनुप्रास।

दूलह श्री रघुनाथ बने, दुलही सिय सुन्दर मंदिर माहीं।
गावति गीत सबै मिलि सुंदरि, बेद जुवा जुरि बिप्र पढ़ाहीं॥
राम को रूप निहारति जानकी कंकन के नग की परछाहीं।
यातें सबै सुधि भूलि गई, करि टेकि रहा पल टारति नाहीं ॥१७॥

टिप्पणी—जुवा जुरि = जुआ खेलते समय। विवाह में विवाहोपरान्त स्त्रियाँ वर-वधू को कोहबर में ले जाकर जुआ खेलाती हैं।

भावार्थ—सब सुन्दरी सौभाग्यवती स्त्रियाँ एकत्र होकर मंगलाचरण गाती हुई दूलहा श्री रामचन्द्र जी को तथा दुलहिन श्री जानकी जी को सजाकर सुन्दर मन्दिर (भवन) में ले गईं। सब स्त्रियाँ मिलकर मंगलाचार गाने लगीं और ब्राह्मण लोग वेद पढ़ने लगे। इस समय सीता जी नीचे सिर किये हुए अपने हाथ के कंकण में पड़ती हुई श्री रामचन्द्र की परछाइँ देखने लगीं। सात्विक

अनुभाव के कारण उन्हें सब स्मृति भूल गयी अर्थात् रूपराशि में लीन हो गयीं। वे निस्पन्द भाव से हाथ टेके हुए अपलक देखती ही रहीं।

विशेष—अंतिम पंक्ति में सात्त्विक अनुभाव के कारण श्रृङ्गार रस की व्यंजना है। इसमें चित्रात्मकता भी है।

छन्द—मत्तगयंद सवैया ७ यगण + अंत में दो गुरु।

भूपमंडली प्रचंड चंडीस-कोदंड खंड्यौ,
चंड बाहुदंड जाको ताही सों कहतु हौं।
कठिन कुठार धार धारिबे की धीरताहि,
बीरता बिदित ताकी देखिए चहतु हौं॥
तुलसी समाज राज तजि सो बिराजै आजु,
गाज्यो मृगराज गजराज ज्यों गहतु हौं।
छोनी में न छाँड्यौ छप्यौ छोनिप को छोना छोटो,
छोनिप-छपन बाँको बिरुद बहतु हौं॥१८॥

टिप्पणी—चंडीस-कोदण्ड = शिवधनुष। चंड = बलशाली। धारिबे की = सहने योग्य। गाज्यो = गरजकर। मृगराज = सिंह। छप्यौ = छिपा हुआ। छोनिप = राजा। छोना = छोटा बच्चा। छोनिप-छपन = क्षत्रिय संहारक। बहतु हौं = धारण करता हूँ।

भावार्थ—धनुष-भंग का समाचार सुनकर परशुराम जी आ पहुँचे और बोले कि राजाओं की मण्डली में जिसने शिव जी का प्रचण्ड धनुष तोड़ा है और जिसके भुजदण्ड बड़े प्रचण्ड हैं, मैं उसी से कहता हूँ—मैं धनुष तोड़ने के कारण प्राप्त हुई वीरता और अपने कुठार की तीक्ष्णधार को सहने की धीरता को देखना चाहता हूँ। वह आकर मुझे अपनी वीरता और धीरता दोनों दिखलाए। वह राज-समाज को छोड़कर (मुझसे लड़ने के लिए) अलग खड़ा हो जाय। जिस प्रकार हाथी को सिंह दबोचता है, वैसे ही मैं उसे दबोच लूंगा। अर्थात् मार डालूंगा। मैंने पृथ्वी पर छिपे हुए राजाओं के लड़कों को भी नहीं छोड़ा है, इसी कारण मैं क्षत्रिय-संहारक का यश धारण करके घूमता हूँ।

विशेष—इसमें रौद्र रस का परिपाक क्रोध-वचनों से व्यक्त है।

अलंकार—वृत्त्यनुप्रास, परुषावृत्ति, ओज गुण।

निपट निदरि बोले बचन कुठारपानि,
मानि त्रास औनिपन मानौ मौनता गही।

रोष माषे लखन अकनि अनखौहीं बातैं,
तुलसी बिनीत बानी बिहँसि ऐसी कही।
"सुजस तिहारो भरो भुवननि भृगुनाथ;
प्रगट प्रताप आपु कहो सो सबै सही।
टूट्यौ सो न जुरैगो सरासन महेसजू को,
रावरी पिनाक मैं सरीकता कहा रही ?" ।।१९।।

टिप्पणी—निपट = बिल्कुल । कुठारपानि = परशुराम । औनिपनि = राजाओं ने । माखे = बुरा माना । अकनि = सुनकर । अनखौंही = खिझानेवाली, अपमानजनक । सरासन = शरासन । रावरी = आपकी । सरीकता = साझा (फारसी के शरीक से बना) । कहा = क्या ।

भावार्थ—परशुराम जी के अत्यंत निरादरपूर्ण वचन सुनकर सब राजा लोग भयभीत हो चुप हो गये, मानो उन सबको मौनता ने ग्रस लिया हो, अर्थात् डर के मारे चुप हो गये। उनकी अपमानपूर्ण बातें सुनकर लक्ष्मण जी रुष्ट होकर नम्रतापूर्वक हँसकर इस प्रकार बोले—हे भृगुकुल-तिलक ! आपका सुयश चौदहों भुवनों में व्याप्त है। आपका प्रताप भी प्रकट है। आपने जो कुछ कहा सब सत्य ही कहा है। शिव जी का जो धनुष टूट गया, वह टूट गया अब तो जुड़ नहीं सकता। और फ़िर आप इतने रुष्ट क्यों हैं ? इसमें आपका कोई साझा (हिस्सा) था क्या ?

अलंकार—इसमें वस्तूत्प्रेक्षा है।

"गर्भ के अर्भक काटन को पटु-धार कुठार कराल है जाको।
सोई हौं बूझत राजसभा 'धनु को दल्यौ' हौं दलिहौं बल ताको।
लघु आनन उत्तर देत बड़ो, लरिहै, मरिहै करिहै कछु साको।
गोरो गरूर गुमान भरो कहौ कौसिक छोटो सो ढोटो है काको" ।।२०।।

टिप्पणी—अर्भक = बच्चा। पटु धार = चतुर है धार जिसकी। सोई हौं = वही मैं। साका करना = स्थायी कीर्ति प्राप्त करना। ढोटो = बालक। कौसिक = विश्वामित्र।

भावार्थ—लक्ष्मण की व्यंजक बातों को सुनकर परशुराम जी बोले—जिसके भयङ्कर कुठार की धार गर्भ के बालकों को काटने में कुशल है वही मैं इस राजसभा में पूछता हूँ कि इस धनुष को किसने तोड़ा है ? मैं उसका बल चूर कर दूंगा। विश्वामित्र की ओर इशारा करके कहते हैं कि हे विश्वामित्र !

यह छोटे मुंह बड़ी बात करने वाला बालक मुझसे लड़कर मरेगा या मुझे जीत कर कुछ कीर्ति फैलायेगा ? अतः आप बताइये कि इस प्रकार का गौरवपूर्ण, घमंड से भरा हुआ यह गौरवर्ण का छोटा बालक किसका लड़का है।

विशेष—रौद्र रस अवश्य है परन्तु इसमें काव्य कम और संवादगत कौशल अधिक है। सहजता इस छंद की इतर विशेषता है।

छंद—मत्तगयंद। सात भगण, दो गुरु।

"मख राखिबे के काज राजा मेरे संग दये,
जीते जातुधान, जे जितैया बिबुधेस के।
गौतम की तीय तारी, मेरे अघ भूरि भारी,
लोचन अतिथि भए जनक जनेस के।
चंड बाहुदंड बल चंडीस-कोदंड खंड्यो,
ब्याही जानकी, जीते नरेस देस देस के।
साँवरे गोरे सरीर, धीर महाबीर दोऊ,
नाम राम लखन, कुमार कोसलेस के" ॥२१॥

टिप्पणी—मख = यज्ञ। बिबुधेस = इन्द्र। अघ = पाप। लोचन अतिथि भये = दर्शन दिये हैं।

भावार्थ—विश्वामित्र जी उत्तर देते हैं कि साँवले और गोरे शरीर वाले, धैर्यवान और महाबलशाली, राम और लक्ष्मण नाम से प्रसिद्ध हैं और अवध-पति राजा दशरथ के लड़के हैं। इन्हें राजा दशरथ से मैंने अपनी यज्ञ-रक्षा के लिए माँग लिया है। इन्होंने देवताओं को भी जीतने वाले राक्षसों को भी जीत लिया है। बड़े-बड़े पापों को मेटकर गौतम की पत्नी अहल्या का भी उद्धार किया है। इसके बाद राजा जनक के नेत्रों के अतिथि हुए। इन्होंने अपने प्रचण्ड भुजदण्ड के बल से शिव जी के धनुष को तोड़ डाला है और देश-देश के राजाओं को जीतकर जानकी से विवाह किया है। (भाव यह है कि हे परशु-राम जी ! ये दोनों वीर साधारण पुरुष और क्षत्रियकुमार मात्र नहीं हैं बल्कि असाधारण योद्धा और अवतारी पुरुष हैं।)

विशेष—इसमें प्रकारान्तर से राम को ईश्वर का अवतार सिद्ध करना है।

काल कराल नृपालन के धनुभंग सुनै फरसा लिए धाए।
लक्खन राम बिलोकि सप्रेम, महा रिसि ते फिरि आँखि दिखाए॥

धीर-सिरोमनि, बीर बड़े बिनयी, बिजयी, रघुनाथ सुहाए,
लायक हे भृगुनायक सो धनुसायक सौंपि सुभाय सिधाए ।।२२।।

टिप्पणी—लायक हे = लायक थे, सामर्थ्यवान थे। धनुसायक = धनुष बाण। सौंपि = देकर।

भावार्थ—धनुष-भंग सुनकर राजाओं के भयंकर काल के समान परशुराम जी फरसा लिए दौड़ आये। आते ही राम-लक्ष्मण की मनोहर छवि देख कर प्रेम तो उमड़ा परन्तु अत्यन्त क्रोध के कारण फिर उन्होंने आँखें दिखायीं अर्थात् क्रोध व्यक्त किया। लेकिन धैर्यवानों में अग्रणी, बड़े पराक्रमी, विनयशील और सब पर विजय पाने वाले रामचन्द्र जी उनको अत्यन्त अच्छे लगे। परशुराम जी बड़े सामर्थ्यवान होकर भी राम को (परब्रह्म) समझकर अर्थात् यह मानकर कि ईश्वर का अवतार हो गया है—अपना धनुष-बाण सौंप कर वन में तपस्या करने चले गये।

विशेष—भावशबलता है। शांत और रौद्र के विभिन्न स्थायी भावों का इसमें कई बार सन्निवेश है।

छंद—मत्तगयंद सवैया।

अयोध्या कांड

कीर के कागर ज्यौं नृपचीर, विभूषन उप्पम अंगनि पाई।
औध तजी मगबास के रूख ज्यौं, पंथ के साथी ज्यौं लोग-लुगाई ॥
संग सुबंधु, पुनीत प्रिया मनो धर्म क्रिया धरि देह सुहाई।
राजिवलोचन राम चले तजि बाप को राज बटाऊ की नाई ॥१॥

टिप्पणी—कीर = तोता, सुगा। कागर = पंख। उप्पम = उपमा। मगबास = मार्गवास। औध = अवध। रूख = वृक्ष। बटाऊ = बटोही। नाई = (न्याय) तरह।

भावार्थ—(रामचन्द्र की त्यागशीलता, निस्पृहता, शक्ति और विनयशीलता आदि के प्रति संकेत है।)

श्री रामचन्द्र जी ने वन जाते समय वल्कल-वस्त्र धारण करके अति सुन्दर राजसी वस्त्राभूषणों को वैसे ही (निस्पृह भाव से) त्याग दिया जैसे वसंत ऋतु में सुग्गे अपना पंख छोड़ देते हैं। अयोध्या को रास्ते के वृक्ष की भाँति त्याग दिया। अयोध्या के स्त्री-पुरुषों को रास्ते के साथियों की भाँति छोड़ दिया, यह मानकर जैसे कि यहीं तक इनका साथ रहा हो। साथ चलने वाले लक्ष्मण और पत्नी सीता इस प्रकार प्रतीत हो रहे हैं मानों धर्म और क्रिया (का) दोनों सुन्दर शरीर धारण करके चल रहे हों (शोभा पा रहे हैं)। इस प्रकार रामचन्द्र जी अपने पैतृक राज्य को बटोही की भाँति छोड़कर गन्तव्य की ओर चल दिये।

विशेष—इसमें काव्य की व्यंजना-शक्ति, राम की निस्पृहता, शक्ति, शील आदि के अलावा धर्म और क्रिया के समन्वय से राम की मर्यादा-बद्धता और कर्मण्यता का भी संकेत किया गया है।

अलंकार—उपमाओं की माला है।

कागर-कीर ज्यौं भूषन चीर सरीर लस्यौ तजि नीर ज्यौं काई।
मातु पिता प्रिय लोग सबै सनमानि सुभाय सनेह सगाई।।
संग सुभामिनि भाइ भलो, दिन द्वै जनु औध हुते पहुनाई।
राजिवलोचन राम चले तजि बाप को राज बटाऊ की नाईं।।२।।

टिप्पणी—कागर-कीर ज्यों = सुग्गे के पंखों के समान। सगाई = सम्बन्ध। दिन द्वै जनु औध हुते पहुनाई = मानों दो दिन अयोध्या में पहुनाई करते थे।

भावार्थ—तोते के पंखों के समान वस्त्राभूषण त्याग कर रामचन्द्र जी का शरीर इस प्रकार सुशोभित हो रहा था जैसे काई के हटने पर जल निर्मल प्रतीत होता है। माता, पिता और प्रिय लोगों को स्वभाव से ही उनके स्नेह और सम्बन्धानुसार सम्मानित कर कमलनयन भगवान् राम साथ में सुन्दर स्त्री और भले भाई को ले अपने पिता का राज्य पथिक की भाँति छोड़कर चल दिए जैसे अयोध्या में दो दिनों के लिए मेहमानी करने आये थे।

अलंकार—उपमा और उत्प्रेक्षा।

सिथिल सनेह कहै कौसिला सुमित्राजू सों
"मैं न लखी सौति, सखी ! भगिनो ज्यौं सेई है।
कहैं मोहिं मैया कहौं 'मैं न मैया भरत की,
बलैया लैहौं, भैया ! तेरी मैया कैकेयी है'।।
तुलसी सरल भाय रघुराय माय मानी,
काय मन बानी हूँ न जानी कै मतेई है।
बाम बिधि मेरो सुख सिरिससुमन सम,
ताको छल-छुरी-कोह कुलिस लै टेई है"।।३।।

टिप्पणी—सौति = सपत्नी। सेई है = पालन किया है। मतेई = विमाता। बाम बिधि = दुर्दैव। सिरिससुमन सम = अत्यन्त कोमल। टेई है = तीक्ष्ण की है।

भावार्थ—रामचन्द्र के वनगमन के समय स्नेह से शिथिल होकर कौशल्या सुमित्रा से कहती हैं, हे सखि ! मैंने कैकेयी को कभी भी सौत नहीं समझा, सदा अपनी बहिन के समान नाता निभाया है। जब राम मुझे मैया कहते थे, तो मैं कहती थी कि मैं तुम्हारी माता नहीं हूँ—मैं भरत की माता हूँ; तुम्हारी माता तो कैकेयी है। (तुलसीदास जी कहते हैं) और रामचन्द्र ने मन, वचन, कर्म से सरल भाववश कैकेयी को सदा माता ही माना, कभी भी विमाता नहीं

माना। परन्तु दुर्दैव ने सिरिस के फूल के समान कोमल मेरे सुख को (काटने के लिए) कैकेयी की छल रूपी (उसी कैकेयी) छुरी को क्रोध रूपी वज्र पर तीक्ष्ण कर प्रहार किया। (इसमें यह भी व्यंजन है कि कैकेयी का सारा प्रेम वस्तुतः छल था।)

विशेष—मानव स्वभाव की विशेषताओं का सहज अंकन। मानस में 'कनक छुरी उर पाहन टेई' का प्रयोग है।

अलंकार—स्वभावोक्ति, उपमा और रूपक।

"कीजै कहा, जीजी जू !" सुमित्रा परि पायँ कहै,
"तुलसी सहावै बिधि सोई सहियतु है।
रावरो सुभाव राम-जन्म ही-तें जानियत,
भरत की मातु को कि ऐसी चाहियतु है॥
जाई राजघर, ब्याहि आई राजघर माँह,
राज-पूत पाएहूँ न सुख लहियतु है।
देह सुधागेह ताहि मृगहू मलीन कियो,
ताहू पर बाहु बिनु राहु गहियतु है" ॥४॥

टिप्पणी—जीजी = दीदी। कि = क्या। जाई = पैदा हुई। सुधागेह = चन्द्रमा।

भावार्थ—कौशल्या के पैर पकड़कर सुमित्रा कहती है कि हे बहन ! क्या किया जाय ? जो भाग्य में होता है वही सहना पड़ता है। राम जैसे साधु, सुशील पुत्र की जननी होना ही तुम्हारी साधुता का प्रमाण है। परन्तु क्या 'भरत' की माता को ऐसा करना उचित था ? तुम राजकुल में उत्पन्न हुईं, राजवंश में ही तुम्हारा विवाह हुआ और राज्य का अधिकारी पुत्र भी प्राप्त किया। परंतु भाग्यवशात् इतने पर भी सुख संभव न हो सका। उदाहरण के लिए चन्द्रमा का शरीर अमृत का आश्रय है किन्तु उसे मृग ने कलंकित कर दिया और ऊपर से बाहुरहित राहु भी उसे ग्रस लेता है।

अलंकार—दृष्टांत।

नाम अजामिल से खल कोटि अपार नदी भव बूड़त काढ़े।
जो सुमिरे गिरि-मेरु सिला-कन, होत अजाखुर बारिधि बाढ़े॥
तुलसी जेहि के पदपंकज तें प्रगटी तटिनी, जो हरै अघ गाढ़े।
सो प्रभु स्वै सरिता तरिबे कहँ माँगत नाव करारे ह्वै ठाढ़े॥५॥

टिप्पणी—नाम = राम नाम। खल कोटि = करोड़ों पापी। बूड़त = डूबत ('डूब' का वर्ण विपर्यय से बूड़)। काढ़े = निकाले। तटिनी = नदी। स्वै = (सोइं) वही। करारे = कगार (ऊँचा तट)।

भावार्थ—(केवट जो सहजा भक्ति का प्रतीक है उसकी नाँव माँग कर राम जैसे ईश्वर अवतारी किस प्रकार सहज मानव भाव से व्यवहार करते हैं।)

जिसके नाम से संसार रूपी नदी में डूबते हुए अजामिल जैसे अनेक पापी उबर गये; जिसके स्मरण मात्र से सुमेरु के समान पर्वत पत्थर के कणों के समान और बढ़ा हुआ समुद्र बकरी के खुर के समान हो जाता है; जिनके चरण-कमलों से गंगा नदी प्रकट हुई जो बड़े-बड़े पापों को दूर कर देती है, वही स्वामी श्री रामचन्द्र जी उन्हीं गंगा जी को पार करने के लिए कगार पर खड़े होकर नाव माँगते हैं। (कैसे आश्चर्य की बात है जो स्वयं उस नदी के जन्म-दाता हैं जिससे करोड़ों पापी तर गये वही राम उसी नदी के किनारे नाव की याचना कर रहे हैं।)

विशेष—इसमें नाम-माहात्म्य और गुण-कीर्तन है।

एहि घाट तें थोरिक दूरि अहै कटि लौं जल थाह देखाइहौं जू।
परसे पगधूरि तरै तरती, घरनी घर क्यों समुझाइहौं जू॥
तुलसी अवलंब न और कछू लरिका केहि भाँति जिआइहौं जू।
बरु मारिए मोहि बिना पग धोए हौं नाथ न नाव चढ़ाइहौं जू॥६॥

टिप्पणी—थोरिक = थोड़ी ही। अहै = है। लौं = तक। परसे = स्पर्श करने से। तरनी = नाव। घरनी = पत्नी। क्यों = कैसे। लरिका = बाल-बच्चे। बरु = भले ही।

भावार्थ—रामचन्द्र जी के नाव माँगने पर केवट अपनी भक्ति, श्रद्धा, प्रेम और चतुराई व्यक्त करता हुआ कहता है—इस घाट से थोड़ी ही दूर पर कमर तक जल है, चलिए मैं आपको थाह (गहराई) दिखला देता हूँ। मैं अपनी नाव नहीं लाना चाहता हूँ, क्योंकि मैंने सुना है कि आपके चरणों की धूल से अहल्या तर गईं इसलिए कहीं मेरी नाव ही न तर जाय और यदि ऐसा हुआ तो मैं अपनी पत्नी को कैसे समझाऊंगा। क्योंकि (तुलसीदास कहते हैं) मेरी जीविका का और कोई आधार नहीं है, मैं अपने बाल-बच्चों को कैसे पालूंगा-पोसूंगा। इसलिए आप चाहे मुझे मारिए ही परन्तु बिना आपके चरण धोए नाव पर नहीं चढ़ाऊंगा; क्योंकि आपकी चरण रज का महान् प्रभाव है।

विशेष—इस पद में केवट वर्ग की दीनता और निश्छलता का सहज और मार्मिक उपयोग। हठ, दैन्य, सहजता और निस्स्वार्थ भाव के साथ जैविक दीनता इस छन्द को अनुभूति की दृष्टि से अप्रतिम बना देती है। इसमें 'माँगी नाव न केवट आना', 'नाथ मोर सब पग-पग जोहा' 'तरिनिहु मुनि घरनी ह्वै जाई' आदि का साम्य भी देखा जा सकता है।

रावरे दोष न पायँन को, पगधूरि को भूरि प्रभाउ महा है।
पाहन तें बन-बाहन काठ को कोमल है, जल खाइ रहा है।।
पावन पायँ पखारि कै नाव चढ़ाइहौं, आयस होत कहा है?
तुलसी सुनि केवट के बर बैन हँसे प्रभु जानकी ओर हहा है।।७।।

टिप्पणी—रावरे = आपके। बन = जल। बन-बाहन = नाव। जल खाइ रहा है = जल में निरन्तर रहने से और कोमल हो गई है। पावन = पवित्र। पखारि कै = धोकर। बैन = वचन। हँसे हहा है = ठठाकर हँस पड़े।

भावार्थ—केवट कहता है कि हे रामचन्द्र जी, आपके चरणों का दोष नहीं है बल्कि आपके चरणों की धूलि का ही अप्रतिम प्रभाव है। जब आपके चरणों से पत्थर की अहल्या तर गईं तो इस नौका का उद्धार कोई कठिन काम नहीं है, क्योंकि यह तो जल का वाहन है निरन्तर जल में रहने के कारण अत्यन्त कोमल है। अतः मैं आपके चरण-कमलों को धोकर ही नाव पर चढ़ाऊंगा। कहिए क्या आज्ञा है? तुलसीदास जी कहते हैं कि केवट के श्रेष्ठ चतुराई-पूर्ण वचन सुनकर श्री रामचन्द्र जी जानकी जी की ओर देखकर ठठाकर हँस पड़े।

विशेष—इस छन्द में राम का जानकी की ओर देखकर हंसना काव्यात्मक दृष्टि से महत्त्वपूर्ण है, इसे उपचार वक्रता कहा जा सकता है। इसमें (तुलसी में) 'तुल' के कारण गण दोष है।

पात भरी सहरी, सकल सुत बारे-बारे,
केवट की जाति कछु बेद ना पढ़ाइहौं।
सब परिवार मेरो याही लागि, राजा जू!
हौं दीन वित्त हीन कैसे दूसरी गढ़ाइहौं?
गौतम की घरनी ज्यों तरनी तरैगी मेरी,
प्रभु सों निषाद ह्वै कै बाद न बढ़ाइहौं।
तुलसी के ईस राम रावरे सों साँची कहौं,
बिना पग धोए नाथ नाव न चढ़ाइहौं।।८।।

टिप्पणी—पात = पत्तल । सहरी = सिधरी मछली (एक विशेष मछली) । बारे-बारे = छोटे-छोटे । वित्तहीन = निर्धन । घरनी = पत्नी । सौं = शपथ । बात न बढ़ाइहौं = निरर्थक बात नहीं कहूँगा ।

भावार्थ—घर में पत्तल भर मछली के सिवा कुछ नहीं है । अर्थात् यही आजीविका है । बच्चे सब छोटे-छोटे हैं; कोई कमाने योग्य नहीं है । जाति का केवट हूँ, वेद आदि तो पढ़ाऊँगा नहीं । राजा जी ! मेरा सारा परिवार तो इसी के आश्रय है । मैं धनहीन और दीन (दरिद्र) हूँ, दूसरी, नौका; यदि मेरी यह नाव तर करके कहीं घरनी हो गई, तो कहाँ से बनवाऊँगा ? यदि गौतम की स्त्री की तरह मेरी नाव भी तर गयी (स्वर्ग चली गयी) तो मैं केवट होकर आपसे झगड़ा भी नहीं करूँगा (क्योंकि कर ही नहीं सकता) । हे रामचन्द्र जी ! मैं आपकी सौंगध खाकर कहता हूँ अर्थात् आपकी शपथ है; सच कहता हूँ बिना आपके चरण धोये, जिससे कि आपकी चरणधूलि साफ हो जाय, नाव पर नहीं चढ़ाऊँगा ।

विशेष—निरीहता और स्पष्टता के साथ ही साथ एक प्रकार का सहज स्वाभिमान भी इस कविता में है । तुलसी ने केवट से अपना तादात्म्य स्थापित किया है ।

जिनको पुनीत बारि धारे सिर पै पुरारि,
त्रिपथगामिनि-जसु बेद कहै गाइ कै ।
जिनको जोगीन्द्र मुनिवृन्द देव देह भरि,
करत बिराग जप जोग मन लाइ कै ॥
तुलसी जिनकी धूरि परसि अहिल्या तरी,
गौतम सिधारे गृह गौनो सो लिवाइ कै ।
तेई पायँ पाइकै चढ़ाइ नाव धोए बिनु,
ख्वैहौं न पठावनी कै ह्वैहौं न हँसाइ कै ? ॥६॥

टिप्पणी—पुनीत = पवित्र । बारि = जल । पुरारि = शिव । त्रिपथगामिनी = गंगा जी । देह भरि = जीवन भर । गौनो सो = द्विरागमन की वधू की तरह, अर्थात् नवीन और पवित्र मानकर । पठावनी कै = पार उतार कर ।

भावार्थ—जिन चरणों के (धोवन रूप) पवित्र जल श्री गंगा जी को शिव जी अपने सिर पर धारण करते हैं, जिन गंगा जी के यश का वेद भी गा-गाकर वर्णन करते हैं; जिनके लिए सनक, सनन्दन आदि योगी जन, मुनिगण और देवता शरीर का दमन करके, प्रेमपूर्वक जप और योग करते हैं, जिन चरणों

की धूलि के स्पर्श से, अहल्या तर गयी और गौतम मुनि उसको नववधू की भाँति अपने घर लिवा गए। उन्हीं चरणों को पाकर बिना धोये हुए नाव पर चढ़ाकर मैं अपनी मजदूरी नहीं खोऊँगा और न अपनी हँसी कराऊँगा।

विशेष—राम में ईश्वरत्व और केवट में भक्ति का स्पष्ट सन्निवेष इस पद में है।

प्रभुरुख पाइ कै बोलाइ बाल घरनिहिं,
बंदि कै चरन चहूँ दिसि बैठे घेरि-घेरि।
छोटे-सो कठौता भरि आनि पानि गंगाजू को,
धोइ पाँय पीयत पुनीत बारि फेरि फेरि॥
तुलसी सराहैं, ताको भाग सानुराग सुर,
बरषैं सुमन जय जय कहैं टेरि-टेरि।
बिबुध-सनेह सानी बानी असयानी सुनी,
हँसे राघौ जानकी लषन तन हेरि-हेरि ॥१०॥

टिप्पणी—प्रभुरुख = रामचन्द्र जी की स्वीकृति। कठौता = काष्ठ पात्र। आनि = लाकर। टेरि-टेरि = उच्च स्वर से। असयानी = निश्छल। रावौ = राघव। तन = तरफ, ओर।

भावार्थ—श्री रामचन्द्र की स्वीकृति समझकर केवट ने अपने बाल-बच्चे और पत्नी को बुला लिया। सबके सब प्रभु के चरणों की वन्दना करके उन्हें घेर कर चारों ओर से बैठ गये। केवट छोटे से काठ के कठौते में गंगा जी का जल भर कर लाया, उससे रामजी के चरणों को धोया जिसे सब लोग बार-बार पीने लगे। तुलसीदास जी कहते हैं कि देवता लोग केवट के भाग्य की बड़ाई कर प्रेमसहित फूल बरसाने लगे और जय जयकार करने लगे। केवट परिवार की विविध प्रकार की स्नेहयुक्त निश्छल बातों को सुनकर रामचन्द्र जी जानकी और लक्ष्मण की ओर देख-देखकर हँसने लगे।

विशेष—इसमें केवट की सहजता और रामचन्द्र जी के मानवोचित उल्लास की रक्षा भी काव्य के संदर्भ में प्रशंसनीय है।

पुर तें निकसीं रघुबीर-बधू, धरि धीर दए मग में डग द्वै।
झलकीं भरि भालकनी जल की, पुटि सूख गए मधुराधर वै॥
फिरि बूझति हैं 'चलनो अब केतिक' पर्नकुटी करिहो कित ह्वै।
तिय की लखि आतुरता पिय की अँखियाँ अति चारु चलीं चल च्वै ॥११॥

टिप्पणी—निकसीं = निकलीं। मग = रास्ता। भरि भाल = पूरे मस्तक पर। जल की कनी = पसीने की बूंदें। वै = दोनों। केतिक = कितनी (दूर)। कित ह्वै = कहाँ पर। चारु = सुन्दर। च्वै चलीं = बहने लगीं (अश्रुपात)।

भावार्थ—रामचन्द्र जी की पत्नी सीता नगर से बाहर निकल कर धैर्य के साथ रास्ते पर अभी दो ही कदम चली थीं अर्थात् थोड़ा रास्ता ही तय किया था कि उनके मस्तक पर पसीने की बूंदें झलकने लगीं और दोनों ओष्ठ सूख गये। (आदत न होने से थकावट के कारण) वे घूमकर राम से पूछती हैं कि 'अभी कितनी दूर और चलना है, पर्णकुटी कहाँ बनाइयेगा'। सीता की ऐसी व्याकुलता और थकावट का अनुभव करके राम की मनोहर आँखों से आँसू बहने लगे।

विशेष—'करुणरस' के परिपाक की दृष्टि से यह महत्त्वपूर्ण है। इस पद में कवि ने राम को सहज मानव की भाँति पीड़ित, शोक-विह्वल और रोते हुए दिखाकर 'निरंकुशाः कवयः' को चरितार्थ किया है।

छंद—दुर्मिल—आठ सगण।

"जल को गए लक्खन हैं लरिका, परिखौ, पिय ! छाँह घरीक ह्वै ठाढ़े।
पोंछि पसेउ बयारि करौं, अरु पायँ पखारिहौं भूभुरि-डाढ़े"॥
तुलसी रघुबीर प्रिया स्रम जानि कै वैठि बिलम्ब लौं कंटक काढ़े।
जानकी नाह को नेह लख्यो, पुलको तनु, बारि बिलोचन बाढ़े॥१२॥

टिप्पणी—परिखौ = बाट देखो। घरीक = घड़ी एक, कुछ देर तक। पसेऊ = पसीना। भूभुरि = गरम धूलि। डाढ़े = जले हुए। नाह = पति।

भावार्थ—सीता जी रामचन्द्र जी से कहती हैं; कि हे प्रियतम ! लक्ष्मण जी अभी बालक हैं और वे जल लेने गये हैं इसलिए छाँव में खड़े होकर थोड़ी देर उनकी प्रतीक्षा कर लीजिए। आप भी थक गये होंगे इसलिए (आपका) पसीना पोंछकर हवा करके गरम धूलि के कारण जलते हुए चरणों को धो दूं। पत्नी की थकावट समझकर रामचन्द्र जी बहुत देर तक बैठे हुए काँटा काढ़ने लगे। वस्तुतः काँटा निकालना तो एक प्रकार का बहाना था, वे चाहते यह थे कि सीता अपनी थकावट को दूर कर ले। सीता जी अपने ऊपर प्राणप्रिय के प्रेम को समझकर प्रेम से पुलकायमान हो गईं और आँखों से प्रेमाश्रु बह चले।

विशेष—रसध्वनि।

ठाढ़े हैं नौ द्रुम डार गहे, धनु काँधे धरे, कर सायक लै।
बिकटी, भ्रृकुटी बड़री अँखियाँ, अनमोल कपोलन की छबि है॥

तुलसी असि मूरति आनि हिये जड़ डारिहौं प्रान निछावरि कै।
स्रम-सीकर साँवरि देह लसै मनो रासि महातम तारक मै ॥१३॥

टिप्पणी—नौ द्रूम = नये पेड़। डार = डाल, शाखा। बिकटी = टेढ़ी। भ्रुकुटी = भौंह। बड़री = बड़ी-बड़ी। अनमोल = अमूल्य। श्रम सीकर = पसीने की बूंदें। राशि = ढेर, तारक मै = तारक मय।

भावार्थ—कंधे पर धनुष और हाथ में बाण लिये हुए रामचन्द्र जी किसी नवीन वृक्ष की डाल को पकड़े हुए खड़े हैं। भृकुटी टेढ़ी हैं, आँखें विशाल हैं और कपोलों की शोभा भी अलौकिक है। पसीने की बूंदों से युक्त साँवला शरीर ऐसा प्रतीत होता है जैसे तारों से सजी हुई तमोराशि हो। तुलसीदास जी कहते हैं कि इस प्रकार की मूर्ति को हे जड़, प्राणों को निछावर करके भी धारण कर।

अलंकार—उक्तविषया वस्तूत्प्रेक्षा (तीसरे चरण)

जलजनयन जलजानन, जटा है सिर,
जोबन उमंग अंग उदित उदार है।
साँवरे गोरे के बीच भामिनी सुदामिनी सो,
मुनिपट धारे, उर फूलनि के हार हैं॥
करनि सरासन सिलोमुख, निषंग कटि,
अतिही अनूप काहू भूप के कुमार हैं।
तुलसी बिलोकि कै तिलोक के तिलक तीनि,
रहे नरनारि ज्यों चितेरे चित्रसार हैं ॥१४॥

टिप्पणी—जलज-नयन = कमल नेत्र। उदित = प्रकट, प्रकाशित। उदार = प्रशस्त, अति बड़े। सिलीमुख = बाण। सरासन = धनुष। निषंग = तरकश। तिलोक = त्रिलोक। चितेरे = चित्र। चित्रसार = चित्रशाला।

भावार्थ—रास्ते के गाँवों के स्त्री-पुरुष राम, लक्ष्मण और सीता को देखकर आपस में इस प्रकार की बतकही करते हैं। इनके नेत्र कमल के समान हैं, मुख कमल के समान सुन्दर है, सिर पर जटाएँ हैं, सब अंग प्रशस्त हैं। अंग-अंग में अतिशय यौवन फूटा पड़ रहा है। साँवले रामचन्द्र और गोरे लक्ष्मण के मध्य चलती हुई सीता काले और सफेद बादलों के बीच बिजली की तरह शोभित हैं। ये तीनों मुनि-वस्त्र अर्थात् वल्कल के वस्त्र धारण किये हैं। हृदय पर फूलों की माला पहने हैं, हाथों में धनुष-बाण लिये हैं और कमर में तरकश

कसे ये किसी राजा के अत्यंत सुन्दर राजकुमार जान पड़ते हैं। तुलसीदास जी कहते हैं कि त्रिलोकी के इन तीनों भूषणों को देखकर नरनारी ऐसे स्तब्ध रह गये मानो चित्रशाला के चित्र हों।

आगे सोहै साँवरों कुवँर, गोरो पाछे पाछे,
आछे मुनि बेष धरे लाजत अनंग हैं।
बान बिसिषासन, बसन बन ही के कटि,
कसे हैं बनाइ, नीके राजत निषंग हैं॥
साथ निसिनाथमुखी, पाथनाथनंदिनी सी,
तुलसी बिलोक चित्त लाइ लेत संग हैं।
आनँद उमंग मन, जोबन उमंग तन,
रूप की उमंग उमगत अंग अंग हैं॥१५॥

टिप्पणी—अनंग = कामदेव। बिसिषासन = धनुष। बनाइ = खूब अच्छी तरह। निसिनाथ = चन्द्रमा। पाथ = जल। पाथनाथ = समुद्र। पाथनाथ-नंदिनी = लक्ष्मी जी।

भावार्थ—आगे-आगे श्यामवर्ण श्री रामचन्द्र जी और पीछे-पीछे गौरवर्ण लक्ष्मण जी शोभायमान हैं। सुन्दर मुनिवेष अर्थात् बल्कल वस्त्र धारण किए हुए होने पर भी (रूप में) कामदेव को भी लज्जित करते हैं। वे धनुष-बाण लिये हैं और वन के वस्त्र धारण किये हैं। जंगली वस्त्र को अच्छी तरह कसे हुए हैं। सुन्दर तरकस भी सुशोभित है। उनके साथ में समुद्रसुता लक्ष्मी के समान एक चन्द्रमुखी है। तुलसीदास जी कहते हैं कि तीनों देखने से ही मन को मोह लेते हैं, मन उन्हीं के साथ लगा रहता है। मन में आनन्द की और शरीर में यौवन का उत्साह (उबाल) है। सभी अंगों में सौन्दर्य लहरें मार रहा है।

अलंकार—उपमेयलुप्तोपमा (तीसरे चरण) में।

सुन्दर बदन, सरसीरुह सुहाए नैन,
मंजुल प्रसून माथे मुकुट जटनि के।
अंसनि सरासन लसत, सुचि कर सर,
तून कटि, मुनिपट लूटक पटनि के॥
नारि सुकुमारि संग जाके अंग उबटि कै,
बिधि बिरचे बरूथ विद्युत्छटनि के।
गोरे को बरन देखे सोनो न सलोनो लागै;
साँवरे बिलोके गर्ब घटत घटनि के॥१६॥

टिप्पणी—बदन = मुख। सरसीरुह = कमल। प्रसून = फूल। अंसनि = कंधे पर। सुचि = पवित्र। सर = शर, बाण। तून = तरकश, तूणीर। लूटक पटनि के = वस्त्रों की शोभा को लूटने या हरने वाले। उबटि कै = उबटन द्वारा मैल निकाल कर। बरूथ = समूह। बरन (वर्ण) = रंग। घटनि के = श्याम सजल बादलों की घटाओं का।

भावार्थ—उनके मुख अत्यंत सुन्दर हैं। नेत्र कमल की भाँति सुहावने हैं और मस्तक पर जटाओं के मुकुट हैं जिन पर सुन्दर फूल खोंसे हुए हैं। कन्धे पर धनुष, पवित्र हाथों में बाण, कमर में तरकश और शरीर पर (राजसी) वस्त्रों की शोभा को लूटने वाले मुनिवस्त्र सुशोभित हैं। उनके साथ में एक कोमल स्त्री (सीता जी) हैं जो इतनी अप्रतिम सुन्दरी है कि प्रतीत होता है, जैसे विधाता ने उसके शरीर में उबटन लगाकर उसके मैल से विद्युच्छटा के समूहों का निर्माण किया है। गौरवर्ण लक्ष्मण के गोरेपन की तुलना में सोना भी सलोना नहीं प्रतीत होता है और साँवले राम के देखने से श्यामल मेघों का भी यह गर्व निरर्थक हो जाता है कि श्यामल लुभावनापन उन्हीं में है।

विशेष—तीसरे चरण की उपमा सौन्दर्य की दृष्टि से अपूर्व है। असाधारण उक्ति-वैचित्र्य के बजाय इसे अलंकार-ध्वनि कहा जा सकता है।

अलंकार—प्रतीक (दूसरे चरण में)।

बल्कल बसन, धनुबान पानि, तून कटि,
रूप के निधान, घन-दामिनी-बरन हैं।
तुलसी सुतीय संग सहज सुहाए अंग
नवल कँवलहू ते कोमल चरन हैं॥
औरै सो बसंत, और रति, औरै रतिपति,
मूरति बिलोके तन मन के हरन हैं।
तापस बेषै बनाइ, पथिक पथै सुहाइ,
चले लोक-लोचननि सुफल करन हैं॥१७॥

टिप्पणी—तून = तूणीर, तरकश। निधान = आगार। सहज = स्वाभाविक। दामिनी = विद्युत्। बरन = रंग।

भावार्थ—वल्कल वस्त्र धारण किए हुए, हाथों में धनुष-बाण लिये, कमर में तरकश कसे हुए, रूपराशि दोनों राजकुमारों का रंग क्रमशः बादलों की भाँति श्यामल और बिजली की भाँति श्वेत अर्थात् गौरवर्ण है। साथ में

सुन्दर स्त्री है जिसके अंग स्वाभाविक ही लावण्ययुक्त और चरण नवीन कमल से भी अधिक कोमल हैं। लक्ष्मण जी मानो दूसरे वसन्त, सीता जी दूसरी रति तथा रामचन्द्र जी दूसरे कामदेव हैं। उनकी मूर्तियाँ देखने से मन और शरीर आकर्षित हो जाते हैं। ऐसा जान पड़ता है मानों ये तीनों बसन्त, रति और काम, सुन्दर तपस्वियों का वेष बनाये हुए राही का रूप धारण करके लोगों के नेत्रों को सफल करने चले हैं।

अलंकार—तीसरे चरण में तद्रूप रूपक और गम्योत्प्रेक्षा (चौथे चरण) में।

बनिता बनी स्यामल गौर के बीच, बिलोकहु, री सखी! मोहि सीह्वै।
मग जोगन, कोमल क्यों चलिहैं? सकुचात महो पदपंकज छ्वै॥
तुलसी सुनि ग्रामबधू बिथकीं, पुलकीं तन औ चले लोचन च्वै॥
सब भाँति मनोहर मोहन रूप, अनूप हैं भूप के बालक द्वै॥१८॥

टिप्पणी—बनिता = स्त्री। बनी = सुशोभित। मग = मार्ग। जोग = योग्य। बिथकीं = छक गयीं, तृप्त हो गयीं। मोहन = मोहित करने वाले। अनूप = अनुपम।

भावार्थ—(एक ग्रामीण स्त्री दूसरी स्त्री से कहती है) हे सखी, साँवले और गोरे के बीच में जो स्त्री सुशोभित हो रही है उसे मेरी भाँति देखो। वह बड़ी कोमल है, रास्ते में चलने योग्य नहीं है, कैसे चलेगी? यह इतनी कोमल है कि इसके कोमलचरण कमलों का स्पर्श करके पृथ्वी भी सकुचाती है। (तुलसीदास कहते हैं) उसकी बात सुनकर गाँव-बहुएँ तृप्त हो गयीं या विशेष रूप से चकित हो गयीं, उनके शरीर पुलकित हो गये और नेत्रों से जल बहने लगा। (सब कहने लगीं कि) ये दोनों राजकुमार सब प्रकार मनोहर, मोह लेने वाले और अद्वितीय रूप से सुन्दर हैं।

साँवले गोरे सलोने सुभाय, मनोहरता जिति मैन लियो है।
बान कमान निषंग कसे, सिर सोहैं जटा, मुनिबेष कियो है॥
संग लिये बिधुबैनी बधू रति को जेहि रंचक रूप दियो है।
पाँयन तौ पनही न, पयादेहि क्यों चलिहैं? सकुचात हियो है॥१९॥

टिप्पणी—जिति = जीत लिया है। मैन = मदन। निषंग = तरकश। कमान = धनुष। बिधुबैनी = चन्द्रमुखी। रंचक = थोड़ा। पयादेहि = पैदल।

भावार्थ—ये श्याम और गौरवर्ण के दोनों बालक स्वभाव से ही सुन्दर

हैं। इन्होंने मनोहरता में कामदेव को भी जीत लिया है, अर्थात् कामदेव से भी अधिक सुन्दर हैं। धनुष और बाण लिए हुए हैं, तरकश कसे हुए हैं, सिर पर जटाएँ सुशोभित हैं। इन्होंने मुनियों का वेष धारण कर रखा है। इनके साथ में चन्द्रमा के समान मुखवाली स्त्री है जिसने रति को भी थोड़ा सौंदर्य प्रदान कर दिया है अर्थात् रति से कई गुना सुन्दरी है। इन्हें देखकर मेरा हृदय सकुचाता है कि इनके पैरों में जूते भी नहीं हैं ये कैसे (इतनी दूर) पैदल चलेंगे।

अलंकार—प्रतीप (तीसरे चरण में)।

छंद—मत्तगयंद—७ भगण+२ गुरु।

रानी मैं जानी अजानी महा पबि पाहन हूँ ते कठोर हियो है।
राज हु काज अकाज न जान्यो, कह्यो तिय को जिन कान कियो है॥
ऐसी मनोहर मूरति ये, बिछुरे कैसे प्रीतम लोग जियो है?
आँखिन में, सखि! राखिबे जोग, इन्हें किमि कै बनवास दियो है॥२०॥

टिप्पणी—अजानी=अज्ञानी, मूर्ख। पबि=वज्र। पाहन=पाषाण। काज-अकाज=भला-बुरा। कान कियो है=सही मान लिया। किमिकै=कैसे (किस हृदय से)।

भावार्थ—हे सखि, मैं समझती हूँ कि रानी निश्चय ही मूर्ख है, उसका हृदय वज्र और पाषाण से भी कठोर है (ऐसे कोमल कुमारों को वनवास देकर उसने यही सिद्ध किया है)। राजा ने भी भले-बुरे का विचार नहीं किया और स्त्री की कही हुई बात का विश्वास कर लिया। इतनी मनोहर मूर्तियों को वनवास देकर, उनके बिछुड़ने से इनके स्नेही लोग कैसे जीवित होंगे; यह विचारणीय है अर्थात् वे जीवित नहीं होंगे। सखि! इतने कोमल ये लोग तो आँखों में रखने योग्य हैं अर्थात् आँखों के आगे रहें तभी अच्छा है। इन्हें किस कारण से (किस प्रकार हृदय को कठोर करके) वनवास दिया गया?

छंद—मत्तगयंद।

सीस जटा, उर बाहु बिसाल, बिलोचन लाल, तिरीछी सी भौंहैं।
तून सरासन बान धरे, 'तुलसी' बन मारग में सुठि सोहैं॥
सादर बारहिं बार सुभाव चितै तुम त्यों हमरो मन मोहैं।
पूछति ग्रामबधू सिय सों "कहो साँवरे से, सखि रावरे को हैं" ॥२१॥

टिप्पणी— सुठि = सुन्दर। सुभाय = स्वभावतः। त्यों = ओर, तन।

भावार्थ—ग्राम-वधुएँ सीता से पूछती हैं कि हे सखि! जिनके सिर पर जटाएँ हैं, विशाल वक्षस्थल और लम्बी भुजाएँ हैं, तिरछी भौंहें हैं, धनुष-बाण और तरकश धारण किए हुए जंगली रास्ते से चलते हुए बहुत सुन्दर जान पड़ते हैं। स्वभाव से (पवित्र दृष्टि से) बार-बार तुम्हारी ओर देख कर जो हमारा मन भी मोह लेते हैं। हे सखि! वे साँवले से तुम्हारे कौन हैं?

सुनि सुन्दर बैन सुधारस-साने सयानी हैं जानकी जानी भली।
तिरछे करि नैन दै सैन तिन्हैं समुझाइ कछू मुसुकाइ चली।।
तुलसी तेहि औसर सोहैं सबै अवलोकति लोचन-लाहु अली।
अनुराग-तड़ाग में भानु उदै बिगसीं मनो मंजुल कंज-कली।।२२।।

टिप्पणी—बैन = वचन। सयानी = चतुर। मनोज = कामदेव। लाहु = लाभ। बिगसीं = खिलीं। उदै = उदय।

भावार्थ—गाँव की स्त्रियों के सुन्दर और अमृत रस से युक्त मधुर वचनों को सुनकर सीता जी ने समझ लिया कि ये चतुर हैं। अतः नेत्रों को तिरछा करके उन्हें संकेत देकर ही कुछ समझाकर मुस्कराती हुई चल दीं। तुलसीदास कहते हैं उस समय सभी सखियाँ लोचन के लिए लाभ रूप में प्राप्त सीता की मुग्धकारी मुद्रा देखती हुई ऐसी प्रतीत हो रही थीं मानो प्रेम रूपी तालाब में सूर्य के उदय होने से सुन्दर कमल की कलियाँ (स्त्रियों की आँखें) खिल गई हैं।

विशेष—इसमें विदग्ध नायिका का चातुर्य और ग्रामीण स्त्रियों की सहजता और स्थितियों का यथार्थ आदि महत्त्वपूर्ण हैं।

अलंकार—अंतिम चरण में उत्प्रेक्षा।

धरि धीर कहैं, "चलु देखिय जाइ, जहाँ सजनी रजनी रहिहैं।
कहिहै जग पोच, न सोच कछू, फल लोचन आपन तौ लहिहैं।।
सुख पाइहैं कान सुने बतियाँ, कल आपुस में कछु पै कहिहैं"।
तुलसी अति प्रेम लगीं पलकैं, पुलकीं लखि राम हिये महिहैं।।२३।।

टिप्पणी—सजनी = सखी। रजनी = रात को। पोच = बुरा। (यहाँ जनापवाद के अर्थ में प्रयुक्त है)। कल = सुन्दर, श्रवण-मधुर। पै = तो। हिये कहि = हृदय-मध्य, हृदय में। पलकैं लगीं = पलकें बन्द हो गईं।

भावार्थ—भावविह्वल ग्राम-स्त्रियाँ आपस में धैर्यपूर्वक कहती हैं, हे

सखी ! चलिये चल कर देखा जाय कहीं तो रात को रहेंगे। यद्यपि संसार में जनापवाद तो फैलेगा परन्तु कोई चिन्ता नहीं है, अपने नेत्र तो तृप्त होंगे। रात में यद्यपि वे हमसे नहीं बोलेंगे यथापि आपस में तो मधुर बातें करेंगे ही। उन्हीं बातों को सुनने से कानों को तो सुख मिलेगा। तुलसीदास कहते हैं, प्रेम के आवेश में सात्त्विक भाव के कारण उनकी पलकें मुंद गयीं और अपने भीतर रामचन्द्र जी के रूप को देखकर रोमांचित हो गयीं।

विशेष—इसमें सात्त्विक भाव के कारण ग्राम-वधुओं की भावविह्वलता शृङ्गार रस को ध्वनित करती है।

अलंकार—स्वभावोक्ति।

पद कोमल, स्यामल गौर कलेवर, राजत कोटि मनोज लजाए।
कर बान सरासन, सीस जटा, सरसीरुह लोचन सोन सुहाए॥
जिन देखे, सखी ! सत भायहु तें, तुलसी तिन तौ मन फेरि न पाए।
यहि मारग आजु किसोर बधू बिधुबैनी समेत सुभाय सिधाए॥२४॥

शब्दार्थ—कलेवर = शरीर। राजत = शोभित होते हैं। सोन = लाल। तिन = उन्होंने।

भावार्थ—(वे दूसरी स्त्रियों से कहने लगीं) कि हे सखी ! आज इसे रास्ते से चन्द्रमुखी वधू सहित दो किशोर सहज ही इस मार्ग से गये हैं। उनके चरण कोमल हैं, श्यामल (साँवले) और गौर वर्ण के शरीर करोड़ों कामदेवों को लज्जित कर रहे थे। हाथ में धनुष-बाण, सिर पर जटाएँ तथा कमल के समान रक्त वर्ण के नेत्र अत्यन्त ही शोभायमान थे। जिन्होंने उन्हें सद्भाव से देखा होगा, तुलसीदास कहते हैं, वे अपना मन निश्चय ही नहीं फेर पाये होंगे।

मुखपंकज, कंज बिलोचन मंजु मनोज-सरासन सी बनी भौंहें।
कमनीय कलेवर, कोमल, स्यामल गौर किसोर, जटा सिर सोहैं॥
तुलसी कटि तून, धरे धनु बान, अचानक दीठि परी तिरछौंहैं।
केहि भाँति कहौं, सजनी ! तोहि सों मृदु मूरति द्वै निवसीं मन कोहैं॥२५॥

शब्दार्थ—बिलोचन = नेत्र। मनोज-सरासन सी = कामदेव के धनुष के समान। कलेवर = शरीर। दीठि = दृष्टि।

भावार्थ—(एक ग्राम-वधू दूसरी ग्राम-वधू से कहती है) रामचन्द्र जी और लक्ष्मण के मुख कमल के समान हैं और नेत्र कमलवत् सुन्दर हैं। भौंहें कामदेव के धनुष के समान हैं जिससे मानव समाज को आकर्षित किया जा

सकता है। उनके गौर और श्यामल शरीर अत्यन्त सुकुमार और सुन्दर थे। वे किशोर वय के थे तथा उनके सिर पर जटाएं सुशोभित थीं। उनकी कमर में तरकश और हाथों में धनुष-बाण थे। जिस समय उनकी तिरछी दृष्टि मुझ पर अचानक ही पड़ी, हे सखी, अब मैं तुम्हें कैसे बताऊं कि उसी क्षण से दोनों मूर्तियाँ मेरे मन में बस कर निरन्तर मोहित कर रही हैं।

विशेष—इसमें शृङ्गार रस माना जा सकता है। अंतिम चरण में उक्ति चमत्कार अवश्य है परन्तु उससे ग्राम-वधुओं की मनोदशा की कई भावश्रेणियाँ अभिव्यंजित होती हैं।

प्रेम सों पीछे तिरछे प्रियाहि चितै चितु दै, चले लै चित चोरे।
स्याम शरीर पसेऊ लसै, हुलसै तुलसी छबि सो मन मोरे॥
लोचन लोल चलैं भ्रकुटी, कल काम-कमानहु सो तृन तोरे।
राजत राम कुरंग के संग, निषंग कसे, धनु सों सर जोरे॥२६॥

शब्दार्थ—चितै = देखकर। पसेउ = पसीना। लोल = चंचल। तृन तोरे (मुहावरा) = निछावर होना। कुरंग = हरिण। धनु सों सर जोरे = धनुष पर बाण संधान किए हुए।

भावार्थ—आखेट के लिए जाते समय रामचन्द्र ने पीछे की ओर प्रेमपूर्वक प्रियतमा की ओर तिरछी दृष्टि से देख उनका चित्त चुराकर चल पड़े। तुलसीदास जी कहते हैं—आखेट करने के कारण श्रम से सांवले शरीर पर पसीना सुशोभित है जिससे मन में हुलास पैदा होता है। (प्रभु के) नेत्र चंचल हो रहे हैं इसलिए कि उनको शिकार के लिए इधर-उधर देखना पड़ता है। भौंहें भी चलायमान हैं जिसके आगे कामदेव का धनुष भी लज्जित होता है। इस प्रकार से राम तरकश बांधे, धनुष पर बाण चढ़ाये हरिण के साथ (दौड़ते हुए) बड़े ही सुशोभित हो रहे हैं।

विशेष—भक्त तुलसी के लिए राम हर स्थिति में आराध्य हैं। इस पद में भी हृदय में हुलास का कारण आखेटरत राम की मूर्ति का ध्यान है।

सर चारिक चारु बनाइ कसे कटि, पानि सरासन सायक लै।
बन खेलत राम फिरैं मृगया, तुलसी छबि सो बरनै किमि कै॥
अवलोकि अलौकिक रूप मृगी मृग चौंकि चकैं चितवैं चित दै।
न डगैं, न भगैं जिय जानि सिलीमुख पंच धरे रतिनायक है॥२७॥

शब्दार्थ—चारिक = चार। पानि = हाथ। सायक = बाण। मृगया = शिकार। सिलीमुख = बाण। पंच = पाँच।

भावार्थ—दो-चार सुन्दर बाणों को कमर में सुघड़ता-पूर्वक खोंसकर हाथ में धनुष-बाण लिये हुए रामचन्द्र जी वन में शिकार खेलते हुए घूम रहे हैं। तुलसीदास जी कहते हैं कि उस सौंदर्य का क्या वर्णन करूँ या किस प्रकार करूँ। उनके अलौकिक सौंदर्य को देखकर मृग और मृगी चौंककर चकित हो जाते हैं। वे चित्त लगाकर अपनी मृत्यु की परवाह किये बिना राम की ओर टकटकी लगाकर देखने लगते हैं। अपने स्थान से वे हिलते-डुलते ही नहीं, यह समझकर कि ये साक्षात् कामदेव ही पाँच बाण धारण किये हुए घूम रहे हैं, इनसे क्या डर।

अलंकार—भ्रम।

बिन्ध्य के बासी उदासी तपोब्रतधारी महा बिनु नारि दुखारे।
गौतमतीय तरी, तुलसी सो कथा सुनि, भे मुनिबृन्द सुखारे॥
ह्वै हैं सिला सब चन्द्रमुखी परसे पद-मंजुल-कंज तिहारे।
कीन्हीं भली रघुनायकजू, करुना करि कानन को पगु धारे॥२८॥

शब्दार्थ—उदासी = दुःख-सुख में एक से। भे = हुए। ह्वै हैं = हो जायँगी। सिला = पत्थर। परसे = स्पर्श करने से। पद-मंजुल-कंज = सुन्दर कमल के समान चरण। कीन्हीं भली = अच्छा किया।

भावार्थ—विंध्याटवी में ऋषियों का समूह भगवान् राम से मिलकर परम प्रसन्न हो गया। उन्होंने श्री रामचंद्र से परिहास के स्वर में कहा कि विन्ध्य के उदासीन तपस्वी बिना अपनी-अपनी पत्नियों के एकाकी जीवन बिताते हुए बड़े दुखी थे। अब इस पर्वत की सभी शिलाएँ आपकी पदधूलि के स्पर्श से चंद्रमुखियाँ हो जायेंगी और इस प्रकार बिना किसी परिश्रम के सभी सपत्नीक होकर सुखी जीवन बिताने लगेंगे। अतः प्रभो! आपने हम तपस्वियों पर महती कृपा की है, इस वन में पधार कर। हम आपके कृतज्ञ हैं।

अरण्य काण्ड

पंचबटी बर पर्नकुटी तर बैठे हैं राम सुभाय सुहाए।
सोहै प्रिया, प्रिय बंधु लसै, तुलसी सब अंग घने छबि छाए।।
देखि मृगा मृगनैनी कहे प्रिय बैन, ते प्रीतम के मन भाए।
हेमकुरंग के संग सरासन सायक लै रघुनायक धाए।।१।।

शब्दार्थ—पंचबटी = पाँच श्रेष्ठ (बरगद) वृक्षों के समूह का स्थान, स्थान विशेष। पर्नकुटी = झोपड़ी। घने = बहुत। बैन = वचन। भाए = अच्छे लगे। हेमकुरंग = सोने का मृग।

भावार्थ—पंचवटी में झोपड़ी के नीचे रामचन्द्र जी सहज भाव से बैठे हुए सुशोभित हो रहे हैं। साथ में प्रिय भाई लक्ष्मण और प्रिया जानकी जी सुशोभित हैं। उनके सारे अंग अति सुन्दर हैं। उस समय (सोने के) मृग को देखकर मृग के समान विशाल और चंचल नेत्रों वाली सीता ने उसको लाने के लिए जो कुछ कहा वह रामचन्द्र को बहुत प्रिय लगा। (अतः) रघुनाथ जी उस स्वर्णमृग को प्राप्त करने के लिए उसके पीछे दौड़ पड़े।

●

किष्किंधा काण्ड

जब अंगदादिन की मति गति मंद भई,
पवन के पूत को न कूदिबे को पलु गो।
साहसी ह्वै सैल पर सहसा सकेलि आइ,
चितवत चहूँ ओर, औरन को कलु गो।
तुलसी रसातल को निकसि सलिल आयो,
कोल कलमल्यो, अहि कमठ को बलु गो।
चारिहू चरन के चपेट चाँपे चिपटि गो,
उचके उचकि चारि अंगुल अचलु गो ।।१।।

शब्दार्थ—पवन के पूत = हनुमान। न पलु गो = पल मात्र भी समय नहीं लगा। सैल = शैल। सकेलि = खेल-खेल में। कलु = कल, सुख। निकसि = निकलकर। कलमल्यो = कलमलाया। अहि = शेषनाग। कमठ = कच्छप। बलु गो = बल नष्ट हो गया।

भावार्थ—जब अङ्गद आदि वानरों की बुद्धि और गति मन्द पड़ गयी अर्थात् जब इन्होंने यह समझ लिया कि समुद्र पार करने का अब कोई उपाय नहीं है तब वायुपुत्र हनुमान जी को कूदने में क्षण मात्र की भी देरी नहीं लगी। वे साहसपूर्वक-सहसा खेल ही खेल में पर्वत पर आकर चारों ओर देखने लगे। उनके चारों ओर देखते ही शत्रुओं का सुख नष्ट हो गया। तुलसीदास जी कहते हैं कि (हनुमान जी के चढ़ने से) चूंकि पर्वत पृथ्वी में धँस गया इसलिए पाताल का जल बाहर निकल आया। वाराह भगवान् घबड़ा गये और शेषनाग तथा कच्छप जी भी बलहीन हो गये। चारों चरणों से जोर से दबाने से पर्वत पृथ्वी में चिपट गया और फिर उनके कूदने पर पर्वत भी चार अंगुल उचक गया।

विशेष—शब्दों की संरचना के कारण 'ओजपूर्ण' और त्वरा का बोध काव्यत्व की दृष्टि से विवेच्य है।

सुन्दर काण्ड

बासव बरुन बिधि बन तें सुहावनो,
दसानन को कानन बसंत को सिंगारु सो।
समय पुराने पात परत डरत बात,
पालत, ललात, रति मार को बिहारु सो।
देखे बर बापिका तड़ाग बाग को बनाव,
रागबस भो बिरागी पवनकुमार सो।
सीय की दसा बिलोकि बिटप असोक तर,
तुलसी बिलोक्यो सो तिलोक सोकसारु सो ।।१।।

शब्दार्थ—बासव = इन्द्र । बिधि = ब्रह्मा । पात परत = पत्ते गिराते । बात = पवन । मार = कामदेव । तर = नीचे । सोकसार = शोकशाला ।

भावार्थ—तुलसीदास जी कहते हैं कि रावण का कानन इन्द्र, वरुण और ब्रह्मा के वन से कहीं अधिक सुहावना था । रावण का यदि 'कानन' था तो इन लोगों का 'वन' था । वह कानन मानो वसंत ऋतु का श्रृङ्गार था । सब वन वसंत के कारण शोभित होते हैं परन्तु वह बगीचा वसंत की भी शोभा बढ़ाने वाला था । पुराने पत्ते समय से ही गिरते हैं क्योंकि वायु वहाँ असमय में आने से डरता है । वह उसके बाग का लालन-पालन रति और कामदेव के विहार-स्थल के समान करता है । उत्तम बावली, सुन्दर तालाब और बाग की बनावट देखकर हनुमान जी जैसे बिरागी भी राग के वशीभूत हो गये । जब हनुमान जी ने अशोक के वृक्ष के नीचे श्री जानकी जी की दशा देखी तो उन्हें वह बाग तीनों लोकों के निवासियों के दुःख का घर (आगार) दिखायी पड़ा ।

अलंकार—उत्प्रेक्षा, अतिशयोक्ति ।

माली मेघमाल बनपाल बिकराल भट,
नीके सब काल सींचै सुधासार नीर को।

मेघनाद तें दुलारो प्रान तें पियारो बाग,
अति अनुराग जिय जातुधान धीर को ।।
तुलसी सो जानि सुनि, सीय को दरस पाइ
पैठो बाटिका बजाइ बल रघुबीर को ।
बिद्यमान देखत दसानन को कानन सो
तहस-नहस कियो साहसी समीर को ।।२।।

शब्दार्थ—मेघमाल = बादलों की पंक्ति । बिकराल भट = भयंकर योद्धा । जातुधान = राक्षस । पैठो = प्रविष्ट हुआ । बजाइ = घोषणा करके । समीर = वायु । साहसी समीर को = वायु के बलवान पुत्र ने ।

भावार्थ—रावण की इस वाटिका के माली मेघों के समूह हैं जो समय-समय पर सींचते रहते हैं; रक्षक बड़े वीर और भयंकर योद्धा हैं । वे सब समय अमृत के सार सदृश मीठे जल से उसे अच्छी प्रकार सींचते हैं । धीर वीर रावण के मन में इस बाग के प्रति विशेष प्रेम है । इसे वह मेघनाद से अधिक प्रिय और दुलारा मानता है । (तुलसीदास जी कहते हैं) यह सब जानते हुए भी श्री हनुमान जी जानकी जी का दर्शन पाकर उस बाग में निश्शंक घुस गये । रावण के देखते ही देखते उन्होंने श्री रामचन्द्रजी के बल का डंका बजाकर उस बाग को नष्ट-भ्रष्ट कर दिया ।

बसन बटोरि बोरि बोरि तेल तमीचर,
खोरि खोरि धाइ आइ बाँधत लँगूर हैं ।
तैसो कपि कौतुकी डरात ढीलो गात कै कै,
लात के अघात सहै जी में कहै 'कूर' हैं ।।
बाल किलकारी कै कै, तारी दै दै गारी देत,
पाछे लागे बाजत निसान ढोल तूर हैं ।
बालधी बढ़न लागी, ठौर ठौर दीन्हीं आगि,
बिंध की दवारि, कैधों कोटिसत सूर हैं ।।३।।

शब्दार्थ—बसन = वस्त्र । बोरि बोरि = डुबा-डुबाकर । तमीचर = राक्षस । खोरि खोरि = गली-गली । धाइ = दौड़कर । कौतुकी = कौतुक करने की इच्छा रखने वाला । तारी = ताली बजाकर । अघात = प्रहार, चोट । जी = हृदय । कूर = क्रूर । तूर = तुरही । बालधी = पूंछ । बिंध = विंध्याचल । दवारि = दावाग्नि । कैधों = अथवा । कोटिसत = सौ करोड़ । सूर = सूर्य ।

भावार्थ— मेघनाद के द्वारा ब्रह्मपाश में अपने आप बँध जाने के कारण रावण ने हनुमान जी की पूंछ में आग लगाने की आज्ञा दे दी। इस कार्य के लिए राक्षस लोग गली-गली दौड़कर, कपड़े बटोरकर, उन्हें तेल में डुबो-डुबोकर हनुमान जी क़ी पूंछ में बाँधते हैं। वे जैसे-जैसे बाँधते थे वैसे-वैसे हनुमान जी अपना शरीर ढीला करके उनके लातों का आघात सहन करते हैं और मन ही मन कहते हैं कि ये सब निर्दय हैं। बालक किलकारी मारकर ताली बजा-बजाकर गाली देते हुए पीछे लगे हैं तथा नगाड़े, ढोल और तुरही बजाये जा रहे हैं। हनुमान जी अपनी पूंछ बढ़ाने लगे और जब पूंछ बढ़ने लगी तब जहाँ-तहाँ उन्होंने आग लगा दी। आग लग जाने पर लगता था कि जैसे विंध्य पर्वत की दावाग्नि हो अथवा सौ करोड़ सूर्य हों।

विशेष—त्वरा और गति इसमें विचारणीय है। इसी त्वरा के कारण पूरे छंद में एक प्रकार की दृश्यात्मकता है।

लाइ लाइ आगि, भागे बाल-जाल जहाँ तहाँ,
लघु ह्वै निबुकि गिरिमेरु तें बिसाल भो।
कौतुकी कपीस कूदि कनककँगूरा चढ़ि,
रावन भवन जाइ ठाढ़ो तेहि काल भो॥
तुलसी बिराज्यो ब्योम बालधी पसारि भारी,
देखे हहरात भट काल तें कराल भो।
तेज को निधान मानो कोटिक कृसानु भानु,
नख बिकराल, मुख तैसो रिस-लाल भो॥४॥

शब्दार्थ—लाइ लाइ आगि = आग लगा-लगाकर। बाल जाल = बालकों का समूह। निबुकि = बंधन से निकलकर। गिरि मेरु = सुमेरु पर्वत। भो = हुआ। कनककँगूरा = सोने के कंगूरे पर। ब्योम = आकाश। पसारि = फैलाकर। कृसानु = आग। भानु = सूर्य।

भावार्थ—बालकों का समूह आग लगाकर जहाँ-तहाँ इधर-उधर भाग गया। हनुमान जी सूक्ष्म आकार बनाकर ब्रह्मफाँस से निकल गये। निकलकर उन्होंने सुमेरु गिरि-सा विशाल आकार धारण किया। उसके वाद खिलाड़ी हनुमान कूदकर सोने के कंगूरे पर चढ़ गये और वहाँ से उसी समय रावण के राजमहल पर चढ़कर खड़े हो गये। तुलसीदास जी कहते हैं कि हनुमान आकाश में अपनी पूंछ फैलाकर सुशोभित हुए। उनके काल से कराल आकार

और रूप को देखकर बड़े-बड़े योद्धा काँपने लगे। वे ऐसे तेज के समूह जान पड़ते थे मानो सैकड़ों करोड़ अग्नि और सूर्य हैं। उनके नख बड़े विकराल थे और वैसे ही मुख भी क्रोध से लाल हो रहा था।

अलंकार—उत्प्रेक्षा।

बालधी बिसाल बिकराल ज्वाल-जाल मानो,
लंका लीलिबे को काल रसना पसारी है।
कैधौं ब्योमबीथिका भरे हैं भूरि धूमकेतु,
बीररस बीर तरवारि सी उघारी है॥
तुलसी सुरेस चाप, कैधौं दामिनी कलाप,
कैधों चली मेरु तें कृसानु-सरि भारी है॥
देखे जातुधान जातुधानी अकुलानी कहैं,
"कानन उजार्‌यो अब नगर प्रजारी है" ॥५॥

शब्दार्थ—ज्वाल-जाल = आग की लपटों का समूह। लीलिबे को = निगलने के लिए। रसना = जिह्वा। व्योम = आकाश। बीथिका = गली। भूरि = बहुत। मेरु = सुमेरु पर्वत। सरि = नदी। जातुधान = राक्षस। प्रजारी है = अच्छी तरह जला देगा।

भावार्थ—भयङ्कर ज्वालमाला के सहित विशाल पूंछ ऐसी जान पड़ती थी मानो लंका को निगलने के लिए काल ने जीभ फैलायी है। अथवा मानो आकाश-मार्ग में अनेकों धूमकेतु भरे हुए हैं, अथवा वीर रस रूपी वीर ने तलवार निकाल ली है, या इन्द्रधनुष उदित हुआ हो या बिजलियों का समूह हो अथवा सुमेरु पर्वत से (हनुमान जी की स्वर्ण शैल देह से) आग की बड़ी नदी बह चली हो यह सब देख कर सब राक्षस-राक्षसियाँ घबरा कर कहती हैं कि पहले इसी बानर ने बाटिका उजाड़ी थी और (लगता है) अब यही नगर को भी भस्मसात् कर देगा।

विशेष—कल्पनात्मक चित्रात्मकता से युक्त इस छंद में उपमानों का विशेष अर्थ है। कालरसना से विशालता, वक्रता, दीर्घता आदि का बोध होता है। तृतीय चरण में एक होते हुए अनेक होने का बोध है। साथ ही साथ गत्यात्मकता का भाव भी इसमें निहित है। अनेक कल्पनाएँ वस्तुतः अनेक व्यक्तियों की कल्पनाएँ हैं।

जहाँ तहाँ बुबुक बिलोकि बुबुकारी देत,
"जरत निकेत धाओ धाओ लागि आगि रे।
कहाँ तात, मात, भ्रात, भगिनी, भामिनी, भाभी
ढोटे छोटे छोहरा अभागे भोरे भागि रे।।
हाथी छोरो, घोरा छोरो, महिष बृषभ छोरो,
छेरी छोरो, सोवै सो जगावो जागि जागि रे"।
तुलसी बिलोकि अकुलानी जातुधानी कहैं,
"बार-बार कह्यो पिय कपि सों न लागि रे!" ।।६।।

शब्दार्थ—बुबुक = भभक। बुबुकारी देना = डर के कारण टूटे-फूटे शब्दों से घबराहट प्रकट करना। निकेत = घर। ढोटे = बालकों के लिए प्रेम का सम्बोधन। छोहरा = बालकों के लिए आदर का सम्बोधन। भोरे = भोले, सीधे-सादे। भागि = भागो। छेरी = बकरी। जातुधानी = राक्षसी।

भावार्थ— जहाँ-तहाँ आग की भभक को देखकर सब चिल्ला उठते हैं, "अरे भागो, भागो! आग लग गयी है, घर जल रहा है। अरे अभागे माता-पिता, भाई-बहिन, स्त्री-भौजाई, लड़के-बच्चे कहाँ हैं? अरे गँवार! भाग भाग। हाथी खोलो, घोड़ा खोलो, भैंस और बैल खोलो तथा बकरियों की भी खोल दो। जो सोते हैं उन्हें जगा दो। अरे जागो! जागो!!!" गोसाईं जी कहते हैं कि इस दिशा को देखकर राक्षसियाँ व्याकुल होकर अपने-अपने पतियों से कहती हैं कि हे प्रियतम! हमने बार-बार कहा था कि इस बंदर के मुँह मत लगो। यह साधारण बंदर नहीं है।

विशेष—चित्रात्मकता और गति की दृष्टि से यह पद सर्वोत्तम है।

देखि ज्वालजाल, हाहाकार दसकंध सुनि,
कह्यो 'धरो धरो' धाए बीर बलवान हैं।
लिये सूल, सेल, पास, परिघ, प्रचंड दंड,
भाजन सनीर, धीर धरे धनुबान हैं।
तुलसी समिध सौंज लंक-जज्ञकुण्ड लखि,
जातुधान पुंगीफल, जव, तिल, धान हैं।।
स्रुवा सो लँगूल, बलमूल प्रतिकूल हवि,
स्वाहा महा हाँकि-हाँकि हुनै हनुमान हैं ।।७।।

शब्दार्थ—सूल = त्रिशूल । सेल = बर्छी । पास = पाश । समिध = यज्ञ कुण्ड में जलाने योग्य लकड़ी । सौंज = सामग्री । पुंगीफल = सुपारी । स्त्रुवा = काठ की आचमनी । बलमूल = बली । प्रतिकूल = शत्रु । हबि = हव्य । हुनै = हवन करना ।

भावार्थ—उस धधकते हुए अग्नि-समूह को देख और लोगों का हाहाकार सुनकर रावण ने कहा, 'अरे ! इसे पकड़ो ! पकड़ो !!' यह सुनकर बहुत से बलवान योद्धा, त्रिशूल, बरछी, पाश, परिघ, मजबूत डंडे और पानी भरे हुए बरतन लिये दौड़े और कुछ धीर लोगों ने धनुष-बाण भी धारण कर रखे थे। तुलसीदास जी कहते हैं कि यह सारा कांड एक प्रकार का यज्ञ है जिसमें लंका यज्ञकुण्ड, सामग्री ही लकड़ियाँ तथा, राक्षसगण सुपारी, जौ, तिल और धान हैं। हनुमान की पूँछ स्त्रुवा, बलवान शत्रु हवि हैं तथा उच्च हाँक रूपी स्वाहा-मंत्र द्वारा हनुमान जी हवन कर रहे हैं अर्थात् हनुमान ही होता है ।

विशेष—समस्त वस्तु विषयक सांग रूपक ।

गाज्यो कपि गाज ज्यों, बिराज्यो ज्वालजाल-जुत,
　　भाजे बीर धीर, अकुलाइ उठ्यो रावनो।
'धाओ धाओ धरो' सुनि धाए जातुधान-धारि
　　बारिधारा उलदैं जलद ज्यों न सावनो ।।
लपट-झपट झहराने, हहराने बात,
　　भहराने भट, पर्‌यो प्रबल परावनो।
ढकनि ढकेलि पेलि सचिव चले लै ठेलि,
　　"नाथ न चलैगो बल अनल भयावनो" ।।८।।

शब्दार्थ—गाज्यो = गर्जन किया । गाज = बिजली, वज्र । जुत = युक्त । भाजे = भागे । धारि = समूह । उलदैं = बरसाते हैं । सावनो = श्रावण में भी । बात = हवा । भहराने = गिर पड़े । परावनो = भगदड़ । ढकेलि = धक्का देकर । पेलि = बलात् । सचिव = रावण के मंत्री ।

भावार्थ—हनुमान जी धधकती हुई अग्नि की लपटों के बीच में विराजमान वज्र की भाँति गरजे । उस गर्जन को सुनकर बड़े-बड़े धैर्यवान और वीर भाग गये । फलतः रावण भी घबरा गया और कहने लगा, 'दौड़ो ! दौड़ो !! इस बन्दर को पकड़ो ।' यह आज्ञा सुनकर राक्षसों का समूह आग बुझाने के लिए दौड़ा और आग पर इतना पानी उँड़ेल दिया जितना बादल श्रावण के महीने

में भी नहीं बरसाते। आग की लपटों की झपट से झुलसकर और वायु के झकोरों से घबराकर व्याकुल होकर वहाँ उपस्थित राक्षसों में भयानक भगदड़ मच गयी। रावण के मंत्री रावण को भी बलात् ठेलकर, धक्कों से ढकेल कर ले गये। उन्होंने यह समझाया कि हे नाथ! आग भयंकर है, इसमें आपका बल नहीं चलेगा अर्थात् आपके वश का नहीं है।

विशेष—भयानकता का भाव अवश्य है, इसलिए परिपाक की दृष्टि से इसे 'भयानक रस' कहा जा सकता है।

बड़ो बिकराल वेष देखि, सुनि सिंहनाद,
उठ्यो मेघनाद, सबिषाद कहै रावनो।
बेग जीत्यो मारुत, प्रताप मारतंड कोटि,
कालऊ करालता बड़ाई जीतो बावनो॥
तुलसी सयाने जातुधान पछिताने मन,
"जाको ऐसो दूत सो साहब अबै आवनो।"
काहे की कुसल रोषे राम बामदेवहू के
बिषम बली सों बादि बैर को बढ़ावनो॥९॥

शब्दार्थ—उठ्यो = घबरा उठा। मारुत = पवन। मारतंड = सूर्य। बावन = वामन रूप में अवतरित विष्णु भगवान। सयाने = सज्ञान, चतुर। साहेब = स्वामी। बामदेवहू = शिवजी। बिषम = बड़े। बादि = व्यर्थ।

भावार्थ—हनुमान का बड़ा भयानक वेष देखकर और उनकी सिंहगर्जना सुनकर मेघनाद उठा और रावण भी चिन्तायुक्त होकर बोला—इसने (इस भयंकर बन्दर ने) तो वेग में वायु को, प्रताप में करोड़ों सूर्यों को, करालता (भयानकता) में काल को और बड़ाई (विशालता) में भगवान् वामन को भी जीत लिया। तुलसीदास जी कहते हैं—उस समय जो समझदार राक्षस थे, वे पश्चात्ताप करते हुए कहने लगे, 'जिसका दूत ऐसा प्रचण्ड है, वह स्वामी तो और भी भयानक होगा जबकि अभी उसका आना बाकी है। भला राम के क्रोधित होने पर शिवजी की भी कुशल कैसे हो सकती है; ऐसे बाँके बीर से बैर करना और फिर उसे बढ़ाना सचमुच बुरा है।

'पानी पानी पानी' सब रानी अकुलानी कहैं,
जाति हैं परानी, गति जानि गजचालि है।

बसन बिसारैं, मनि भूषन सँभारत न,
आनन सुखाने कहैं "क्योंहूँ कोऊ पालिहै ?"
तुलसी मँदोवै मींजि हाथ, धुनि माथ कहै,
"काहू कान कियो न मैं कह्यो केतो कालि है"।
बापुरो बिभीषन पुकारि बार बार कह्यो,
"बानर बड़ी बलाइ घने घर घालिहै ॥१०॥

शब्दार्थ—अकुलानी = घबराई हुई। परानी जाति हैं = भागी जाती हैं। जानि = जानो। बिसारैं = भूल जाती हैं। पालिहैं = रक्षा करेगा। मंदोवै = मंदोदरी। कान कियो न = ध्यान न दिया। बापुरो = बेचारा। बलाइ = आपदा। घालिहै = उजाड़ देगा।

भावार्थ—रावण की सभी गजगामिनी रानियाँ पानी ! पानी ! चिल्लाती हुई दौड़ रही हैं। (अर्थात् भाग रही हैं)। उन्हें न तो अपने वस्त्रों का मोह है कि वे किस दिशा में हैं, नग्न हैं—अर्धनग्न हैं, और न मणिजटित आभूषणों के सँभालने की सामर्थ्य। दौड़ते-दौड़ते उनके मुख सूख गये हैं और वे यही कहती हैं, "क्या कोई किसी प्रकार भी हमारी रक्षा करेगा ?" (तुलसीदास जी कहते हैं) मंदोदरी सिर पीट-पीटकर और पछतावा करती हुई कहती है, मैंने अभी कल ही समझाया कि यह वानर साधारण नहीं है परन्तु किसी ने ध्यान नहीं दिया। बेचारा विभीषण कई बार जोर देकर कह गया कि यह वानर बहुत बड़ी बला है, यह बहुत से घरों को चौपट कर देगा परन्तु किसी ने कोई बात सुनी ही नहीं।

विशेष—सहजता और अनुभव की लोक-विस्तृति के कारण यह छंद अत्यंत प्रामाणिक है। काव्य की दृष्टि से अनुभूति की सहजता के कारण महत्त्वपूर्ण है।

"कानन उजार्‍यो तौ उजार्‍यो न बिगार्‍यो कछु,
बानर बिचारो बाँधि आन्यो हठि हार सों।
निपट निडर देखि काहू ना लख्यो बिशेषि,
दीन्हों ना छुड़ाइ कहि कुल के कुठार सों॥
छोटे औ बड़ेरे मेरे पूतऊ अनेरे सब,
साँपिन सों खेलैं, मेलैं गरे छुराधार सों"।
तुलसी मँदोवै रोइ रोइ कै बिगोवै आपु,
"बार बार कह्यो मैं पुकारि दाढ़ीजार सों" ॥

शब्दार्थ—कुल के कुठार = कुल-नाशक । बड़ेरे = बड़े । पूतऊ = पुत्र । अनेरे = निकम्मे । साँपों से खेलना = खतरा मोल लेना । छुरी की धार पर गला रखना = मृत्यु की तैयारी करना । मेलैं गले = गले डालना । बिगोवै = विहीन दशा प्रकट करती हैं । दाढ़ीजार = मुँहझौंसा (यह विशेष प्रकार की क्रोधित अवस्था की गाली है) ।

भावार्थ—अगर इस बन्दर ने कानन को उजाड़ दिया था तो उससे क्या बिगड़ा था अर्थात् कोई बहुत बड़ा नुकसान नहीं हुआ था परन्तु ये लोग उस बेचारे बन्दर को, जिसका स्वभाव ही फल खाना और वृक्ष तोड़ना है—उपवन से बलात् बाँध ले आये । ब्रह्मफाँस में फँसे होने पर उसकी निडरता देखकर किसी को कोई शंका भी नहीं हुई कि इसका क्या कारण है; और इसलिए किसी ने उस कुलनाशक मेघनाद से कहकर छुड़ाया भी नहीं । मैं इन सभी पुत्रों को क्या कहूँ—छोटे और बड़े—सभी अन्यायी हैं, ये साँपों से खिलवाड़ करते हैं और छुरे की धार पर गर्दन रखते हैं, इसलिए उसका परिणाम तो भोगना ही पड़ेगा । (तुलसीदास कहते हैं कि) मन्दोदरी रो-रोकर अपने को क्षीण करती है और क्रोधित होकर कहती है कि मैंने इस दाढ़ीजार (मेघनाद) से बार-बार चिल्लाकर कहा कि बैर मत करो, बन्दर को छोड़ दो परन्तु इसने मेरी एक बात भी नहीं सुनी ।

रानी अकुलानी सब डाढ़त परानी जाहिं,
सकैं ना बिलोकि वेष केसरीकुमार को ।
मींजि मींजि हाथ, धुनैं माथ दसमाथ तिय,
तुलसी तिलौ न भयो बाहिर अगार को ।।
सब असबाब डाढ़ो, मैं न काढ़ो, तैं न काढ़ो,
जिय की परी सँभार सहन भँडार को ?
खीझति मँदौवै सबिषाद देखि मेघनाद,
'बयो लुनियत सब याही दाढ़ीजार को' ।।१२।।

शब्दार्थ—डाढ़त = जलती हुई । परानी = भागी जाती हैं । तिलौ = तिल-भर । अगार को = घर का सामना । डाढ़ो = जल गया । काढ़ो = निकाला । सहन-भंडार = बाहरी खजाना । खीझति = क्रुद्ध होती है । बयो = बोया हुआ । लुनियत = काटा जा रहा है ।

भावार्थ—हनुमान जी के भयंकर रूप को देखकर सभी रानियाँ जलती

हुई घबराकर भागी जा रही हैं। इन्हें उतना भी धैर्य नहीं है कि खड़ी होकर आग से अपनी काया की ही रक्षा करें। रावण की स्त्रियाँ हाथ मल-मलकर रह जाती हैं और सिर धुन-धुनकर कहती हैं कि तिलभर भी वस्तु घर के बाहर नहीं हो सकी। सब लोगों की सारी सामग्री और कपड़े आदि जल गये, न तो मैंने निकाला और न किसी अन्य ने ही उसे बाहर किया। क्योंकि प्रत्येक को अपनी जान की रक्षा की पड़ी थी। जीवन के अस्तित्व के सामने घर-आँगन की (बाहरी सम्पत्तियों की) की कौन परवाह करता है। मेघनाद को देखकर मन्दोदरी क्रोधित होकर कहती है कि इसी दाढ़ीजार का बोया हुआ सभी काट रहे हैं। इसी ने एक गलत और अनैतिक कर्म किया है इसलिए उसको फल भी भोगना पड़ रहा है। यदि इसने उस बन्दर को न पकड़ा होता तो यह स्थिति ही क्यों आती।

रावन की रानी जातुधानी बिलखानी कहैं,
"हा हा ! कोऊ कहै बीस बाहु दसमाथ सों।
काहे मेघनाद, काहे काहे, रे महोदर ! तू,
धीरज न देत, लाइ लेत क्यों न हाथ सों ?"
काहे अतिकाय, काहे काहे रे अकंपन !
अभागे तिय त्यागे, भोंड़े भागे जात साथ सों ?
तुलसी बढ़ाय बादि सालतें बिसाल बाहैं,
याही बल, बालिसो ! बिरोध रघुनाथ सों" ॥१३॥

शब्दार्थ—बीसबाहु = रावण, व्यंजना है कि बीस भुजाओं का अभिमान होते हुए भी हमारी रक्षा करने क्यों नहीं आता है ? कहाँ है भुजाओं का बल ? दशमाथ = रावण, की बुद्धि की मात्रात्मकता का संकेत है। भोंड़े = तुच्छ, निरर्थक, मूर्ख। बादि = व्यर्थ। बालिसो = मूर्खो।

भावार्थ—रावण की सभी रानियाँ, राक्षसियाँ बिलख-बिलख कर रोती हुई कहती हैं—हाय ! हाय !! कोई भी हम लोगों की इस दशा को उस बीस भुजाओं और दस माथों वाले रावण से क्यों नहीं कहता ? कहाँ है उसकी बीस भुजाओं का बल और दश मस्तकों की बुद्धिमत्ता ? क्यों रे मेघनाद ! क्यों रे महोदर ! तुम हमें धैर्य क्यों नहीं धारण करवाते हो, अपने हाथ का आश्रय देकर हम लोगों को आग से बचाते क्यों नहीं ! क्यों रे अतिकाय ! क्यों रे अकंपन ! अरे अभागे गँवारो। (मूर्खो) कहाँ गया तुम्हारा पौरुष जो

स्त्रियों को छोड़कर भाग रहे हो ? तुम लोगों ने व्यर्थ ही साल वृक्ष के समान बड़ी-बड़ी भुजाएँ बढ़ा रखी हैं; अरे मूर्खो इस बल के भरोसे तुम लोगों ने रामचन्द्र से बैर बढ़ाया था जो उसके दूत के द्वारा लगायी आग का सामना नहीं कर पा रहे हो ?

विशेष—व्यंग-प्रधान इस छंद में स्त्रियों की मनोदशा और स्वाभाविक प्रतिक्रिया का वर्णन है।

हाट, बाट, कोट-ओट, अट्टनि, अगार, पौरि,
खोरि खोरि दौरि दौरि दीन्ही अति आगि है।
आरत पुकारत, सँभारत न कोऊ काहू,
ब्याकुल जहाँ सों तहाँ लोग चले भागि हैं ।।
बालधी फिरावै बार बार झहरावै, भरें,
बूँदिया-सी लंक पघिलाइ पाग पागि है।
तुलसी बिलोकि अकुलानी जातुधानी कहैं,
"चित्रहू के कपि सों निसाचर न लागि है" ।।१४।।

शबदार्थ—हाट = बाजार। वाट = मार्ग। कोट-ओट = किले की आड़ में। अट्टनि = अटारियों पर। अगार = घर। पौरि = देहरी। खोरि-खोरि = गली-गली। आरत = दुःखित होकर। बालधी = पूँछ। बूँदिया = एक प्रकार की मिठाई। पागिहै = डुबायेंगे। न लागि है = छेड़छाड़ न करेगा।

भावार्थ—हनुमान जी ने बाजार में, मार्गों में, किले की आड़ में, अटारियों में, बरोठों में, गली-गली में दौड़-दौड़ कर भारी आग लगा दी। सब लोग आर्तनाद कर रहे हैं, कोई किसी को नहीं सँभालता। सब लोग जहाँ-तहाँ व्याकुल होकर भाग चले। हनुमान जी पूँछ को घुमाकर बार-बार झाड़ते हैं, उससे बुंदिया की भाँति चिनगारियाँ झड़ रही हैं। मानो लङ्का को पिघलाकर उसकी चाशनी उस बुंदिया को पागेंगे। यह देखकर राक्षसियाँ व्याकुल होकर कहती हैं कि राक्षस लोग अब चित्र के वानर से भी नहीं भिड़ेंगे। उन्हें इतना भय हो गया है कि वे वानर मात्र से काँप गये हैं।

विशेष—चित्रात्मक के कारण छंद में काव्यगत व्यापकता और अनुभूमिगत गंहराई दोनों हैं। अंतिम चरण की प्रतीति भयानकता की दृष्टि से अत्यंत व्यंजक है।

'लागि लागि आगि,' भागि भागि चले जहाँ तहाँ,
धीय को न माय, बाप पूत न सँभारहीं।
छूटे बार, बसन उघारे, धूमधुंधअंध,
कहैं बारे बूढ़े 'बारि बारि' बार-बारहीं।
हय हिहिनात भागे जात, घहरात गज,
भारी भीर ठेलि पेलि रौंदि-खौंदि डारहीं।
नाम लै चिलात, बिललात अकुलात अति,
"तात तात! तौंसियत, झौंसियत, झारहीं" ॥१५॥

शब्दार्थ—धीय = पुत्री। बार = बाल, केश। धूमधुंधअंध = धुएँ की धुंधकार से अंधे हो गये। बारे = बालक। पेलि = बलपूर्वक। रौंदि = पैरों से कुचलकर। खौंदि = घायल करते हैं। चिलात = चिल्लाते हैं। बिललात = बिलबिलाते हैं। तौंसियत = तपना। झौंसियत = झुलसना। झार = लपट।

भावार्थ—'आग लग गयी', 'आग लग गयी' ऐसा पुकारते हुए सब लोग जहाँ-तहाँ भाग चले। न माता पुत्री को सँभालती है और न पिता पुत्र को। बाल बिखर गये हैं; वस्त्र खुल गये हैं, धुएँ की धुन्ध से सब अन्धे से हो गये हैं। बालक से लेकर बुड्ढे तक पानी! पानी!! पानी!!! चिल्लाते हैं। घोड़े हिनहिनाते हुए भागे जाते हैं, हाथी चिग्घाड़ते हैं और बड़ी भारी लगी हुई भीड़ को पैरों से कुचल डालते हैं। सब लोग एक दूसरे का नाम ले-लेकर पुकार रहे हैं, और अत्यंत बिलबिलाते तथा अकुलाते हुए कहते हैं, 'बाप रे बाप! आग की लपटों से तो, झुलसे जाते हैं, तपे जाते हैं।'

विशेष—यथार्थ का अनुभव चित्रात्मकता के माध्यम द्वारा सम्भव हो सका है।

लपट कराल ज्वालजालमाल दहूँ दिसि,
धूम अकुलाने पहिचानै कौन काहि रे।
पानी को ललात, बिललात, जरे गात जात,
परे पाइमाल जात, भ्रात! तूँ निबाहि रे॥
प्रिया तू पराहि, नाथ, नाथ! तू पराहि बाप!
बाप! तू पराहि, पूत! पूत तू पराहि रे।
तुली बिलोकि लोग ब्याकुल बिहाल कहैं
"लेहि दससीस अब बीस चख चाहि रे" ॥१६॥

शब्दार्थ—ज्वालजालमाल = अग्नि का सघन समूह। दहूँ = दसों। ललात = इच्छुक होना। पाइमाल = नष्ट होना, बेकार। निबाहि = बचाओ। पराहि = पलायन करो। बिहाल = परेशान। चाहि = देखना। चख = आँख।

भावार्थ—दसों दिशाओं में भयंकर अग्नि की लपटें फैल गयी हैं। धुएँ के कारण सब लोग व्याकुल हो गये हैं। दिखायी न पड़ने के कारण कोई किसी को पहचान ही नहीं पा रहा है। लोग पानी के लिए लालायित होकर बिलबिला रहे हैं, शरीर जला जाता है। सब लोग बेकार से, असहाय होकर कहते हैं—भैया! बचाओ! प्रिये! तुम भागो। हे नाथ! भागो। पिता जी! भागिए। ओ बेटा! ओ बेटा! भाग, जल्दी भाग। (तुलसीदास जी कहते हैं) सब लोग व्याकुल और परेशान होकर कह रहे हैं—'अरे दशशीश रावण अब बीसों आँखों से अपनी करतूत देख ले।'

विशेष—त्वरा, गति, परेशानी, चिन्ता आदि की व्यंजना की दृष्टि से महत्त्वपूर्ण पद है।

बीथिका बजार प्रति, अटनि अगार प्रति,
पँवरि पगार प्रति बानर बिलोकिए।
अध उर्ध्व बानर, बिदिस दिसि बानर है,
मानहु रह्यो है भरि बानर तिलोकिए॥
मूँदे आँखि हीय, में उघारे, आँखि आगे ठाढ़ो,
धाइ जाइ जहाँ तहाँ और कोऊ को किए।
"लेहु अब लेहु, तब कोउ न सिखाओ मानो,
सोई सतराइ जाइ जाहि जाहि रोकिए"॥१७॥

शब्दार्थ—बीथिका = गलियों में। अटनि = अटारियों में। पँवरि = टटेरी। पगार = प्राकार, दीवार। लेहु अब लेहु = अब अपनी करनी का फल भोगो।

भावार्थ—आग लगाते समय हनुमान जी के गति और त्वरा से घूमने और उछलने के कारण हर व्यक्ति को सर्वत्र दिखायी पड़ते थे, फलतः गली-गली, बाजार-बाजार, घर-घर, द्वार-द्वार, दीवार-दीवार पर वानर ही दिखायी पड़ रहे थे। नीचे-ऊपर, इधर-उधर सर्वत्र त्रैलोक्य में वानर ही दिखायी पड़ रहे हैं। यदि आँख मूंद लें तो हृदय में, और आँख खोलने पर सामने खड़ा हुआ प्रतीत होता है। जहाँ और किसी को पुकारते हैं वहाँ मानो हनुमान जी ही आ धमकते है। 'लो! अब लो! पहले तो किसी ने हमारी शिक्षा नहीं मानी। इस

प्रकार जिसे रोकते, वही चिढ़ जाता था। अब सब अपनी करतूत का फल भोगें।

विशेष—भयानक रस। भय की विकरालता का मानसिक परिणाम।

एक करै धौज, एक कहै काढ़ौ सौंज
एक औंजि पानी पी कै कहै, 'बनत न आवनो'।
एक परे गाढ़े, एक डाढ़त ही काढ़े, एक
देखत हैं ठाढ़े, कहैं 'पावक भयावनो'।
तुलसी कहत एक 'नीके हाथ लाए कपि,
अजहूँ न छाँड़ै बाल गाल को बजावनो।
धाओ रे, बुझाओ रे कि बावरे हौ रावरे, या
"औरै आगि लागी, न बुझावै सिन्धु सावनो" ॥१८॥

शब्दार्थ—धौज = दौड़-धूप। काढ़ौ = निकालो। सौंज = सामान, सामग्री। औंजि = ऊमस से ऊबकर। परे गाढ़े = संकट में पड़ना। लाये = पकड़ कर लिवा लाये। बाल = छोकरा। गाल बजाना = बक-बक करना।

भावार्थ—कुछ लोग दौड़ लगाते हैं, कोई कहते हैं, सामग्री (सामान) निकालो। कोई ऊमस से घबराकर पानी पीकर कहता है कि 'आते नहीं बनता है'। कोई बड़े संकट में पड़ गए हैं; कोई जलते ही निकाले जाते हैं, कोई खड़े-खड़े देखते हैं और कहते हैं कि 'बड़ी भयानक आग है'। (तुलसीदास जी कहते हैं) कोई कहते हैं कि हनुमान जी ने खूब हाथ लगाया पर लोग अभी भी बक-बक करने से नहीं मानते। अर्थात् यह कहने से बाज नहीं आते कि मैंने इसे बाँध लिया था। कोई कहता है, 'अरे! दौड़ो, अरे बुझाओ। दूसरा कहता है—क्या तुम पागल हुए हो? यह ऐसी-वैसी आग नहीं है, यह कुछ विचित्र प्रकार की आग है जिसे समुद्र और सावन का मेघ भी नहीं बुझा सकता।

कोपि दसकंध तब प्रलयपयोद बोले,
रावनरजाइ धाइ आए जूथ जोरि कै।
कह्यो लंकपति 'लंक बरत बुताओ बेगि,
बानर बहाइ मारो महाबारि बोरि कै'॥
"भले नाथ!" नाइ माथ चले पाथप्रदनाथ,
बरषैं मुसलधार बारबार घोरि कै।
जोवन तें जागी आगी, चपरि चौगुनी लागी,
तुलसी भभरि मेघ भागे मुख मोरि कै" ॥१९॥

शब्दार्थ—प्रलय-पयोद—प्रलयकालीन बादल । बोले = बुलाया । रजाइ = राजा की आज्ञा । जूथ जोरि कै = समूह बनाकर । बरत = जलती हुई । बुताओ = बुझाओ । बोरिकै = डुबोकर। जीवन = जल । चपरि = फुर्ती से । पाथप्रदनाथ = मेघों के स्वामी ।

भावार्थ—इस प्रकार की गुहार और चीख पुकार सुनकर रावण ने क्रोधित होकर प्रलयकाल के मेघों को बुलाया । प्रलयकालीन मेघ इसे राजाज्ञा मानकर तत्काल दौड़े हुए दल-सहित आये । उनसे लंकापति ने कहा कि अरे बादलो ! इस जलती हुई लंकापुरी को शीघ्र बुझाओ तथा इस बन्दर को जल के प्रवाह के द्वारा गम्भीर जल में डुबोकर मार डालो । तब मेघों के स्वामी 'जैसी आज्ञा' (अच्छा महाराज) कहकर मस्तक नवाकर पानी बरसाने चल दिये और बार-बार चारों ओर से घेर कर गरज-गरज कर मूसलाधार वर्षा करने लगे । (परन्तु प्रभाव प्रतिकूल हुआ) जल से अग्नि और भी प्रज्वलित हो गई तथा शीघ्रातिशीघ्र चौगुनी बढ़ गयी । (तुलसीदास कहते हैं) परिणामतः सभी मेघ घबराकर मुंह मोड़कर भाग गये ।

इहाँ ज्वाल जरे जात, उहाँ ग्लानि गरे गात,
सूखे सकुचात सब कहत पुकार हैं ।
"जुग-षट भानु देखे, प्रलय-कृसानु देखे,
सेषमुखअनल बिलोके बार-बार हैं ।
तुलसी सुन्यो न कान सलिल सर्पी समान,
अति अचरज कियो केसरीकुमार हैं" ।
बारिद बचन सुनि धुनैं सीस सचिवन्ह,
कहैं "दससीस ईसबामताबिकार है" ।।२०।।

शब्दार्थ—गात = शरीर । जुग-षट = बारह । सर्पी = घृत । बामता = प्रतिकूलता । बिकार = बुरा फल ।

भावार्थ—इधर तो अग्नि की लपटों से (बेचारे) बादल जले जाते हैं और दूसरी ओर अपनी विफलता देखकर ग्लानि से गले जाते हैं । सब मेघ सूखकर सकुचाकर पुकारने लगे, "हम लोगों ने बारहों आदित्य देखे हैं, प्रलयकालीन अग्नि का भी दर्शन किया है । कई बार शेष जी के मुख की ज्वाला भी देखी है, परन्तु कभी भी जल को घी के समान कार्य करता हुआ नहीं सुना । केसरी-नन्दन हनुमान ने वस्तुतः आश्चर्यजनक कार्य किया । बादलों के वचन सुनकर रावण के मन्त्री सिर पीटकर कहते हैं कि यह आग है ही नहीं, यह ईश्वर-

विमुख रावण के प्रति ईश्वर का क्रोध ही प्रज्वलित है क्योंकि वह अमूर्त्त है, इसलिए पानी से बुझे कैसे ? और फिर इस विरोधाभास का कारण वही हो सकता है।

"पावक, पवन, पानी, भानु, हिमवान, जम,
काल, लोकपाल मेरे डर डाँवाडोल हैं।
साहिब महेस सदा, संकित रमेस मोहिं,
महातप साहस बिरंचि लीन्हे मोल हैं॥
तुलसी तिलोक आजु दूजो न बिराजै राजा,
बाजे बाजे राजनि के बेटा बेटी ओल हैं।
को है ईस नाम ? को जो बाम होत मोहु सो को ?
मालवान ? रावरे के बाबरे से बोल हैं" ॥२१॥

शब्दार्थ—पावक = अग्नि। साहिब = स्वामी। बिरंचि = ब्रह्मा। ओल = प्रतिबंध, गिरवी। बाम = विरुद्ध, प्रतिकूल। मालवान = माल्यवान।

भावार्थ—मंत्रियों को चिन्तित देख रावण ने कहा, "अग्नि, वायु, जल, सूर्य, हिमाचल, यम, काल और लोकपाल (इन्द्र, ब्रह्मा आदि देवता) मेरे डर से काँपते रहते हैं। हमारे स्वामी श्री महादेव जी हैं, विष्णु हमेशा शंकित रहते हैं। मैंने साहसपूर्वक महान् तपस्या करके ब्रह्मा को खरीद लिया है—वे कभी भी मेरा विरोध नहीं कर सकते। (तुलसीदास जी कहते हैं आज त्रैलोक्य में कोई दूसरा राजा है ही नहीं और तो और बाजे-बाजे राजाओं के बेटा-बेटी तक मेरा यहाँ गिरवी (बन्धक) रखे हुए हैं। हे माल्यवान ! तुम्हारे वचन पागलों की भाँति हैं। यह ईश्वर नाम का कौन व्यक्ति है जो मेरे जैसे शूरवीर के प्रतिकूल जाये या विरोध करे।

"भूमि भूमिपाल, व्यालपालक पताल, नाक,
पाल, लोकपाल जेते, सुभट समाजु हैं।"
कहै मालवान "जातुधानपति रावरे कों,
मनहूँ अकाज आनै, ऐसो कौन आजु है ?॥
रामकोह-पावक, समीर सीयस्वास, कीस-
ईस-बामता बिलोकु, बानर को ब्याजु है।
जारत प्रचारि फेरि फेरि सो निसंक लंक,
जहाँ बाँको बीर तोसो सूर सिरताजु है" ॥२२॥

शब्दार्थ—ब्याल = सर्प । सुभट = योद्धा । रावरे = आपके । कीस = बानर, हनुमान । ब्याजु = बहाना । प्रचारि = ललकार कर । तो सो = तुम्हारे समान । सूर सिरताजु = शूरों में श्रेष्ठ ।

भावार्थ—रावण की अहंकारयुक्त बातों को सुनकर माल्यवान कहने लगा—पृथ्वी में जितने राजा हैं, पाताल में जितने सर्पराज हैं, जितने स्वर्ग के अधिपति और लोकपाल हैं और जितना वीरों का समाज है, हे राक्षसेश्वर ! उनमें आज ऐसा कोई नहीं है जो मन से भी आपके अनर्थ के बारे में सोच सके। परन्तु जो आग लगी है यह तो मुझे श्री रामचन्द्र का क्रोध और वायु सीता जी का श्वास ही लगता है जिसके कारण हवा इतनी प्रचण्ड है। और देखो, वानर के रूप में यह ईश्वर की प्रतिकूलता ही है, वानर का तो बहाना मात्र है। इसी से जहाँ तुम्हारे जैसे बाँका वीर श्रेष्ठ मौजूद है वहीं यह निर्भय होकर बार-बार बलपूर्वक लङ्का को जला रहा है।

पान, पकवान बिधि नाना को, सँधानो, सीधो
बिबिध बिधान धान बरत बखारहीं।
कनक किरीट कोट, पलँग, पेटारे, पीठ
काढ़त कहार, सब जरे भरे भारहीं ॥
प्रबल अनल बाढ़ै, जहाँ काढ़ै तहाँ डाढ़ै
झपट लपट धरै भवन भँडारहीं,
तुलसी अगार न पगार न बजार बच्यो,
हाथी हथिसार जरे, घोड़े घोरसारहीं ॥२३॥

शब्दार्थ—पान = पीने की वस्तु। सँधानो = अचार, चटनी। सीधो = आटा, दाल आदि। बिबिध विधान = अनेक प्रकार के। धान = अनाज। बरत = जलते हुए। बुखार = जिसमें अनाज भरा रहता है। कनक = सोना। पीठ = पीढ़ा। हथिसार = हस्तिशाला। घोरसार = घुड़साल।

भावार्थ—अनेक प्रकार के पेय पदार्थ, पक्वान्न, अचार, सीधा, (चावल, दाल, आटा आदि) और अनेक प्रकार के धान बखार में ही जल रहे हैं। करोड़ों सोने के मुकुट, पलँग, पिटारे और सिंहासन निकालने में कहार लोग भार लिये हुए ही जल गये। प्रबल अग्नि के बढ़ जाने से जो वस्तुएं जहाँ निकाल कर रखी हुई थीं वह भी सब जल गयीं। अग्नि की लपट और झपट भंडार गृह में भी भर गयी। (तुलसीदास जी कहते हैं) इस प्रलयंकर अग्निदाह में न तो घर बचा, न

दीवार और न बाजार ही बचा। यहाँ तक कि हाथी हाथीखाने में और घोड़े घुड़साल में ही जल गये।

हाट बाट हाटक पिघिलि चलो घी सो घनो,
कनक-कराही लंक तलफति ताय सों।
नाना पकवान जातुधान बलवान सब,
पागि पागि ढेरी कीन्ही भली भाँति भाय सों।
पाहुने कृसानु, पवमान सों परोसो,
हनुमान सनमानि कै जेंवाये चित चाय सों।
तुलसी निहारि अरिनारि दै दै गारि कहैं,
"बावरे सुरारि बैर कीन्हों रामराय सों" ॥२४॥

शब्दार्थ—हाट = बाजार। हाटक = सोना। घनो = बहुत। कनक कराही = सोने की कड़ाही। तलफति = तप रही है। ताप = ताप, गर्मी। पवमान = वायु। परोसे = परोसने वाला। जेंवाए = भोजन कराया। चाय सों = आनंद से। गारि = गाली।

भावार्थ—बाजारों में, मार्ग में बहुत-सा सोना पिघल कर घी के समान बह गया। अग्नि के ताप से सोने की लङ्का रूपी कड़ाही खदक रही है, उसमें बलवान राक्षस रूपी अनेक प्रकार की मिठाइयों को बड़े प्रेम से पाग कर खूब ढेर लगा दिया है और अपने अग्नि रूपी पाहुने को वायु द्वारा परोसवा कर हनुमान जी ने बड़े चाव से आदरपूर्वक भोजन कराया। यह देखकर शत्रु की स्त्रियाँ गाली देकर कहती हैं—"अरे इस पागल रावण ने श्री रामचन्द्र जी के साथ बैर किया है" (इसका परिणाम तो भोगना ही पड़ेगा)।

अलंकार—सांग रूपक

रावन सों राजरोग बाढ़त विराट-उर,
दिन दिन बिकल सकल सुखराँक सो।
नाना उपचार करि हारे सुर सिद्ध मुनि,
होत न बिसोक, ओत पावै न मनाक सो॥
राम के रजाय तें रसायनो समीरसूनु,
उतरि पयोधिपार सोधि सरवाक सो।
जातुधान बुट, पुटपाट लंक जातरूप,
रतन जतन जारि कियो है मृगांक सो॥२५॥

शब्दार्थ—राजरोग = राजयक्ष्मा। बिराट उर = विराट पुरुष के हृदय में। उपचार = उपाय, औषधि। ओत = चैन। मनाक = थोड़ा। रजाय = राजाज्ञा। रसायनी = रसवैद्य। समीरसूनु = हनुमान। सोधि = शुरू करके। सरवाक = मिट्टी का दिया जिसमें रख कर रस फूंके जाते हैं। बुट = बूटी। पुटपाक = दवाओं से बना गोला जो आग में फूंका जाता है। जातरूप = सोना। रतन = रत्न। मृगांक = सोने का भस्म (एक प्रकार की औषधि विशेष)।

भावार्थ—विराट् पुरुष के हृदय में रावण का अत्याचार रूपी राजरोग बढ़ रहा था। जिससे व्याकुल होकर वह दिनों-दिन समस्त सुखों से हीन होता जाता था। देवता, सिद्ध और मुनिगण अनेक प्रकार की औषधि करके हार गये, परन्तु न तो वह शोकरहित होता था और न कुछ चैन पाता था। तब श्री रामचन्द्र जी की आज्ञा से रसवैद्य हनुमान जी ने समुद्र के पार उतर कर और लङ्कारूपी शिकारे को ठीक करके राक्षस रूपी बूटियों के रस में लङ्का के सोने और रत्नों को यत्नपूर्वक फूंक कर मृगांक (एक प्रकार की रसौषधि विशेष) बना डाला।

अलंकार—सांग रूपक।

जारि बारि कै बिधूम, बारिधि बुताइ लूम,
नाइ माथो पगनि, भो ठाढ़ो कर जोरि कै।
"मातु ! कृपा कीजै, सहदानि दीजै" सुनि सोय,
दीन्हीं है असीस चारु चूड़ामनि छोरि कै।
"कहा कहौं तात ! देखे जात ज्यों बिहात दिन,
बड़ी अवलंब ही सो चले तुम तोरि कै"।
'तुलसी' सुनीर नैन, नेह सों सिथिल बैन,
बिकल बिलोकि कपि कहत निहोरि कै ।।२६।।

शब्दार्थ—जारि बारि = जलाकर। कै बिधूम = धूमरहित करके। बुताई = बुझाकर। लूम = पूंछ। माथो = मस्तक। नाइ = झुकाकर। सहदानि = पहचान का चिह्न।

भावार्थ—श्री हनुमान जी ने लंका को जलाकर और फिर उसे निर्धूम करके अपनी पूंछ को समुद्र में बुताकर, श्री जानकी जी के चरणों में शिर नवाया और उनके सामने हाथ जोड़ कर खड़े हो गये और जानकी से बोले, "हे माता ! कृपा करके कोई चिह्न दीजिए।" यह सुनकर श्री जानकी जी ने आशीर्वाद दिया और अपनी सुन्दर चूड़ामणि उतार कर उन्हें देते हुए कहा—"भैया ! मैं तुमसे

क्या कहूँ। जिस तरह दिन कट रहे हैं यह तो आप स्वयं देख रहे हो। तुम्हारा बहुत बड़ा अवलंब था उसे भी तुम तोड़ कर चल दिये। (तुलसीदास जी कहते हैं) जानकी जी के नेत्रों में जल भर आया और वाणी शिथिल हो गयी (इस प्रकार सीता जी को व्याकुल देखकर हनुमान जी उन्हें विनयपूर्वक समझाते हुए कहने लगे।)

"दिवस छ सात जात जानिबे न, मातु धरु,
धीर, अरि अंत की अवधि रही थोरिकै।
वारिधि बँधाय सेतु ऐहैं भानुकुलकेतु,
सानुज कुसल कपिकटक बटोरि कै"।
वचन बिनीत कहि सीता को प्रबोध करि,
तुलसी त्रिकूट चढ़ि कहत डफोरि कै।
जै जै जानकीस दससीसकरि केसरी!
कपीस कूद्यो, बातघात बारिधि हिलोरि कै ॥२७॥

शब्दार्थ—अंत की अवधि = मृत्यु का समय। थोरिकै = थोड़ी ही। कटक = सेना। बटोरि = एकत्र। डफोरि कै = हाँक देकर। बातघात = हवा के आघात से। हलोरि कै = लहरें उठाकर।

भावार्थ—हे माता! धैर्य धारण कीजिए। आपको छः सात दिन बिताते देर नहीं लगेगी। शत्रु के नाश की अवधि अब बहुत थोड़ी रह गई है। समुद्र पर पुल बाँधकर रामचन्द्र जी भाई लक्ष्मण के साथ वानरों की सेना को लेकर शीघ्र ही सकुशल पधारेंगे। इस प्रकार के विनीत वचनों से सीता जी को समझाकर (तुलसीदास जी कहते हैं) हनुमान त्रिकूट पर्वत पर चढ़कर बड़ी जोर से चिल्लाकर बोले—"रावण रूपी हाथी के लिए सिंह तुल्य जानकीवल्लभ श्री रामचन्द्र जी की जय हो। (ऐसा कहकर) कपिराज (श्री हनुमान जी) वायु के आघात से समुद्र में हिलोरें उत्पन्न करते हुए समुद्र के उस पार कूद गये।

साहसी समीर सूनु नीरनिधि लंघि, लखि,
लंक, सिद्धिपीठ निसि जागो है मसानसो।
तुलसी बिलोकि महा साहस प्रसन्न भई,
देवी सिया सारिषी, दियो है बरदान सो॥
बाटिका उजारि, अच्छ-धारि मारि, जारि गढ़,
भानुकुलभानु को प्रताप भानु भानु सो।

करत बिसोक लोकलोकनद, कोक-कपि,
कहै जामवंत आयो आयो हनुमान सो ॥२८॥

शब्दार्थ—सिद्धि पीठि = जिस स्थान पर मंत्र सिद्ध हो जाते हों। मसान = श्मशान। सारिषी = समान। अच्छधारि = अक्षय कुमार। बिसोक = शोक रहित। कोकनद = कमल। लोक = लोग। कोक = चक्रवाक।

भावार्थ—पराक्रमी हनुमान ने समुद्र को लाँघ कर लंका को सिद्धिपीठ समझ रात भर श्मशान साधना की। उनके इस महान् साहस को देखकर जानकी जी रूपी देवी प्रसन्न हुईं और उन्हें वरदान दिया। हनुमान जी वरदान प्राप्त कर जब समुद्र पार पहुँचने को हुए तो जाम्बवान उस समय कहने लगे—"वाटिका को उजाड़ अक्षयकुमार की सेना को संहार कर और लंका को जला कर सूर्यवंश के सूर्य श्री रामचन्द्र के प्रताप रूपी सूर्य की किरण के समान लोक-रूपी कमल और वानररूपी चक्रवाकों को शोकरहित करते हनुमान जी आ गये, आ गये!"

अलंकार—सांग रूपक।

गगन निहारि, किलकारी भारी सुनि,
हनुमान पहिचानि भये सानंद सचेत हैं।
बूड़त जहाज बच्यो पथिकसमाज मानो,
आजु जाये जोनि सब अंकमाल देत हैं॥
"जै जै जानकीस जै जै लखन कपीस" कहि
कूदैं कपि कौतुकी, नचत रेत रेत हैं।
अंगद मयंद नल नील बलसील महा,
बालधी फिरावैं मुख नाना गति लेत हैं॥२९॥

शब्दार्थ—निहारि = देखकर। सचेत = सावधान। समाज = समूह। आजु जाए जानि = मानो नया जन्म हुआ हो। अंकमाल = आलिंगन करना। कपीस = सुग्रीव।

भावार्थ—उच्चस्वर की किलकारी सुनकर बंदरों ने आकाश की ओर देखा और हनुमान को पहचान कर सब आनन्दित और सचेत हो गये, मानों डूबते हुए जहाज के यात्री किसी प्रकार बच गए हों। ये सब आज अपना नया जन्म समझकर एक दूसरे से गले मिलने लगे। 'जय जानकी, जय लक्ष्मण, जय सुग्रीव' ऐसा कहते हुए वे कौतुकी वानर कूदते और समुद्र की रेत पर नाचते

हैं। बलशाली अंगद, मयन्द, नील और नल-ये सब अपनी विशाल पूँछों को घुमाने और अनेक प्रकार की आनन्दसूचक आकृतियाँ बनाने लगे।

आयो हनुमान प्रानहेतु, अंकमाल देत
लेत पगधूरि एक चूमत लंगूल हैं।
एक बूझैं बार बार सीय समाचार कहे,
पवनकुमार, भो बिगतस्रमसूल हैं।।
एक भूखे जानि आगे जाने कंद मूल फल,
एक पूजे बाहुबल तोरि मूल फूल हैं।
एक कहैं तुलसी सकल सिधि ताके जाके
कृपापाथनाथ सीतानाथ सानुकूल हैं।।३०।।

शब्दार्थ—प्रान हेतु = प्राणों का रक्षक (क्योंकि यदि संदेश न आता तो सुग्रीव या तो मरवा देता या वे स्वयं अपना प्राण त्याग देते, परन्तु हनुमान जी के कारण यह सब सम्भव न हुआ इसलिए वे प्राणहेतु हैं)। विगतस्रमसूल = परिश्रम के कष्ट से रहित। सिधि = सिद्धि। कृपापाथनाथ = कृपासागर।

भावार्थ—प्राणों की रक्षा के हेतु हनुमान जी को आया हुआ देखकर कोई उनसे गले मिलता है, कोई चरणरज लेकर मस्तक पर लगाता है। कोई पूँछ चूमता है और कुछ लोग बार-बार जानकी जी का समाचार पूछते हैं। सीता जी के बारे में सारी बातें कहने पर हनुमान जी की सारी थकावट जाती रही। कोई उन्हें भूखा समझ कर उनके आगे फल-फूल लाकर रखते हैं। कोई फूल तोड़कर हनुमान जी की भुजाओं का पूजन करते हैं। कोई कहते हैं कि कृपासिन्धु सीतानाथ जिसके प्रति अनुकूल हैं या कृपालु हैं, उसको अणिमा, महिमा, लघिमा आदि सिद्धियाँ सुलभ हैं।

सीय को सनेह सील, कथा तथा लंक की,
चले कहत चाय सों, सिरानो पथ छन में।
कह्यो जुवराज बोलि बानर समाज "आजु,
खाहु फल" सुनि पेलि पैठे मधुबन में।
मारे बागवान, ते पुकारत देवान गे,
'उजारे बाग अंगद' दिखाए घाय तन में।
कहैं कपिराज 'करि काज आये कीस,
तुलसीस की सपथ महामोद मेरे मन में' ।।३१।।

शब्दार्थ—चाय सों = उत्साह से। सिरानो = समाप्त हो गया। छन = क्षण। पेलि = बलपूर्वक। पैठे = प्रविष्ट हुए। देवान = कचहरी, दरबार। घाय = घाव। सपथ = सौगंध। मोद = आनंद।

भावार्थ—सभी वानर जानकी जी के प्रेम तथा लंका की कथा बड़े चाव से कहते हुए चले, (जिससे) क्षण मात्र में रास्ता समाप्त हो गया (किष्किन्धा में पहुँचने पर) युवराज अंगद ने कपिसमाज को बुलाकर कहा, 'आज सब लोग फल खाओ!' यह सुनकर वे सब के सब बलपूर्वक मधुवन में घुस गये। उन्होंने जिन बागवानों को मारा वे पुकारते हुए दरबार में सुग्रीव के पास गये और अंगद द्वारा मारे गये घावों को दिखाया तथा कहा कि अंगद ने बाग को उजाड़ दिया है। (तुलसीदास कहते हैं।) तब सुग्रीव ने कहा कि स्वामी रामचन्द्र की शपथ है निश्चय ही वानर लोग कुछ काम कर आये हैं, इसलिए मैं अत्यंत आनन्दित हूँ।

नगर कुबेर को सुमेरु की बराबरी,
बिरंचि बुद्धि को बिलास लंक निरमान भो।
ईसहिं चढ़ाय सीस बीसबाहु बीर तहाँ,
रावन सो राजा रजतेज को निधान भो।
तुलसी त्रिलोक की समृद्धि, सौंज संपदा
सकेलि चाकि राखी रासि, जाँगर जहान भो।
तीसरे उपास बनबास सिंधुपास सो
समाज महाराजजू को एक दिन दानभो ॥३२॥

शब्दार्थ—नगर कुबेर को = लंका (कुबेर ही रावण के पहले लंका का अधिपति था जिससे रावण ने बलात् छीन लिया था)। सुमेरु की बराबरी = सुमेरु के समान स्वर्णमय। बिरंचि = ब्रह्मा। निरमान भो = निर्माण हुआ। ईसहिं = शिव जी। सौंज = सामान, सामग्री। सकेलि = बटोरकर। चाकि राखी = किसी भी पदार्थ के चारों ओर एक रेखा का घेरना। जांगर = अन्न झाड़ा हुआ डंठल। उपास = उपवास।

भावार्थ—कुबेर (धनपति) की पुरी लंका स्वर्णनिर्मित होने के कारण सुमेरु के समान थी (सुमेरु का रंग भी सोने की भाँति है) वह लंका ब्रह्मा के बुद्धि-कौशल का प्रमाण है अर्थात् उन्होंने इसका निर्माण अपनी सारी बुद्धि को लगाकर किया। उसी लंका में भगवान् महादेव को अपने दसों मस्तक चढ़ाकर

बीस भुजाओं वाला रावण राजसी तेज की खान राजा हुआ। (तुलसीदास जी कहते हैं) रावण ने लंका में तीनों लोक की सम्पत्ति और सामग्री (सामान) की राशि को एकत्र करके चाक लगाकर (सीमा बाँध) कर रख दिया था। सारे संसार में जो शेष सम्पत्ति है वह सब इसी का भूसा है। यही सारी सम्पत्ति वनवासी रामचन्द्र जी के वनवास में तीन दिन निराहार रहने के कारण पारणोपरान्त विभीषण को एक ही दिन में दान कर दी गयी।

लंका कांड

बड़े बिकराल भालु, बानर बिसाल बड़े,
तुलसी बड़े पहार लै पयोधि तोपिहैं।
प्रबल प्रचंड बरिबंड बाहुदंड खंडि,
मंडि मेदिनी को मंडलीक-लीक लोपिहैं।
लंकदाहु देखे न उछाहु रह्यो काहुन को,
कहैं सब सचिव पुकारि पाँव रोपि हैं।
"बाचिहै न पाछे त्रिपुरारिहू मुरारि हू के,
को है रन रारि को जौं कोसलेस कोपिहैं ?"॥१॥

शब्दार्थ—बिकराल = भयंकर। तोपना = पाटना, मूंदना। प्रबल प्रचंड = अत्यन्त प्रतापवान। बरिबंड = बलवान। खंडि = उखाड़कर। मंडि = भूषित करके। मेदिनी = पृथ्वी। मंडलीक = राजा। लीक = मर्यादा। उछाहु = उत्साह। पाँव रोपि हैं = प्रतिज्ञा करते हैं। रारि को = युद्ध करने को।

भावार्थ—लंका का प्रलयंकर अग्निदाह देखकर किसी राक्षस में लड़ने का उत्साह नहीं रहा। सभी विश्वासपूर्वक पुकार-पुकार कर रावण से कहने लगे, "महा भयानक भालू और बड़े विशालकाय वानर बड़े-बड़े पहाड़ लाकर समुद्र को ढक देंगे। अर्थात् यह असंभव काम भी ये सारे वानर संभव कर सकते हैं। वे वानर अत्यन्त प्रतापवान, बलवान और दुर्दान्त वीरों के भुजदण्डों का खण्डन करके और उन्हीं कटी हुई भुजाओं से पृथ्वी को सुशोभित करके रावण की त्रिभुवन विजयी मर्यादा को लुप्त कर देंगे। भगवान् शंकर और मुरारि विष्णु के बचाने पर भी कोई नहीं बच सकता। यदि श्री रामचन्द्र जी ने क्रोध किया तो उनसे युद्ध करने वाला यहाँ है ही कौन ?

त्रिजटा कहत बार बार तुलसीस्वरी सों,
"राघौ बान एक ही समुद्र सातौ सोषिहैं।

"सकुल सँघारि जातुधानधारि, जंवुकादि।
　　　　जोगिनीजमाति कालिकाकलाप तोषिहैं।
राज दै निवाजिहैं बलाइ कै बिभीषनै,
　　　　बजैंगे ब्योम बाजने बिबुध प्रेम पोषिहैं।
कौन दसकंध, कौन मेघनाद बापुरो,
　　　　कुंभकर्न कीट जब राम रन रोषिहैं" ॥२॥

शब्दार्थ—तुलसीस्वरी = सीता जी (भक्ति का प्रतीक है) सोषिहैं = सुखा देंगे। सँघारि = मार कर। धारि = समूह। जंबुकादि = शृगाल आदि। जमाति = समूह। कलाप = समूह। तोषिहैं = सन्तुष्ट होंगे। निवाजिहैं = कृपा करेंगे। बिबुध = देवता। पोषिहैं = पुष्ट होंगे। बापुरो = बेचारा। रोषिहैं = रुष्ट होंगे।

भावार्थ—त्रिजटा राक्षसी, तुलसीदास की स्वामिनी श्री जानकी जी से बार-बार समझाती हुई कहती है कि श्री रामचन्द्र जी एक ही बाण से सातों समुद्रों को सुखा देंगे और राक्षस समूह के पूरे वंश का नाश करके सियार, गिद्ध, चील, योगिनीगण और कालिकाओं के समूह को तृप्त करेंगे। (इतने राक्षस मारे जायेंगे कि उनके रक्त से ये सभी अघा जायेंगे)। (इसके बाद) वे डंके की चोट पर विभीषण को राज्य देकर उस पर कृपा करेंगे। जब ऐसा होगा तो आकाश में बाजे बजेंगे और देवता लोग प्रेम से पुष्ट हो जायेंगे। (वस्तुतः) जब युद्धस्थल में रामचन्द्र जी क्रोधित होंगे तो क्या रावण, क्या मेघनाद और क्या बेचारा कीट के समान कुम्भकर्ण इन सबकी शक्ति और सामर्थ्य नष्ट हो जायगी और ये सभी मारे जायँगे।

बिनय सनेह सों कहति सीस त्रिजटा सों,
**　　　　"पाये कछु समाचार आरजसुवन के?"।**
"पाये जू! बँधायो सेतु, उतरे कटक कुलि,
**　　　　आये देखि देखि दूत दारुन दुवन के।**
बदनमलीन बलहीन दीन देखि मानो,
**　　　　मिटे घटे तमीचरतिमिर भुवन के।**
लोकपतिसोककोक, मूंदे कपि-कोकनद,
**　　　　दंड द्वै रहे हैं रघु आदित उवन के" ॥३॥**

शब्दार्थ—आरजसुवन = आर्यपुत्र राम। दुवन = दुर्जन, दुष्ट जन। तमीचरतिमिर = राक्षस रूपी अंधकार। लोकपतिकोकसोक = चक्रवाक रूपी

लोकपालों (इन्द्रादि) का शोक। मूंदे = संकुचित। कोकनर = कमल। आदित = सूर्य। उवन के = उदय होने के।

भावार्थ—बड़े स्नेह और विनय से सीताजी त्रिजटा से कहती हैं कि 'क्या आर्यपुत्र का कोई समाचार मिला?' त्रिजटा ने कहा—'जी हाँ! प्राप्त हुआ है; सूर्यवंश केतु रामचन्द्र जी समुद्र पर पुल बांध कर इस पार उतर आये। भयंकर राक्षस रावण के दूत यह सब कुछ अपनी आँखों से देख आये हैं। उन लोगों के मुख उदास और शरीर बलहीन हो गये हैं। वे दीन प्रतीत होते हैं। मानों चौदहों भुवनों का राक्षस रूपी अंधकार मिटना और घटना चाहता है। और लोकपाल रूपी चक्रवाकों तथा वानर रूपी संकुचित कमलों का शोक घट जायगा। हे सीता जी, धीरज धारण कीजिए, अब राम रूपी सूर्य के उदय होने को केवल दो दण्ड (थोड़ा ही समय) बाकी है।'

अलंकार—रूपक।

सुभुज मारीच खर त्रिसिर दूषन बालि
दलत जेहि दूसरो सर न साँध्यो।
आनि परबाम बिधिबाम तेहि राम सों;
सकल संग्राम दसकंध काँध्यो।
समुझि तुलसीस कपिकर्म घर घर घैरु
बिकल सुनि सकल पाथोधि बाँध्यो।
बसत गढ़ लंक लंकेस नायक अछत
लंक नहिं खात कोउ भात राँध्यो ॥४॥

शब्दार्थ—सुभुज = सुबाहु, ताड़का का पुत्र और मारीच का भाई। दलत = मारने में। न साँध्यो = धनुष पर बाण नहीं चढ़ाया। परबाम = परस्त्री। काँध्यो = स्वीकार किया। घैरु = कानाफूसी। पाथोधि = समुद्र। अछत = होते हुए भी। राँध्यो = पकाया हुआ।

भावार्थ—जिसने सुबाहु, मारीच, त्रिशिरा और खर, दूषण और बालि को मारने के लिए दूसरा बाण उठाया ही नहीं, अर्थात् ऐसे वीरों को एक ही प्रयास में मार दिया। उन्हीं रामचन्द्र जी से यह अभागा रावण परस्त्री (रामचन्द्र जी की पत्नी) को लाकर इतना बड़ा पाप करके युद्ध ठानना चाहता है क्या वह ठान सकता है? अर्थात् नहीं ठान सकता है। रामचन्द्र जी के प्रताप और (उन्हीं के दूत) हनुमान जी के (लंकादहनादि) कर्मों का स्मरण करके लंका

के घर-घर में इस निंदनीय और उसी का अहित करने वाले कर्म की निन्दा होती है, लोग कानाफूसी करते हैं। समुद्र में पुल बाँध दिया गया है, यह सुनकर तो सब लोग व्याकुल हैं। लंका के समान (दृढ़) किले में रहते हुए और रावण जैसे राजा के होते हुए भी भय के कारण कोई पका हुआ भात भी नहीं खाता है।

बिस्वजयी भृगुनायक से बिनु हाथ भये हनि हाथ-हजारी।
बातुल मातुल की न सुनी सिख, का तुलसी कपि लंक न जारी ?॥
अजहूँ तौ भलो रघुनाथ मिले, फिरि बूझि है को गज कौन गजारी।
कीर्ति बड़ो, करतूति बड़ी जन, बात बड़ी, सो बड़ोइ बजारी ॥५॥

शब्दार्थ—बिस्वजयी = विश्वविजयी। बिनु हाथ भए = पराजित हो गये। हाथ हजारी = सहस्रबाहु (सहस्रार्जुन)। बातुल = बकवादी। मातुल = रावण का मामा मारीच। गजारी = सिंह। वजारी = सच को झूठ सिद्ध करने वाला।

भावार्थ—लंकापुरी में रहने वाले नर-नारी कहते हैं कि हजार भुजाओं वाले (रावण के तो केवल बीस भुजायें हैं) सहस्रार्जुन को मारने वाले विश्व-विजयी और परशुराम इन रामजी के सामने निहत्थे हो गये। इस बकवादी ने अपने मामा मारीच का भी कहना न माना (जिन्होंने इसकी अनन्त सहायता की है) और सीता जी का हरण करके रामचन्द्र जैसे वीर से बैर ठाना। (तुलसी-दास कहते हैं) क्या हनुमान जी ने लंका को भस्मसात् नहीं कर दिया ? अर्थात् कर दिया। अभी भी अच्छा है कि यह रघुनाथ से मिल जाय, मित्रता कर ले। नहीं तो युद्ध में तो यह प्रकट हो ही जायगा कि कौन हाथी है और कौन सिंह है। यद्यपि यह सत्य है कि इसका यश तपस्या के कारण विशाल है, देवताओं को पराजित करने के कारण कर्म भी महान् है तथा लोगों में इसकी बात का महत्त्व है परन्तु यह है बहुत ही ठग।

जब पाहन भे बनबाहन से, उतरे बनरा 'जय राम' रढ़े।
तुलसी लिये सैल-सिला सब सोहत, सागर ज्यों बलबारि बढ़े॥
करि कोप करैं रघुबीर को आयसु, कौतुक ही गढ़ कूदि चढ़े।
चतुरंग चमू पल में दलि कै रन रावन राढ़ के हाड़ गढ़े ॥६॥

शब्दार्थ—पाहन = पत्थर। बनबाहन = नाव। रढ़े = बोले। सिला = बड़े-बड़े पाषाण। चतुरंग = (१) पदाति (२) रथ (३) हस्ति (४) गजारोही।

चमू = सेना। दलि कै = नाश करके। राढ़ = निकम्मा। हाड़ गढ़े = खूब-मारा।

भावार्थ—जब पुल बाँधते समय पत्थर नाव के समान हो गए तब वानर लोग समुद्र के पार उतर कर (इस अद्भुत काम के लिए) रामचन्द्र की जय बोलने लगे। सब वानर हाथों में पर्वत और शिलाएँ लिये हुए ऐसे सुशोभित हो रहे हैं जैसे ज्वार आने पर समुद्र सुशोभित होता है। वे सभी बड़े क्रोध से कहते थे कि रामचन्द्र जी आज्ञा दें मैं उनकी आज्ञा को पूरा करूँगा। खेल ही खेल में वे कूद कर लंका गढ़ पर चढ़ गए मानो एक पल में ही चतुरंगिणी सेना को नष्ट कर दुष्ट रावण की सुदृढ़ हड्डियों की मरम्मत कर डालेंगे।

बिपुल बिसाल बिकराल कपि भालु, मानौ,
काल बहु बेष धरे धाये किये करषा।
लिये सिला सैल, साल ताल औ तमाल तोरि,
तोपैं तोयनिधि, सुर को समाज हरषा॥
डगे दिगकुंजर, कमठ कोल कलमले,
डोले धराधर-धारि, धराधर धरषा।
तुलसी तमकि चलैं, राघौ की सपथ करैं,
को करै अटक कपि-कटक अमरषा? ॥७॥

शब्दार्थ—बिसाल = विशाल। करषा = क्रोध। तोपैं = पाट दिया। तोयनिधि = समुद्र। धरा = पृथ्वी। धराधर = (१) पर्वत, (२) शेषनाग। धरषा = धर्षित हुआ, दब गया। तमकि = क्रुद्ध होकर। राघो = रामचन्द्र जी। अटक = रोक। कटक = सेना। अमरषा = क्रुद्ध हुआ।

भावार्थ— बहुत बड़े-बड़े विकराल वानर और भालू ऐसे दौड़ते हैं मानो काल ही अनेकों वेष धारण किए हुए क्रुद्ध होकर दौड़ पड़े हों। कोई शिला, कोई पर्वत, कोई शाल, कोई ताल और कोई तमाल के वृक्ष तोड़ लाये और समुद्र को तोपने लगे। यह देख कर देवतागण आनन्दित हो गये। अर्थात् उन्हें विश्वास हो गया कि उनके परम शत्रु रावण का विनाश निश्चित है। (वानरों की उछल-कूद से) दसों दिशाओं के हाथी डगमगाने लगे तथा कच्छप और वाराह कलमला गये, पहाड़ काँपने लगे और शेषनाग जी को भी रगड़ महसूस हुई (दब गए)। (तुलसीदास जी कहते हैं) श्री रामचन्द्र की दुहाई देकर सब वानर तमक कर चलते हैं। भला ऐसा कौन है जो उस क्रोधित वानर सेना को रोक सके। अर्थात् कोई नहीं रोक सकता।

आए सुक सारन बोलाए, ते कहन लागे,
पुलक सरीर सेना करत फहम ही।
महाबली बानर बिसाल भालू काल से,
कराल हैं, रहे कहाँ समाहिगे कहाँ मही।
हँस्यो दसमाथ रघुनाथ को प्रताप सुनि,
तुलसी दुरावै मुख सूखत सहम ही।
राम के बिरोधे बुरो बिधि हरि हरहू को,
सबको भलो है राजाराम के रहम ही ।।८।।

शब्दार्थ—सुक सारन = शुक और सारण रावण के वे दूत थे जो राम की सेना को देख कर लौट आये थे। करत फहम ही = समझकर। दुरावै = छिपाता है। सहम ही = डर के मारे। रहम = दया, कृपा।

भावार्थ—रावण के बुलाने पर शुक और सारण जो राम की सेना का समाचार लाये थे, रावण के सामने उपस्थित हुए। (और रावण के पूछने पर) राम की सेना का स्मरण करते ही उनके शरीर में भयवशात् रोमांच हो गया और कहने लगे, "महाबलवान और विशाल भालू और वानर काल के समान भयंकर हैं। वे इतने अधिक हैं कि समझ में नहीं आता कि कहाँ रहते हैं और पृथ्वी पर कहाँ समायेंगे। रघुनाथ का प्रताप सुन कर रावण का मुख भय के कारण सूख गया परन्तु उस विवर्णता को छिपाने के लिए वह हंस पड़ा। तुलसीदास जी कहते हैं कि राम का विरोध करने से तो ब्रह्मा, विष्णु और महेश का भी बुरा (अनिष्ट) हो सकता है (इस बेचारे रावण की क्या बिसात है) इसलिए सबका कल्याण राजा रामचन्द्र की कृपा में ही है।

विशेष—फारसी में रहम, फहम और सहम के कारण संरचना में कुछ भिन्नता संवेदना के स्तर पर है।

'आयो आयो आयो सोई बानर बहोरि', भयो
सोर चहुँ ओर लंका आए जुबराज के।
एक काढ़ै सौंज, एक धौज करै कहा ह्वै है,
'पोच भई महा' सोच सुभट समाज के।
गाज्यो कपिराज रघुराज की सपथ करि,
मूँदे कान जातुधान मानो गाजे गाज के।
सहमि सुखात बातजात की सुरति करि,
लवा ज्यों लुकात तुलसी झपेटे बाज के ।।९।।

शब्दार्थ—जुवराज = अंगद । धौज = दौड़धूप । गाज्यो = गरजा । गाज = वज्र, बिजली । बातजात = हनुमान । सुरतिकर = याद करके । लवा = बटेर पक्षी । लुकात = छिपता है ।

भावार्थ—लंका में युवराज अंगद के पहुँचने पर चारों ओर यही शोर हो गया कि वही लंका जलाने वाला वानर फिर आ गया । फिर आ गया !! कोई माल-असबाव निकालने लगे, कोई दौड़-धूप करने लगे और कहने लगे कि भाई ! बड़ा बुरा हुआ अब न जाने क्या होगा । रावण के वीर समाज में बड़ी चिन्ता व्याप्त हो गयी । कपिराज अंगद ने रामचन्द्र जी का स्मरण करके गर्जन किया तो राक्षसों ने कान मूंद लिये मानो (पास में ही) बिजली कड़की हो । राक्षस समूह हनुमान जी का स्मरण करके (और यह मानकर कि यह भी वही है) डर के कारण सूख गये और ऐसे छिपने लगे जैसे बाज के झपटने पर लवा पक्षी छिप जाता है ।

अलंकार—उदाहरण ।

तुलसीस-बल रघुबीर जू के बालिसुत,
वाहि न गनत, बात कहत करेरी सी ।
"बखसीस ईस जू की खीस होत देखियत,
रिस काहें लागति कहत हौं तो तेरी सी ।।
चढ़ि गढ़ मढ़ दृढ़ कोट के कँगूरे कोपि,
नेकु धका दैवे ढैहैं ढेलन की ढेरी सी ।
सुनु दसमाथ ! नाथ साथ के हमारे कपि
हाथ लंका लाइहैं तो रहैगी हथेरी सी' ।।१०।।

शब्दार्थ—बालिसुत = अंगद । इसमें रावण के बालि द्वारा काँख में दबाये जाने का संकेत और अंगद के बल की व्यंजना है । करेरी = कड़ी । बखसीस = प्रसाद । ईस = महादेव । खीस होत = नष्ट होती । मढ़ = मन्दिर । नेकु = जरा सी । ढैहैं = ढहाना (गिराना) । हथेरी = हथेली (समतल) ।

भावार्थ—तुलसी के स्वामी रामचन्द्र जी के बल से बालिपुत्र अंगद रावण को कुछ भी न समझते हुए बहुत ही कड़वी (कड़ी) बातें कहता है, यदि तुम्हें आज महादेव-प्रदत्त सम्पदा नष्ट होती हुई दिखायी पड़ती है तो तुम क्रुद्ध क्यों होते हो ? मैं तो तुम्हारे कल्याण की ही बात कहता हूँ । अन्यथा हे रावण, राम चन्द्र जी के साथ जो वानर हैं वे तुम्हारे गढ़ पर चढ़ कर मंदिर और दृढ़ किले

के कँगूरों को क्रोधित होने पर मिट्टी के ढेलों के ढेर की भाँति हल्के धक्के में ही गिरा देंगे। (इसलिए हमारे नाथ रामचन्द्र जी से मित्रता करो।) यदि वे लंका में हाथ भी लगा देंगे तो वह हथेली के समान सपाट मैदान में परिणत हो जायगी।

अलंकार—उपमाएँ (विविधा)।

दूषन बिराध खर त्रिसिर कबंध बधे,
तालऊ बिसाल बेधे, कौतुक है कालि को।
एक ही बिसिष बस भयो बीर बाँकुरो जो,
तोहू है बिदित बल महाबली बालि को।
तुलसी कहत हित, मानतो न नेकु संक,
मेरो कहा जैहै, फल पैहै तू कुचालि को।
बीर-करि-केसरी कुठारपानि मानी हारि,
तेरी कहा चली बिड ! तो सो गनै घालि को ॥११॥

शब्दार्थ—दूषन खर त्रिसिर = खर, दूषण, त्रिशिरा। बिराध = एक राक्षस। कबंध = एक गंधर्व जो शाप से कबंध नामक राक्षस हो गया था। तालऊ = सात ताड़ वृक्ष जिन्हें राम जी ने एक बाण में बेध दिया था। कालि को = थोड़े ही दिनों पहले का खेल है। बिसिष = बाण। संक = शंका। कुचालि = दुष्कर्म। बिड = नीच, धूर्त। घालि = घलुआ।

भावार्थ—खर, दूषण, त्रिशिरा, विराध और कबन्ध आदि को रामचन्द्र जी ने मारा (जो तुमसे बीरता में कम नहीं थे) सात ताड़ वृक्षों का एक ही बाण से छेदन किया—यह सब कुछ अभी थोड़े ही दिनों की बात है। जिस महाबली बालि के बल का पता तुमको भी है क्योंकि उसने तुम्हें सात दिन काँख में दबाए हुए साधना की थी, वह अद्भुत वीर भी एक ही बाण से उनके अधीन हो गया। हम तो तुम्हारे हित की ही बात करते हैं परंतु तुम थोड़ा भी नहीं डरते हो, अपने हित-अहित का विचार नहीं करते हो। परन्तु इससे मेरा तो कुछ नुकसान होगा नहीं तुम्हें अपनी कुचाल का फल तो प्राप्त ही होगा। वीर गज-राजों के लिए जो सिंह के समान हैं उन कुठारपाणि परशुराम जी ने भी जिनसे हार मान ली। अरे नीच ! उनके सामने तेरी क्या चल सकती है ? तेरे जैसों को पासंग के बराबर भी कोई नहीं गिनता है।

तो सों कहौं दसकंधर रे, रघुनाथ-बिरोध न कीजिय बौरे।
बालि बली खरदूषन और अनेक गिरे जे जे भीति में दौरे।
ऐसिय हाल भई तोहि धौं, नतु लै मिलु सीय चहै सुख जौ रे।
राम के रोष न राखि सकैं 'तुलसी' बिधि, श्रीपति, संकर सौ रे ।।१२।।

शब्दार्थ—बौरे = बावले। भीति में दौरे = दीवार पर दौड़े। अविवेक पूर्ण कार्य किये। गिरे = असफल हुए। हाल = दसा। धौं = जोर देने के लिए प्रयुक्त शब्द।

भावार्थ—अंगद रावण को समझाने के क्रम में कहते हैं कि हे बावले रावण। मैं तुमसे कहता हूँ कि रामचन्द्र जी से विरोध न करो। महापराक्रमी बालि और खर-दूषणादि अनेक बीर, जिन्होंने अविवेक पूर्ण कार्य किये वे सब मारे गये जैसे दीवार पर जो दौड़ेगा वह गिरेगा ही। यदि तुम सुख चाहते हो तो सीता को लेकर रामचन्द्र जी से जाकर मिलो। अन्यथा तुम्हारी भी ऐसी ही दशा होगी क्योंकि रामचन्द्र जी के क्रोधित होने पर सैकड़ों ब्रह्मा, विष्णु और शंकर भी रक्षा नहीं कर सकते (यदि तुम्हें इनके द्वारा प्रदत्त वरदानों का भरोसा हो तो वे सब बेकार हैं)।

छंद—मत्तगयंद सवैया।

तू रजनीचरनाथ महा, रघुनाथ के सेवक को जन हौं हौं।
बलवान है स्वान गली अपनी, तोंहि लाज न गाल बजावत सौहौं।
बीस भुजा दससीस हरौं न डरौं प्रभु आयसु भंग ते जौ हौं।
खेत में केहरि ज्यों गजराज दलौं दल बालि को बालक तौ हौं ।।१३।।

शब्दार्थ—जन = दास, सेवक। स्वान = कुत्ता। (मुहावरा है कि अपनी गली में कुत्ता भी बलवान होता है)। गाल बजावत = बकवास करते, डींग हांकते। सौ हौं = सामने। हौं = मैं। खेत में = रणक्षेत्र में। केहरि = सिंह। ज्यों = तरह। दलौं = मार डालूंगा। दल = सेना।

भावार्थ—हे रावण तू राक्षसों के राजाओं का भी महाराज है और मैं रामचन्द्र जी के सेवक सुग्रीव का सेवक हूँ। जैसे कुत्ता अपनी गली में शेर होता है वैसे ही तुम मेरे सामने अपने घर में बैठे हुए बकवास कर रहे हो, बड़ी डींग मार रहे हो। इस पर तो तुम्हें स्वयं ही लज्जा आनी चाहिए। रामचन्द्र जी ने मुझे मारने की आज्ञा नहीं दी है इसलिए मैं उनकी आज्ञा के भंग होने

से डरता हूँ नहीं तो तेरे बीसों हाथ और दसों सिरों को उतार लेता। यदि मैं वालि का पुत्र हूँ तो जैसे सिंह हाथियों को मार डालता है वैसे ही युद्धक्षेत्र में तेरी सेनाओं को दलित करूँगा।

छंद—उपजाति सवैया।

कोसलराज के काज हौं आज त्रिकूट उपारि लै बारिधि बोरौं।
महाभुज दंड द्वै अंडकटाह चपेट की चोट चटाक दै फोरौं।
आयसुभंग तें जौ न डरौं सब मींजि सभासद सोनित खोरौं।
बालि को बालक जौ 'तुलसी' दसहू मुख के रन में रद तोरौं ।।१४।।

शब्दार्थ—त्रिकूट = लंका का पर्वत। बोरौं = डुबा दूं। अंडकटाह = ब्रह्मांड। चपेट = थप्पड़। सोनित = रक्त। खोरौं = स्नान करूँ। दसहू = दसों। रद = दाँत।

भावार्थ—कोसलराज श्री रामचन्द्रजी के कार्य के लिए आज मैं त्रिकूट पर्वत को जिस पर लंका वसी हुई है उखाड़ कर समुद्र में डुबो सकता हूँ। और लंका भी क्या सारे ब्रह्मांड को दोनों प्रचण्ड हाथों की चपेट से दबाकर चटाक् से फोड़ सकता हूँ। यदि मैं रामचन्द्रजी के आज्ञा भंग से न डरता तो तुम्हारे सभी सभासदों को मसल कर रक्त में सान देता। फिर भी मैं यदि बालि का वालक हूँ तो रणभूमि में तुम्हारे दसों मुंह के दाँतों को तोड़ डालूँगा।

विशेष—बालि का बार-बार उल्लेख साभिप्राय है। रावण की विशेष कमजोरी और राम की शक्ति का संकेत इस से बार-बार ध्वनित होता है।

अति कोप से रोप्यो है पाँव सभा, सब लंक ससंकित सोर मचा।
तमके घननाद से बीर पचारि कै, हारि निसाचर-सैन पचा।।
न टरै पग मेरुहु तें गरु भो, सो मनो महि संग बिरंचि रचा।
'तुलसी' सब सूर सराहत हैं "जग में बलसालि है बालिबचा" ।।१५।।

शब्दार्थ—लंक = लंका। ससंकित = डरे हुए। तमके = झपटे। घननाद = मेघनाद। पचारि = ललकार कर। हारि पचा = हार गए। गरु = भारी, वजनी। भो = हुआ।

भावार्थ—रावण की सभा में अत्यन्त क्रोधपूर्वक पाँव रोपने से पूरी

लंका में भय के कारण कोलाहल होने लगा कि पता नहीं क्या आपत्ति आनेवाली है। उसके पैर को डिगाने के लिए मेघनाद के समान वीर ललकार कर वेग से झपटे। परन्तु पैर सुमेरु पर्वत से भी भारी हो गया था, कि पूरी राक्षस सेना पराक्रम करके हार गई परन्तु पैर अपने स्थान से टस से मस नहीं हुआ। पृथ्वी से वह इस प्रकार चिपट गया था मानो विधाता ने उस चरण का निर्माण पृथ्वी के साथ ही किया हो। (तुलसीदास कहते हैं) यह देखकर सभी यही सराहना करते हैं कि संसार में बालिपुत्र ही बड़ा बलवान है।

अलंकार—अंतिम चरण में अनुप्रास।

रोप्यो पाँव पैज कै बिचारि रघुबीरबल,
लागे भट सिमिटि न नेकु टसकतु है।
तज्यो धीर धरनि, धननिधर धसकत,
धराधर धीर भार सहि न सकतु है।
महाबली बालि को, दबत दलकति भूमि,
तुलसी उछरि सिंधु मेरु मसकतु है।
कमठ कठिन पीठि, घठ्ठा परो मंदर को
आयो सोई काम, पै करेजो कसकतु है ॥१६॥

शब्दार्थ—पैज = प्रतिज्ञा। नेकु = जरा भी। धरनिधर = पर्वत। धराधर = शेषनाग। उछरि = उछल कर। मसकतु = दरकना। घट्ठा = लगातार रगड़ से कठोर पड़ गया चमड़ा। मंदर = पर्वत विशेष।

भावार्थ—अंगद ने रामचन्द्र की शक्ति का स्मरण करके ही प्रतिज्ञापूर्वक अपना पाँव रोपा था। जिसे सब योद्धा एक साथ उठाने लगे परन्तु वह टस से मस नहीं हुआ। यहाँ तक कि इस भार को न सह सकने के कारण पृथ्वी तक ने, जो धैर्य का प्रतीक मानी जाती है, अपना धैर्य छोड़ दिया। त्रिकूट पर्वत पैर के भार से धंसने लगा। धैर्यवान शेषनाग भी भार न सह सके। बालि के पुत्र महाबली अंगद जी के दबाने से पृथ्वी काँप गयी, समुद्र उछल पड़ा और मेरु पर्वत फटने लगा। कमठ की कठोर पीठ में मन्दराचल पर्वत के बार-बार हिलने से जो घट्ठा पड़ा था वही काम आ गया अर्थात् बेदना को कम करने में सहायक हुआ परन्तु फिर भी भार के कारण कलेजा तो कसकने ही लगा।

कनकगिरिसृङ्ग चढ़ि, देखि, मर्कट-कटक,
बदति मंदोदरी, परम भीता।
सहजभुज - मत्त - गजराज - रनकेसरी,
परसुधर - गर्व जेहि देखि बीता।
दास तुलसी समरसूर कोसलधनी,
ख्याल ही बालि बलसालि जीता।
कंत! तृन दंत गहि सरन श्रीराम कहि,
अजहुँ यहि भाँति लै सौंपु सीता ॥१७॥

शब्दार्थ—कनकगिरिश्रृङ्ग = स्वर्ण पर्वत की चोटी पर। मर्कट-कटक = वानरों की सेना। भीता = डरी हुई। बीता = नाश हो गया। ख्याल ही = खेल ही में, कल्पना मात्र से। कंत = स्वामी। अजहुँ = अब भी।

भावार्थ—स्वर्णपर्वत पर चढ़ कर मंदोदरी ने वानरों की सेना देखने के बाद अत्यन्त भयभीत होकर रावण से कहा कि हे स्वामी जिन रामचन्द्र जी के देखते ही सहस्रबाहु रूपी मत्त हाथी को मारने के लिए रणभूमि में सिंह के समान परशुराम जी का गर्व नष्ट हो गया। जिन्होंने खेल में ही बड़े बलवान को जीत लिया, ऐसे समर सूर कोसलाधिपति रामचन्द्रजी को दाँतों में तिनका दबाकर अति दीनता से "श्रीरामचन्द्र की शरण में हूँ।" ऐसा कहकर सीता को साथ लेकर आज ही सौंप दो।

नीच! मारीच विचलाइ, हति ताड़का,
भंजि सिवचाप सुख सबहि दीन्ह्यो।
सहस-दसचारि खल सहित खरदूषनहिं,
पठै जमधाम, तैं तउ न चीन्ह्यो।
मैं जु कहौं कंत सुनु संत भगवंत सों,
बिमुख ह्वै बालि फल कौन लीन्ह्यो।
बीस भुज सीस दस, खीस गए तबहिं जब,
ईस के ईस सों बैर कीन्ह्यो ॥१८॥

शब्दार्थ—बिचलित = बिचलाकर (रामचन्द्रजी ने कौशिक विश्वामित्र की यज्ञ-रक्षा के समय मारीच को बाण द्वारा समुद्रपार फेंक दिया था)। हति = मारकर। भंजि = तोड़कर। पठै = भेज दिए। तैं = तुमने। खीस गए = नष्ट हो गए।

भावार्थ—अरे नीच ! जिसने मारीच को विचलित कर (बिना फल के बाण से समुद्र पार फेंक कर) ताड़का को मार डाला, शिव जी के धनुष को तोड़कर सबको सुख दिया फिर चौदह हजार राक्षसों सहित खरदूषण को यमलोक भेज दिया, उसे तूने तब भी नहीं पहचाना। हे स्वाभिमानी ! मैं जो सलाह देती हूँ वह सुनो। भगवान् से विमुख होकर भला बालि ने भी कौन फल पाया ? तुम्हारे बीसों बाहु और दसों सिर तो तभी नष्ट हो गये जब तुमने शिव जी के स्वामी से बैर किया।

बालि दलि काल्हि जलजान पाषान किय,
कंत ! भगवंत तैं तउ न चीन्हे।
बिपुल बिकराल भट भालु कपिकाल से,
संग तरु तुङ्ग गिरिसृङ्ग लीन्हें।
आइगे कोसलाधीस तुलसीस जेहि,
छत्रमिस मौलि दस दूरि कीन्हे।
ईस-बकसीस जनि खीस करु ईस ! सुनु,
अजहुँ कुल कुसल बैदेहि दीन्हें ॥१६॥

शब्दार्थ—दलि = मार कर । काल्हि = कल । जलजान = नाव। पाषान = पत्थर। बिपुल = बहुत। तुंग = ऊँचे। छत्रमिस = राजछत्र गिरने के बहाने से। मौलि = सिर। खीस कर = नष्ट कर। ईस = पति।

भावार्थ—हे प्रियतम ! जिन्होंने अभी थोड़े दिन पहले ही बालि को मारा तथा पत्थरों को समुद्र में नाव की तरह तैरा दिया, उन भगवान् को तुमने अब तक नहीं पहचाना। जिनके साथ काल के समान भयंकर बहुत से रीछ और वानर वीर वृक्ष तथा ऊँचे-ऊँचे पर्वत शृङ्ग लिए हुए हैं, तथा जो राजक्षत्र गिरने के बहाने से तुम्हारे दशों सिरों का छेदन कर चुके हैं (रावण के दशों मुकुटों का गिरना एक अशुभ सूचक घटना थी जो अंगद के पदाघात के कारण घटी थी) वे तुलसीदास के प्रभु कोसलेश्वर भगवान् राम आ गये हैं। हे स्वामिन् ! सुनिये, शिव जी की इस देन—बीस हाथ और दशमाथों को नष्ट कर दीजिए। अभी भी कुछ नहीं बिगड़ा है। जानकी जी को दे देने से अब भी कुल का कुशल हो सकता है।

विशेष—मित कथन का कितना महत्त्व है यह इस पद की संकेतात्मकता से समझा जा सकता है।

सैन के कपिन को को गनै अर्बुदै;
महा बल बीर हनुमान जानी।
भूलिहै दस दिसा, सेस पुनि डोलिहै,
कोपि रघुनाथ जब बान तानी।
बालिहू गर्व जिय माहिं ऐसो कियो,
मारि दहपट कियो जमकी घानी।
कहति मंदोदरी, सुनहि रावन! मतो,
बेगि लै देहि बैदेहि रानी ॥२०॥

शब्दार्थ—जानी = जानो। दहपट कियो = ध्वस्त कर दिया। घानी = कोल्हू में एक बार में डाला जाने वाला तिल। मतो = मत, सम्मति।

भावार्थ—मंदोदरी रावण से कहती है कि हे रावण! मेरी सलाह मान कर शीघ्र ही महारानी सीता को लेकर रामचन्द्रजी को सौंप दो, क्योंकि रामचन्द्र-जी की सेना के वानरों को कौन गिन सकता है? उनमें से तुम केवल हनुमान को जानते हो परन्तु उस सेना में उनके समान वीर और बलवान अरबों हैं। जब रामचन्द्रजी क्रोध करके बाण तानेंगे तब तुम दशों दिशाओं को भूल जाओगे। किसी भी ओर भाग नहीं सकोगे। शेषनाग डोलने लगेंगे। बालि भी समझाने से मानने को तैयार नहीं था तुम्हारी भाँति उसे भी यमराज के कोल्हू में एक ही बार में पेर डाला।

गहन उज्जारि, पुर जारि, सुत मारि तब,
कुसल गो कीस बरबेर जाको।
दूसरो दूत पन रोपि कोप्यो सभा,
खर्ब कियो सर्ब को गर्ब थाको।
दास 'तुलसी' सभय बदति मयनंदिनी,
"मन्दमति कंत! सुनु मंत म्हाको।
तौ लौं मिलु बेगि नहिं जौं लौं रन रोष भयो,
दासरथि बीर बिरुदैत बाँको" ॥२१॥

शब्दार्थ—गहन = वन। कुसल गो = कुसलपूर्वक चला गया। बरबेर = भीमकाय। बेर = शरीर। खर्ब = क्षीण। मयनंदिनी = मयदानव की पुत्री मंदोदरी। मंत = मन्त्र। म्हाको = मेरा। बिरुदैत = यशस्वी।

भावार्थ—भीमकाय पहला वानर जो लंका आया था जो तुम्हारे वन को उजाड़ कर, नगर जलाकर और तुम्हारे पुत्र को मारकर सकुशल लौट गया और तुम कुछ भी न कर सके। रामचन्द्रजी के दूसरे दूत अंगद ने क्रोधपूर्वक प्रतिज्ञा के साथ सभा में अपना पैर रोप दिया और कोई नहीं डिगा सका। इस प्रकार अपने बल के द्वारा सबका घमंड नष्ट करके सबको नीचा दिखलाया। (तुलसीदास कहते हैं) मंदोदरी डरती हुई कहती है हे मन्दबुद्धि स्वामी, मेरी सम्मति सुनिये! जब तक वीर और बड़े यशस्वी रामचन्द्रजी को रणभूमि में क्रोध नहीं आता तब तक (उसके पहले ही) शीघ्र उनसे संधि कर लो, अर्थात् सीताजी को लेकर रामचन्द्रजी की शरण जाओ। इसी में हित है।

"कानन उजारि, अच्छमारि, धारि धूरि कीन्हीं,
नगर प्रजार्‌यो सो बिलोक्यो बल कीस को।
तुम्हें बिद्यमान जातुधान-मंडली में कपि,
कोपि रोप्यो पाँव सो प्रभाव तुलसीस को।
कंत! सुनु मंत, कुल अंत किये अंत हानि,
हातो कीजै हीय तें भरोसो भुज बीस को।
तौलौं मिलु बेगि जौलौं चाप न चढ़ायो राम,
रोषि बान काढ़्‌यो न दलैया दससीस को॥२२॥

शब्दार्थ—अच्छ = अक्षय कुमार नामक रावण का पुत्र। धारि = सेना। प्रजार्यो = प्रकृष्ट रूप से जला दिया। विद्यमान = होते हुए भी। हातो कीजै = छोड़ दीजिए। काढ़्‌यो = निकालना। दलैया = काटने वाले।

भावार्थ—तुमने एक बार वानर का बल तो अपनी आँखों से देख लिया। उसने अकेले ही वन को उजाड़ डाला, अक्षय कुमार को मारकर अकेले ही उसकी सेना को चूर्ण कर दिया और नगर में आग लगा दी। तुम्हारे रहते हुए तुम्हारे सामने ही अंगद ने राक्षसों की मण्डली में क्रुद्ध होकर तुलसी के स्वामी श्री रामचन्द्र के प्रभाव से पैर स्थिर कर दिया जो किसी से हिला तक नहीं। हे कंत, मेरी राय मानिए। वंश का नाश करने से अंततः हानि ही है। बीसों भुजाओं का भरोसा अब अपने हृदय से निकाल दीजिए उससे पहले ही राम से जाकर मिलिए जब तक कि वह क्रुद्ध होकर तुम्हारे दशों सिरों को काटने वाला बाण धनुष पर चढ़ा न लें।

पवन को पूत देखौ दूत बीर बाँकुरो जो,
बक गढ़ लंक सों ढका ढकेलि ढाहिगो।
बालि बलसालि को, सो काल्हि दाप दलि, कोपि,
रोप्यो पाँउ, चपरि चमू को चाउ चाहिगो।
सोंई रघुनाथ कपि साथ, पाथनाथ बाँधि,
आए नाथ! भागे तें खिरिरि खेन खाहिगो।
तुलसी, गरब तजि, मिलिबें को साज सजि,
देहि सीय नतौ, पिय पाइमाल जाहिगो ।।२३।।

शब्दार्थ—ढका ढकेलि = धक्कों से ढकेल कर। ढाहिगो = गिरा दिया। बालि बलिसालि को = बालि का पुत्र। पाप = अभिमान। दलि = नाशकर। चपरि = फुर्ती से। चमू = सेना। चांऊ = चाव। पाथ = जल। भागे तें = भागने से। खिरिरि = खरोचकर। खेह = धूल। तेजि = ताजो। पाइमाल जाहिगो = नष्ट हो जाओगे।

भावार्थ—उनके दूत बाँके बीर पवनपुत्र को तुमने देखा जो लंका जैसे दुर्गम गढ़ को धक्के से ढकेल कर ही ढाह गया। बलशाली बालि का पुत्र अंगद तो कल ही बड़ी फुर्ती से क्रोधपूर्वक चरण रोपकर तथा तुम्हारा दर्प चूर्णकर तुम्हारी सेना का उत्साह देख गया। अब वे ही श्री रघुनाथ जी वानरों को साथ लिए समुद्र को बाँधकर आये हैं। इसलिए हे नाथ! यदि इस समय तुम भागोगे तो तुम्हें खरोंचकर धूल फाँकनी पड़ेगी। इसलिए अहंकार को छोड़कर और मिलने की तैयारी कर जानकी जी को दे दो नहीं तो हे प्रियतम! तुम बरबाद हो जाओगे।

उदधि अपार उतरत नाहिं लागी बार,
केसरीकुमार सो अदंड कैसे डाँड़िगो।
बाटिका उजारि अच्छ रच्छकनि मारि, भट,
भारी भारी रावरे के चाउर से काँड़िगो।
'तुलसी' तिहारे बिद्यमान जुवराज आजु,
कोपि पाँव रोपि बस कै छोहार छाँड़िगो।
कहे की न लाज, पिया! अजहूँ न आए बाज,
सहित समाज गढ़, राँड़ कैसो भाँड़िगो ।।२४।।

शब्दार्थ—उदधि = समुद्र। बार = देर। डाँड़िगो = दंड दे गया। अच्छ = अक्षय कुमार। चाउर = चावल। काँड़िगो = कूट गया। भाँड़िगो = घूम-घूम कर देख गया।

भावार्थ—देखिए ! जिसे अपार समुद्र को पार करते देरी नहीं लगी वह केसरीकुमार हनुमान यहाँ आकर स्वयं तो अदंड्य रहकर तुम्हें दण्ड दे गया। वह बाग को उजाड़ कर तथा अक्षय कुमार एवं अन्य राक्षसों को मारकर तुम्हारे बड़े-बड़े वीरों को चावल की तरह कूट गया और आज तुम्हारे होते अंगद क्रोधपूर्वक अपने पैर को रोप सबको थोथे (बलहीन करके) छोड़ गया। हे प्रिय, कहने की तुमको लाज नहीं है, तुम अब भी बाज नहीं आते। आज अङ्गद सारे गढ़ को समाज सहित राँड़ के घर के समान घूम-घूम कर देख गया।

जाके रोष दुसह त्रिदोष दाह दूरि कीन्हें,
पैयत न छत्रीखोज खोजत खलक में।
माहिषमती को नाथ साहसी सहसबाहु,
समर समर्थ नाथ ! हेरिये हलक में।
सहित समाज महाराज सो जहाजराज
बूड़ि गयी जाके बलबारिधि-छलक में।
टूटत पिनाक के मनाक बाम राम से, ते
नाक बिनु भए भृगुनायक पलक में ॥२५॥

शब्दार्थ—दुसह = असह्य दुःख। त्रिदोष = कफ, वात और पित्त का दोष, सन्निपात। दाह = जलन। खलक के = संसार में। हलक = कंठ। यहाँ हृदय के अर्थ में। मनाक = थोड़ा। बाम = टेढ़ा, क्रुद्ध। नाक = प्रतिष्ठा। पलक = क्षण।

भावार्थ—जिसके क्रोधरूपी दुःसह त्रिदोष के दाह द्वारा नष्ट कर दिये जाने से संसार में खोजने पर भी क्षत्रियों का पता नहीं लगता था और जिनके बलरूपी सागर की तरंग में बड़े भारी जहाजरूपी महाराज माहिष्मती के राजा युद्ध करने में समर्थ साहसी सहस्त्रबाहु अपने समाज (क्षत्रिय जाति) सहित डूब गया। अर्थात् जिसके बल के सामने सहस्त्रबाहु तक की कुछ न चली। हे नाथ ! जरा हृदय में बिचारिए तो सही। उन्हीं परशुराम जी को जो धनुष टूटने से रामचन्द्र जी से तनिक क्रुद्ध हुए थे, क्षण भर में ही प्रतिष्ठा खोनी पड़ी।

विशेष—उपर्युक्त अन्य छन्दों की भाँति इसमें भी रूपक के द्वारा परशुराम जी की महत्ता और उनके माध्यम से राम का महत्त्व और रावण की बिवशता तथा तुलनात्मक अंतर इसकी उपलब्धि है।

कीन्हीं छोनी छत्री बिनु, छोनिप छपनहार,
कठिन कुठारपानि बीर बानि जानि कै।
परम कृपाल जो नृपाल लोकपालन पै,
जब धनु हाई ह्वै है मन अनुमानि कै।
नाक में पिनाक मिस बामता बिलोकि राम,
रोक्यो परलोक, लोक, भारी भ्रम भानि कै।
नाइ दसमाथ महि, जोरि बीस हाथ, पिय!
मिलिए पै नाथ रघुनाथ पहिचानि कै ॥२६॥

शब्दार्थ—छोनी = भूमि। छोनिप = राजा, क्षत्रिय। छपनहार = विनाशक। बानि = स्वभाव। बामता = ह्वै विरोध। भानि कै = भंग करके। धनुहाई = धनुष टूटने पर। ह्वै है = होगा।

भावार्थ—जिस राम ने परशुराम जैसे वीर की (जिसने पृथ्वी के क्षत्रियों को मारकर भूमि को क्षत्रियरहित कर दिया था) नाक में जरा सा क्रोध देखकर (धनुषभंग के समय) लोगों का भारी भ्रम छोड़कर उनकी स्वर्गगामिनी गति को रोक दिया और जो राम जी राजाओं और लोकपालों पर परम कृपालु हैं और धनुष तोड़ने पर हैहयराज भी जिनसे हार मान गया, उन्हीं रघुनाथ को ईश्वर पहचान कर, हे प्रियतम! दसों सिर नवाकर और बीसों हाथ जोड़कर उनसे मेल कर लीजिए।

कह्यो मत मातुल बिभीषनहू बार बार,
आँचर पसारि, पिय, पाँइ लै लै हौं परी।
बिदित बिदेहपुर, नाथ! भृगुनाथगति,
समय-सयानी कीन्ही जैसी आइ गौं परी।
बायस, बिराध, खर, दूषन, कबंध, बालि,
बैर रघुबीर के न पूरी काहु की परी।
कंत बीस लोचन बिलोकिए कुमंत-फल,
ख्यालि लंका लाई कपि राँड़ की सी झोपरी ॥२७॥

शब्दार्थ—मत = मंत्रणा। मातुल = मामा। पसारि = फैलाकर। हौ = मैं। पांइ लै लै परी = बार-बार पावों गिरी। समय सयानी = समयानुकूल। गौं = अवसर। बायस = कौआ। कुमंत-फल = बुरी सलाह का फल। लाई = लगा दी। राँड़ = विधवा स्त्री (सामर्थ्यहीन)।

भावार्थ—मामा जी (मारीच) ने सलाह दी, विभीषण ने भी बार-बार कहा और हे प्रिय! मैं भी अंचल पसारकर (भीख माँगकर) बार-बार तुम्हारे पैरों पड़ी (और भगवान् से विरोध न करने के लिए प्रार्थना की)। हे नाथ! जनकपुर में परशुराम की क्या दशा हुई वह प्रकट है। अतः यह समझ कर कि जिससे बैर किया उसकी शरण में क्या जाना, आपको संकोच नहीं करना चाहिए क्योंकि परशुराम जैसे महान व्यक्ति ने अवसर पर चतुराई से काम लिया। जयन्त, विराध, खर, दूषण, कबन्ध और बालि—किसी का भी श्री रामचन्द्र से बैर करके पूरा नहीं पड़ा। हे स्वामिन्, अपने कुविचार का फल बीसों आँखों से देख लो कि कपि ने खेल ही में लंका को किसी अनाथ विधवा की झोपड़ी के समान यह समझकर जला दिया कि इसका कोई रक्षक नहीं है।

राम सो साम किये नित है हित, कोमल काज न कीजिए टाँठे।
आपनि सूझि कहौं, पिय! बूझिए, जूझिबे योग न ठाहरु नाँठे।
नाथ सुनी भृगुनाथकथा, बलि बालि गयो चलि बात के साँठे।
भाइ बिभीषन जाइ मिल्यो प्रभु आइ परे सुनि सायर-काँठे ॥२८॥

शब्दार्थ—साम = संधि, मेल। टाँठे = कठोरता। सूझि = समझ। जूझिबे = युद्ध करना। ठाहरु = स्थान। नाँठे = नष्ट होना। साँठे = पकड़े रहने से। बात के साँठे = हठ पकड़ने से। सायर = सागर। काँठे = उपकंठ, तटपर।

भावार्थ—श्री रामचन्द्र जी से मेल करने में ही सदा भलाई है। ऐसे सुगम कार्य को कठिन न बनाइये। हे प्रिय! मैं अपनी समझ की ही बात कहती हूँ। यह भली भाँति मान लीजिये कि यह स्थान युद्ध करने का नहीं, किन्तु युद्ध से हटने का ही है। हे नाथ! आपने भृगुनाथ की कथा सुन ही ली है। बलवान बालि बात (हठ) के पीछे बरबाद हो गये। आपका भाई विभीषण भी (उनसे) जा मिला। हे स्वामिन्! सुनती हूँ कि वही रामचन्द्र जी अब समुद्र के किनारे पहुँच-कर पड़ाव डाल दिये हैं।

पालिबे को कपि भालु-चमू, जमकाल करालहु को पहरी है।
लंक से बंक महागढ़ दुर्गम दाहिबे ढाहिबे कोक हरी है।
तीतर-तोम तमीचर-सेन समीर को सूनु बड़ो बहरी है।
नाथ भलो रघुनाथ मिले, रजनीचर-सेन हिये हहरी है ।।२६।।

शब्दार्थ—चमू = सेना। जमकाल = यम और काल। पहरी = पहरुआ। ढाहिबे = गिराने को। दाहिबे = जलाने को। कहरी = क्रोधी। तीतर-तोम = तीतर पक्षी का समूह। बहरी = एक प्रकार का शिकारी पक्षी। हहरी है = डर गई है।

भावार्थ—हनुमान जो वानर और भालुओं की सेना की रक्षा के लिये यम और कराल काल की भी चौकसी करने वाला है। वह लंका जैसे महा विकट और दुर्गम गढ़ को ढाहने और जलाने में बड़ा उत्पाती है। निशाचरों की सेनारूप तीतरों के समूह का नाश करने के लिये वह बड़ा भारी बहरी (बाज) है। हे नाथ ! अब रघुनाथ जी से मिलने ही में भला है, क्योंकि पूरी निशाचर सेना का हृदय थर्रा गया है।

रोष्यो रन रावन, बोलाए बीर बानइत,
जानत जे रीति सब संजुग समाज की।
चली चतुरंग चमू, चपरि हने निसान,
सेना सराहन जोग रातिचर-राज की।
तुलसो बिलोकि कपि भालू किलकत,
ललकत लखि ज्यों कँगाल पातरी सुनाज की।
राम रुख निरखि हरषे हिय हनुमान,
मानों खेलवार खोली सीसताज बाज की ।।३०।।

शब्दार्थ—रोष्यो = क्रुद्ध हुआ। बानइत = वीर। संजुग = युद्ध। निसान = नगाड़ा, बाजा। रातिचर-राज = राक्षसों का राजा रावण। पातरी = पत्तल। खेलवार = शिकारी। सीसताज = कुलही (शिकारी बाज के सिर पर एक टोपी होती है। टोपी हटाने पर वह शिकार की ओर झपटता है)।

भावार्थ—रावण ने क्रोधित होकर राम से लड़ने के लिए बड़े यशस्वी योद्धाओं को बुलाया, जो युद्ध की तैयारी की सारी रीति जानते थे। चतु-रंगिणी सेना ने प्रस्थान किया। बड़े तपाक से नगाड़े बजने लगे। उस समय

राक्षसराज रावण की सेना वस्तुतः सराहने योग्य थी। तुलसीदास जी कहते हैं कि उस सेना को देखकर वानर और भालू किलकारी मारने लगे। जैसे कंगाल सुन्दर अन्न की परोसी हुई पत्तल देखकर ललचाते हैं। रामचन्द्र जी का इशारा पाकर हनुमान जी हर्षित हुए मानो खिलाड़ी (शिकारी) ने बाज की टोपी खोल दी हो। (अर्थात् उसे शिकार के लिए स्वतंत्रता दे दी हो)।

अलंकार—उत्प्रेक्षा।

साजिकै सनाह गजगाह, सउछाह दल,
महाबली धाए बीर जातुधान धीर के।
इहाँ भालु बंदर बिसाल मेरु मंदर से।
लिए सैल साल तोरि नीरनिधि-तोर के।
'तुलसी' तमकि ताकि भिरे भारी जुद्ध क्रुद्ध,
केनप सराहैं निज निज भट भीर के।
रुण्डन के झुण्ड भूमि झूमि झुकरे से नाचैं
समर सुमार सूर मारे रघुबीर के।।३१।।

शब्दार्थ—सनाह = कवच। गजगाह = हाथी के ऊपर की झूल या पाखर। सउछाह = उत्साह से। दल = सेना। साल = शाल वृक्ष विशेष (यहाँ वृक्ष मात्र से तात्पर्य है)। तमकि = जोर से। झुकरे = झुंझलाए हुए। रुंड = शिररहित धड़। सुमार = अच्छी मार, कराल आघात।

भावार्थ—धैर्यशाली रावण के बड़े-बड़े बलवान वीरों का दल कवच सजाकर हाथी-घोड़ों पर पाखरे कसकर उत्साह से रणभूमि की ओर दौड़ा। इधर सुमेरु और मंदराचल पर्वत के समान बड़े-बड़े बंदर समुद्र के किनारे के पर्वतों और वृक्षों को उखाड़कर लिए हुए थे। (तुलसीदास जी कहते हैं) दोनों ओर के योद्धा क्रुद्ध होकर एक दूसरे से भिड़ गये और बड़ा भारी युद्ध हुआ। सेनापति लोग अपने-अपने समूह के लोगों की प्रशंसा करने लगे। झुंड के झुंड धड़ झूम-झूमकर परस्पर क्रुद्ध हुए से नाचने लगे, क्योंकि श्री रामचन्द्र के वीरों ने युद्ध में कठिन मार-काट प्रारंभ कर दी।

तीखे तुरंग कुरंग सुरंगनि साजि चढ़े छटि छैल छबीले।
भारी गुमान जिन्हैं मन में कबहूँ न भए रन में तनु ढीले।
'तुलसी' गज से लखि केहरि लौं झपटे पटके सब सूर सलीले।
भूमि परे भट घूमि कराहत, हाँकि हने हनुमान हठीले।।३२।।

शब्दार्थ—तीखे = तीक्ष्ण। गुमान = गर्व। केहरि = सिंह। लौं = सदृश। सलीले = लीला से। कराहत = पीड़ा से कराहते हैं। हाँकि = ललकार कर। हने = मारे। हठीले = धैर्यवान।

भावार्थ—जिन राक्षसों के मन में अपने बल का बड़ा गर्व था, जिनका शरीर युद्ध में कभी भी ढीला नहीं हुआ था, ऐसे चुनिन्दा छबीले छैल वीर हरिण के समान तेज भागने वाले घोड़े और हाथियों की सजावट कर सवार हुए। (तुलसीदास जी कहते हैं) कि जैसे हाथी को देखकर सिंह झपटता है उसी प्रकार हनुमान जी लीला ही से सब वीरों को झपटकर पटकने लगे। राक्षस लोग घूम-घूमकर पृथ्वी पर कराहने लगे। इस प्रकार हनुमान जी राक्षसों का ललकार-ललकार कर वध कर रहे थे।

विशेष—'हाँकि' में राक्षसों को बैल के रूप में व्यंजित करने का भी भाव है।

सूर सँजोइल साजि सुबाजि, सुसेल धरे बगमेल चले हैं।
भारी भुजा भरी, भारी सरीर, बली बिजयी सब भाँति भले हैं।
'तुलसी' जिन्हैं धाए धुकै धरनीधर, धौरि धकानि सो मेरु हले हैं।
ते रन-तीर्थनि लक्खन लाखन-दानि ज्यों दारिद दावि दले हैं।

शब्दार्थ—संजोइल = युद्ध सामग्री से युक्त। सुसेल = अस्त्र विशेष, सांग। बगमेल = पंक्तिबद्ध। धाए = दौड़ने से। धुके = धुकधुकी। धरनीधर = शेष-नाग। धौंरि = धकानि = दौड़ के धक्कों से। मेरु = सुमेरु पर्वत। लाखन-दानि = लाखों रुपयों का दान देने वाला। दारिद = दरिद्रता।

भावार्थ—राक्षसराज रावण के वीर बड़े सुन्दर घोड़ों को सजाकर और तीखे भाले धारण कर बराबर चले, उनका शरीर अत्यंत विशाल और भुजाएँ भरी हुई हैं। वे अनेक प्रकार विजयी, बली और वीर हैं। (तुलसीदास जी कहते हैं) जिनके दौड़ने से शेषनाग काँपने लगते हैं और कठिन धक्कों से पर्वत डोलने लगते हैं इस प्रकार के लाखों तीक्ष्ण वीरों को युद्धभूमि में लक्ष्मण जी ने इस प्रकार नष्ट कर दिया जैसे दानी पुरुष बहुत-सी सम्पत्ति दान करके दरिद्रता को नष्ट कर देते हैं।

अलंकार—रूपक से पुष्ट उदाहरण।

गहि मंदर बन्दर भालु चले सो मनो उनए घन सावन के।
'तुलसी' उत झुण्ड प्रचंड झुके, झपटैं भट जे सुरदावन के।

बिरुझे बिरुदैत जे खेत अरे, न टरे हठि बैर बढ़ावन के।
रन मारि मची उपरी उपरा, भले बीर रघुप्पति-रावन के ।।३४।।

शब्दार्थ—गहि = पकड़कर। मंदर = मन्दराचल पर्वत। परंतु यहाँ पर यह पर्वत के अर्थ में है। उनए = छा गए। सावन = श्रावण मास। सुरदावन = रावण। बिरुझे = भिड़ाए। बिरुदैत = वीरता का बाना बाँधे हुए। उपरी उपरा = परस्पर प्रतिस्पर्धा करते हुए, एक दूसरे को जीतने का प्रयत्न करते हुए।

भावार्थ—एक ओर से उमड़े हुए सावन के बादलों की भाँति बन्दरों और भालुओं का समूह पर्वतों को लेकर अग्रसरित हुआ। दूसरी ओर से देवताओं के दमनकर्त्ता रावण के प्रचण्ड वीर अत्यंत क्रोधित होकर झपटे। जबर्दस्ती शत्रुता बढ़ाने वाले और वीरता का बाना बाँधने वाले दोनों पक्षों के वीर जो इस प्रकार रणभूमि में अपनी-अपनी सामरिक पद्धति के अनुसार स्थित थे एक दूसरे से भिड़ गये—कोई भी रणभूमि से हटा नहीं। रावण और रामचन्द्र के वीर जीतने का प्रयत्न करते हुए एक दूसरे से गुत्थम-गुत्था हो गये।

विशेष—सेना की व्यवस्था और व्यूहरचना का क्रमिक और चतुरता-पूर्वक फैलाव भी इस छंद से ध्वनित है।

सर तोमर सेल समूह पँवारत, मारत बीर निसाचर के।
इत तें तरु ताल तमाल चले, खर खंड प्रचंड महीधर के।।
तुलसी करि केहरि-नाद भिरे, भट खग्ग खगे, खपुवा खरके।
नख दंतन सों भुजदंड बिहंडत, मुण्ड सों मुण्ड परे झर के ।।३५।।

शब्दार्थ—तोमर = बरछा। सेल = सांग। पँवारत = फेंकते हैं। महीधर = पहाड़। खर = तीखे टुकड़े। भिरे = भिड़ गये। खगे = घुस गये। खपुवा = कायर, भगोड़े। खरके = खिसक गये। झार के = झाड़ कर।

भावार्थ—उस तरफ से रावण के योद्धागण वाण, बरछा और सांगों के समूह फेंक-फेंक कर मारते थे, इधर से (रामचन्द्र जी की ओर से) ताल, तमाल आदि के वृक्ष और पहाड़ों के बड़े-बड़े तीक्ष्ण खंड चलते थे। (तुलसीदास कहते हैं कि) योद्धा लोग सिंहनाद करके भिड़ गये, और तलवारों के द्वारा घेरा बना लिया। पर कायर लोग खिसकने लगे। (योद्धा) नखों और दाँतों से हाथी को काट लेटे थे और धड़ से सिर (पत्ते की भाँति) झड़कर गिरते जाते थे।

रजनीचर मत्तगयंद-घटा, बिघटै मृगराज के साज लरै।
झपटै, भट कोटि महीं पटकै, गरजै रघुबीर की सौंह करै॥
तुलसी उत हाँक दसानन देत, अचेत भे बीर को धीर धरै?
बिरुझो रन मारुत को बिरुदैत, जो कालहु काल सो बूझिपरै॥३६॥

शब्दार्थ—रजनीचर = राक्षस। मत्तगयंद-घटा = मतवाले हाथियों का समूह। गयंद = बड़ा हाथी। बिघटै = विघटन। मृगराज के साज = सिंह की भाँति। सौंह = सौगंध। हाँक देत = ललकारता है।

भावार्थ—हनुमान् जी राक्षस रूपी मतवाले हाथियों (विवेकहीन परन्तु बलशाली प्राणी) के समूह का नाश सिंह की भाँति (लघु किन्तु बुद्धिमान और चुस्त) करते हुए युद्ध कर रहे हैं। वे झपटकर करोड़ों वीरों को पृथ्वी पर पटककर गर्जते हैं और रघुवीर रामचन्द्र जी की सौगंध लेते हैं (कि आज किसी को जीवित नहीं छोड़ूँगा)। (गोस्वामी तुलसीदास कहते हैं) उधर से रावण ललकारता है जिसे सुनकर रामचन्द्र के पक्ष के वीर बेसुध हो जाते हैं। उसकी ललकार को सुनकर कौन ऐसा वीर है जो धैर्य धारण कर सके? यशस्वी वीर हनुमान् (एक थे) वह युद्धभूमि में भिड़े हैं और वह वहाँ काल को भी काल-से दिखाई पड़ते हैं।

जे रजनीचर बीर बिसाल, कराल बिलोकत काल न खाए।
ते रन रौर कपीस-किसोर बड़े बरजोर परे फँग पाए॥
लूम लपेटि अकाश निहारि कै हाँकि हठीं हनुमान चलाए।
सूखि गे गात चले नभ जात, परे भ्रम बातन भूतल आए॥३७॥

शब्दार्थ—रन रौर = कठिन युद्ध में। कपीस-किसोर = हनुमान। फँग = फंदा। परे फँग पाए = फँदे में फँसा हुआ पाया। बरजोर = बलवान। लूम = पूँछ। गे = गये। भ्रम बातन = बवंडर। गात = शरीर।

भावार्थ—जिन विशाल वीर राक्षसों को काल ने भी भयंकर समझकर नहीं खाया, उनको महाबली हनुमान जी ने इस कठिन युद्ध में अपने पंजों में फँसा हुआ पाया। उन वीरों को हठी हनुमान् ने ललकारते हुए पूँछ में लपेट कर आकाश को देखते हुए आकाश की ओर उछाल दिया (फेंक दिया)। आकाश की ओर जाते हुए उनका शरीर सूख गया और फिर वहाँ बवंडर में फँस जाने के कारण उसी में घूमते ऊपर ही रह गये। नीचे पृथ्वी पर नहीं आये।

जो दससीस महीधर-ईस को, बीस भुजा खुलि खेलनहारो।
लोकप दिग्गज दानव देव सबै सहमैं सुनि साहस भारो॥
बीर बड़ो बिरुदैत बली, अजहूँ जग जागत जासु पँवारो।
सो हनुमान हनी मुठिका, गिरिगो गिरिराज ज्यो गाज को मारो ॥३८॥

शब्दार्थ—महीधर = पर्वत। ईस = शिवजी। ईस को महीधर = कैलास। सहमैं = डर जाते हैं। पँवारो = वीर गाथा। गाज को मारो = वज्र का मारा हुआ।

भावार्थ—जिस दशशीश रावण ने महादेव के पर्वत कैलास को बीस भुजाओं से उठाकर स्वच्छन्दता-पूर्वक खेलता रहा, जिसके साहस की विशालता सुनकर लोकपाल, दिक्पाल, दैत्य और देवगण सभी डर गये थे, जिस रावण की वीरता के बारे में आज भी वीरगाथाएँ गायी जाती हैं क्योंकि वह बड़ा ही यशस्वी और बलशाली वीर था, उसी रावण को हनुमान् जी ने मुक्के से मारकर, वज्र से गिरते हुए पहाड़ की भाँति पृथ्वी पर गिरा दिया।

अलंकार—उदाहरण।

दुर्गम दुर्ग पहार तें भारे, प्रचंड महा भुजदंड बने हैं।
लक्ख में पक्खर तिक्खन तेज जे सूर समाज में गाज गने हैं॥
ते ब्रिरुदैत बली रन-बाँकुरे हाँकि हठी हनुमान हने हैं।
नाम लै राम दिखावत बंधु को, घूमत घायल घाय घने हैं ॥३९॥

शब्दार्थ—दुर्ग = किला। पक्खर = कवच। लक्ख = लाखों में। तिक्खन तेज = तीक्ष्ण तेज वाले। घाय = घाव। घने = बहुत।

भावार्थ—जो अगम्य किलों की भाँति अजेय हैं, जिनकी भुजाएँ प्रचण्ड हैं तथा जो पहाड़ से भी विशालकाय और वजनी हैं, जो लाखों सैनिकों के रक्षा-कवच हैं, जो अत्यन्त तेजस्वी हैं, जो योद्धाओं के समूह का नाश करने में बिजली की भाँति प्रसिद्ध हैं, उन सभी बलवान, रणदक्ष और वीर राक्षसों को हठी हनुमान् जी ने ललकार कर मारा है। रामचन्द्र जी उन सभी वीरों के नाम लेकर (जो बहुत घावों से युक्त घायल घूमते हैं) लक्ष्मण से कहते हैं कि ये सब हनुमान् जी के मारे हुए हैं।

हाथिन सों हाथी मारे, घोड़े घोड़े सों सँहारे,
रथनि सों रथ बिदरनि, बलवान की।
चंचल चपेट चोट चरन चकोट चाहैं,
हहरानी फौजें भहरानी जातुधान की।।
बारबार सेवक-सराहना करत राम,
तुलसी सराहै रीति साहेब सुजान की।
लाँबी लूम लसत लपेटि पटकत भट,
देखौ, देखौ लखन ! लरनि हनुमान की।।४०।।

शब्दार्थ—बिदरनि = तोड़ना । चकोट = नोचना । चाहैं = देखकर । हहरानी = डरी हुई । भहरानी = गिर गई । सराहै = प्रशंसा करता है । साहेब = स्वामी । सुजान = सज्ञान । लूम = पूंछ । लरनि = लड़ना ।

भावार्थ—हनुमान जी हाथियों से हाथी को और घोड़ों से घोड़ों को तथा रथ को रथ से भिड़ाकर मारते और तोड़ डालते हैं। हनुमान् जी की चंचल चपेट, लातों की चोट और चुटकी काटना देखकर निशाचरों की सेनाएँ घबड़ा गयीं और चक्कर खाकर गिरने लगीं। श्रीराम बार-बार अपने सेवक की सराहना करते हुए कहते हैं, लक्ष्मण ! थोड़ा हनुमान् जी का युद्ध-कौशल तो देखिये। उनकी वह जो लम्बी पूंछ सुशोभित हो रही है उसी में लपेटकर वह देखो, वीरों को पटक दे रहे हैं। तुलसीदास जी अपने स्वामी की भक्त-कृपा की रीति की सराहना करते हैं।

विशेष—राम की सेवक-वत्सलता और उनकी प्रतिष्ठा को बनाये रखने की रीति तुलसी के विचार से अद्भुत है।

दबकि दबोरे एक, बारिधि में बोरे एक,
मगन मही में एक गगन उड़ात हैं।
पकरि पछारे कर चरन उखारे एक,
चीरि फारि डारे, एक मींजि मारे लात हैं।।
'तुलसी' लखत राम, रावन बिबुध, बिधि,
चक्रपानि, चंडीपति, चंडिका सिहात हैं।
बड़े बड़े बानइत बीर बलवान बड़े,
जातुधान जूथप निपाते बातजात हैं।।४१।।

शब्दार्थ—दबकि = झपटकर। दबोरे = दबा दिया। बोरे = डुबा दिया। मगन मही में = पृथ्वी में गिर गये। गगन = आकाश। मींजि = मर्दन कर, मसल कर। बिबुध = देवता। चक्रपानि = विष्णु। चंडीपति = शिव जी। सिहात = ईर्ष्या करते हैं। जूथप = सेनापति।

भावार्थ—उन्होंने किसी राक्षस वीर को चुपके से दबोच लिया, किसी को आकाश में उड़ा दिया, किसी को हाथ पकड़ कर पीछे फेंक दिया, किसी का एक चरण ही उखाड़ दिया, किसी को चीर-फाड़ डाला और किसी को लात से मसलकर मार दिया। तुलसीदास जी कहते हैं कि उन्हें देखकर श्रीराम और रावण, देवगण, ब्रह्मा, विष्णु, शिव और चण्डी मन ही मन हनुमान जी की वीरता से ईर्ष्या करते हैं। हनुमान् ने बड़े-बड़े बलवान और वीर निशाचर-पतियों को मार डाला।

विशेष—वीररस।

प्रबल प्रचंड बरिबंड बाहुदंड बीर,
धाए जातुधान हनुमान लियो घेरि कै।
महाबल-पुंज कुंजरारि ज्यों गरजि भट,
जहाँ तहाँ पटके लँगूर फेरि फेरि कै॥
मारे लात, तोरे गात, भागे जात हाहा खात,
कहैं 'तुलसीस राखि राम की सौं' टेरि कै।
ठहर ठहर परे कहरि कहरि उठैं,
हहरि हहरि हर सिद्ध हँसे हेरि कै॥४२॥

शब्दार्थ—प्रबल प्रचंड = अत्यन्त प्रतापी। बरिबंड = बलवान। कुंजरारि = सिंह। हहरि हहरि = खिलखिलाकर। हर = शिवजी। हेरि कै = देखकर। हाहा = गिड़गिड़ाते हुए।

भावार्थ—हनुमान् जी की यह वीरता और इस प्रकार का नरसंहार देख-कर उद्दण्ड भुजाओं वाले बहुत से प्रबल राक्षस वीर दौड़े और उन्होंने हनुमान् जी को घेर लिया। परंतु महाबलराशि वीर हनुमान् जी सिंह के समान गरज कर उन वीरों को पूंछ घुमा-घुमाकर जहाँ-तहाँ पटकने लगे। उन्होंने लातों की मार से कई राक्षसों के अंग-प्रत्यंग तोड़ दिये। वे गिड़गिड़ाते हुए भाग जाते हैं और श्रीरामचन्द्र जी की दुहाई देकर कहते हैं कि हे स्वामी रामचन्द्र जी, हमारी रक्षा करो। वे स्थान पर पड़े कराहते हुए उठते हैं, उन्हें देख-देखकर

शिवजी और सिद्धगण ठहाका मारकर हँसने लगे।

विशेष—चित्रात्मकता।

जाकी बाँकी बीरता सुनत सहमत सूर,
जाकी आँच अबहूँ लसत लंक लाह सी।
सोई हनुमान बलवान बाँके बानइत,
जोहि जातुधान सेना चलै लेत थाह सी॥
कंपत अकंपन, सुखाय अतिकाय काय,
कुंभऊकरन आइ रह्यो पाइ आह सी।
देखे गजराज मृगराज ज्यों गरजि धायो,
बीर रघुबीर को समीरसूनु साहसी॥४३॥

शब्दार्थ—सहमत = डर जाते हैं। आँच = प्रताप की आँच से। जोहि = देखकर। चाह लेना = अंदाजा लगाना। काय = शरीर।

भावार्थ—जिसकी अद्भुत वीरता सुनकर वीर लोग डर जाते हैं, जिसकी लगाई हुई आग से आज भी लंका लाह की भाँति मालूम होती है। वही बाँके बाने वाले बलवान हनुमान् जी निशाचरों की सेना को देखकर उसकी थाह लेने लगे। उस समय अकम्पन (रावण का पुत्र) काँपने लगा, अतिकाय (रावण का पुत्र) का भी शरीर सूख गया और कुंभकर्ण भी आकर कुछ न कर सका। रामचन्द्र जी का वीर और वायु का साहसी पुत्र हनुमान् गरज कर राक्षसों पर ऐसे दौड़ा जैसे हाथियों को देखकर सिंह।

विशेष—पाँचवें चरण में भावचित्र है।

मत्तभट-मुकुट-दसकंध-साहस-सइल-
सृङ्ग बिछरनि जनु बज्रटांकी।
दसन धरि धरनि चिक्करत दिग्गज कमठ,
सेष संकुचित, संकित पिनाकी॥
चलित महि मेरु, उच्छलित सायर सकल,
बिकल बिधि बधिर दिसि बिदिसि झाँकी।
रजनीचर-घरनि घर गर्भ-अर्भक स्रवत,
सुनत हनुमान की हाँक बाँकी॥४४॥

शब्दार्थ—उइल = पर्वत । वज्र टाँकी = वज्र की बनी छेनी । चिक्करत = चिग्घाड़ते हैं । पिनाकी = शिवजी । सायर = सागर । घरनि = स्त्रियाँ । अर्भक = बालक । स्रवत = गिर जाते हैं ।

भावार्थ—जो उन्मत्त वीरों में शिरोमणि रावण के साहस रूपी शैल-शिखर को चूर-चूर करने के लिए मानो वज्र की छेनी है, उन हनुमान् जी की भयंकर ललकार को सुनकर दिक्पाल दाँतों से पृथ्वी को दबाकर चिग्घाड़ने लगते हैं, कच्छप और शेष जी भय के कारण सिकुड़ जाते हैं और शिव जी भी संदेह में पड़ जाते हैं । पृथ्वी और पर्वत हिलने लगते हैं तथा सब समुद्र उछलने लगते हैं । व्याकुल और वधिर होकर ब्रह्मा भी दिशा-विदिशाओं में (इधर-उधर) ताकने लगते हैं । घरों में राक्षसों की स्त्रियों के गर्भ के बच्चे गिरने लगते हैं ।

कौन की हाँक पर चौंक चंडीस, बिधि,
चंडकर थकित फिरि तुरंग हाँके ।
कौन के तेज बलसीम भट भीम से,
भीमता निरखि कर नयन ढाँके ।।
दास तुलसीस के बिरुद बरनत बिदुष,
बीर बिरुदैत बर बैरि धाँके ।
नाक नरलोक पाताल कोउ कहत किन,
कहाँ हनुमान से बीर बाँके ।।४५।।

शब्दार्थ—हाँक = ललकार । चंडकर = सूर्य । थकित = स्थिर होकर । तुरंग = घोड़े । बलसीम = बल की सीमा । भीमता = भयंकरता । निरखि = देखकर । बिरुद = वीरता का यश । बिदुष = विद्वान लोग । धाँके = धाक जमा दी । नाक = स्वर्ग । नरलोक = पृथ्वी । बाँके = श्रेष्ठ ।

भावार्थ—जिसकी ललकार (हाँक) सुनकर ब्रह्मा और शंकर जी चौंक उठते हैं और सूर्य स्थिर होकर फिर कुछ देर बाद अपने रथ के घोड़ों को हाँकते हैं, जिसके तेज की भयंकरता को देखकर भीम के सदृश बलवान योद्धा ने भी आँखें मूँद ली थीं (जो उनकी पूँछ को उठाकर नहीं जा सकते थे), तुलसीदास कहते हैं कि हनुमान् ने यशोगाथा वाले श्रेष्ठ वीरों में अपनी धाक जमा दी । कहते क्यों नहीं, हनुमान् के समान श्रेष्ठ वीर स्वर्गलोक, मर्त्यलोक और पाताल-लोक में कहाँ हैं, अर्थात् कहीं नहीं हैं ।

जातुधानावली-मत्त-कुंजर-घटा,
निरखि मृगराजु जनु गिरि तें टूट्यो।
बिकट चटकन चपट, चरन गहि पटक महि,
निघटि गए सुभट, सत सब को छूट्यो॥
दास तुलसी परत धरनि, धरकत झुकत,
हाट सी उठति जंबुकनि लूट्यो।
धीर रघुबीर को बीर रन-बाँकुरे
हाँकि हनुमान कुलि कटक कूट्यो॥४६॥

शब्दार्थ—कुंजर-घटा = हाथियों का समूह। निघटि गये = नष्ट हो गये। सत = प्राण। धरकत = धड़कते हैं। झुकत = झुक जाते हैं। जम्बुक = गीदड़। कुलि कटक = सभी सेना।

भावार्थ—हनुमान् राक्षसों की सेना पर इस प्रकार टूट पड़े मानो मतवाले हाथियों के समूह को देखकर पहाड़ से सिंह झपट पड़ा हो। कठिन थप्पड़ों की चोटों से और पैर पकड़कर पृथ्वी पर पटकने से सबके प्राण छूट गये और सभी योद्धा नष्ट हो गये। तुलसीदास जी कहते हैं कि सब राक्षस पृथ्वी पर गिर पड़े और डरते हुए झुक गये। शृगाल उनके मांस को इस प्रकार लूटते हैं जैसे सायंकाल के समय उठते हुए बाजार को लुटेरे लूट लेते हैं। धैर्यवान् रामचन्द्र जी के वीर और रणकुशल हनुमान् जी ने ललकार कर कुल सेना को कूट दिया अर्थात् मार डाला।

कतहुँ बिटप भूधर उपारि परसेन बरक्खत।
कतहुँ बाजि सों बाजि, मर्दि गजराज करक्खत॥
चरनचोट चटकन चकोट अरि उर सिर बज्जत।
बिकट कटक बिद्दरत बीर बारिद जिमि गज्जत॥
लँगूर लपेटत पटकि भट, 'जयति राम जय' उच्चरत।
तुलसीदास पवननंदन अटल जुद्ध क्रुद्ध कौतुक करत॥४७॥

शब्दार्थ—कतहुँ = कहीं। बिटप = वृक्ष। भूधर = पर्वत। परसेन = शत्रु की सेना। बरक्खत = वर्षा करते हैं। बाजि = घोड़ा। मर्दि = मर्दन कर। करक्खत = खींचते हैं। बज्जत = लगते हैं। बिद्दरत = विदीर्ण करते हैं। कौतुक = तमाशा।

भावार्थ—हनुमान् जी कहीं तो पेड़ और पहाड़ उखाड़ कर शत्रु सेना पर वर्षा करते हैं, कहीं घोड़े से घोड़े को मसल देते हैं और हाथियों को खींच ले जाते हैं। कहीं शत्रु की छाती और सिर पर चरणों की चोट और थप्पड़ों की चकोट लगती हैं, कहीं बादल के समान गर्जन करते हुए वीर हनुमान् जी राक्षसों की भयंकर सेना का नाश करते हैं। कहीं तो योद्धाओं को पूंछ में लपेट कर पटक देते हैं और कहीं 'रामचन्द्र जी की जय' का उच्चारण करते हैं। तुलसीदास के स्वामी, वायुपुत्र हनुमान् जी युद्ध में अटल होकर क्रोध से तमाशा करते हैं।

अंग अंग दलित ललित फूले किंसुक से,
हने भट लाखन लषन जातुधान के।
मारि कै पछारे कै उपारि भुजदंड चंड,
खंड खंड डारे ते बिदारे हनुमान के॥
कूदत कबंध के कदंब बंब सी करत,
धावत दिखावत हैं लाघौ राघौ बान के।
तुलसी महेस, बिधि, लोकपाल, देवगन,
देखत बिमान चढ़े कौतुक मसान के॥४८॥

शब्दार्थ—दलित = घायल। ललित = रक्त से भरे हुए। किंसुक = ढाक, पलाश (यह फूल लाल होता है)। लाखन = लाखों। कबंध = बिना सिर के धड़। बंब सी करत = बं बं करते हुए। लाघौ = चातुर्य। मसान = रणभूमि।

भावार्थ—लक्ष्मण जी द्वारा मारे हुए रावण के लाखों वीरों का अंग-प्रत्यंग घायल हो गया, जिससे वे फूले हुए सुन्दर पलाश के समान मालूम होते हैं। हनुमान् जी ने मारकर, पछाड़कर उनके प्रबल भुजदण्डों को उखाड़ कर, विदीर्ण कर तथा खण्ड-खण्ड करके डाल दिया। कबन्धों के झुंड बं बं शब्द करते कूदते फिरते हैं और दौड़-दौड़ कर मानो श्री रामचन्द्र के बाणों की शीघ्रता दिखाते हैं। (तुलसीदास जी कहते हैं) कि उस समय शिव ब्रह्मा, (आठों) लोकपाल और (अन्य) देवगण भी विमानों पर चढ़े रणभूमि का तमाशा देखते हैं।

लोथिन सों लोहू के प्रवाह चले जहाँ तहाँ,
मानहुँ गिरिन गेरु-झरना झरत हैं।
सोनित सरित घोर, कुंजर करारे भारे,
कूल तें समूल बाजि-बिटप परत हैं॥

सुभट-सरीर नीरचारी भारी भारी तहाँ,
सूरनि उछाह, कूर कादर डरत है।
फेंकरि फेंकरि फेरु फारि फारि पेट खात,
काक कंक-बालक कोलाहल करत हैं ।।४९।।

शब्दार्थ—लोथनि = मृत शरीर। सोनित = रक्त की। करारे = किनारे। नीरचारी = जल-जंतु। कूर = क्रूर। कादर = कायर। फेंकरि = चिल्लाकर। फेरु = गीदड़। कंक = गिद्ध (इसके पंखों को बाणों के सिरों पर लगाया जाता है)।

भावार्थ—इधर-उधर लोथों से रक्त के जो प्रवाह बह रहे हैं मानो पहाड़ों से गेरू के झरने झरते हों। रक्त रूपी नदी के हाथी ही जो सेना में इधर-उधर मरे हुए पड़े है बड़े-बड़े कगार हैं और किनारों से घोड़े रूपी वृक्ष जड़ सहित उखड़ कर (नदी में) गिरते हैं। नदी में रहने वाले भयंकर जंतु मगर आदि योद्धाओं के शरीर हैं। इस भयंकर नदी को देखकर शूर लोगों को तो उत्साह होता है परंतु कायर डर जाते हैं। कौवे-गिद्ध आदि शोर करते हुए उड़ रहे हैं और सियार आदि चिल्ला-चिल्ला कर पेट फाड़-फाड़कर भक्षण कर रहे हैं।

विशेष—वीभत्स रस।

अलंकार—साङ्ग रूपक।

ओझरी की झोरी काँधे, आँतनि की सेल्ही बाँधे,
मूँड़ के कमंडलु, खपर किये कोरि कै।
जोगिनी झुटुंग झुंड झुंड बनी तापसी सी,
तीर तीर बैठीं सो समरिसरि खोरि कै।।
सोनित सों सानि-सानि गूदा खात सतुआ से,
प्रेत एक पियत बहोरि घोरि घोरि कै।
तुलसी बैताल भूत साथ लिए भूतनाथ,
हेरि हेरि हँसत हैं हाथ हाथ जोरि कै ।।५०।।

शब्दार्थ—ओझरी = आँतें। सेल्ही = गंडा। मूँड़ = खोपड़ी। खपर = खप्पर। कोरि कै = खुरच कर। झुटुंग = योगिनी विशेष। भूतनाथ = शिव जी। हाथ जोरि जोरि कै = एक दूसरे के हाथ पकड़कर।

भावार्थ—जेठ के महीने में गंगा दशहरा के दिन लोग सन्निकट की नदी

में स्नान करके सतुआ जो साथ में बाँध कर लिये हुए रहते हैं, उसी को पानी या शर्बत के साथ घोर कर या सानकर खाते हैं। कुछ वैसे ही उपर्युक्त छंद में वर्णित रक्त-नदी के किनारों पर इसी प्रकार का मेला लगा हुआ है। कंधे पर पेट की पँचौनी का छोला लटकाए आँतों का गंडा बाँधे हुए और हाथ में सिर का कमंडल तथा उसी को खुरच-खुरच कर बनाया हुआ खप्पर लिए जटाधारी योगिनियों और झुटुंगों (विशेष प्रकार के तपस्वियों) के झुण्ड के झुण्ड युद्ध की रक्त-नदी में स्नान करके किनारे बैठे हैं। कोई खून और गूदे को सत्तू की तरह सान कर खा रहे हैं और कुछ प्रेतगण उसे रक्त में घोल कर पीते हैं (तुलसीदास कहते हैं कि) भूतनाथ शिवजी, बैताल और प्रेतों के साथ घूमते-फिरते हुए यह तमाशा देख कर एक दूसरे का हाथ पकड़ कर हँसते हैं।

विशेष—बीभत्स रस। युद्ध की अमानवीय स्थिति का सफल चित्रांकन जो मन में विकृति का भाव पैदा करता है।

अलंकार—इसमें उपमा और रूपक भी है।

राम-सरासन तें चले तीर रहे न सरीर, हड़ावरि फूटी।
रावन धीर न पीर गनी, लखि लै कर खप्पर जोगिनि जूटी।।
सोनित छींटि-छटानि-जटे 'तुलसी' प्रभु सोहैं, महाछबि छूटी।
मानौ मरक्कत-सैल बिसाल में फैलि चली बर बीरबहूटी।।५१।।

शब्दार्थ—हड़ावरि = हाड़ावली। जूटी = जुड़ गई। सोनित = शोणित। जटे = जड़े। मरक्कत-सैल = नीलमणि के पर्वत पर। बीरबहूटी = एक प्रकार के लाल-लाल कीड़े जो वर्षाकाल में होते हैं।

भावार्थ—रामचन्द्र जी के बाण, धनुष से इतनी तेजी से चले कि वे शरीर में रुके ही नहीं बल्कि हाड़ फोड़कर निकल गये। पर धैर्यवान रावण ने इस पीड़ा को भी कुछ न समझा। उसके शरीर से खून की धारा बहती हुई देखकर हाथों में खप्पर लेकर (रक्तपानार्थ) योगिनियाँ जुड़ गईं। (तुलसीदास कहते हैं कि) रामचन्द्र जी रक्त की बूँदों की छटा से युक्त शोभायमान हुए। रामचन्द्र जी को अद्‌भुत छवि ऐसी मालूम होती थी मानो बड़े भारी नील मणि के पर्वत पर बीरबहूटियाँ फैल गई हों।

अलंकार—उक्तविषया वस्तूत्प्रेक्षा।

मानी मेघनाद सों प्रचारि भिरे भारी भट,
आपने अपन पुरुषारथ न ढील की।

घायल लषनलाल लखि बिलखाने राम,
भई आस सिथिल जगन्निवास दील की ।।
भाई को न मोह, छोह सोय को न, तुलसीस,
कहैं "मैं बिभीषन की कछु न सबील की" ।
लाज बाँह बोले की, नेवाजे की सँभार सार,
साहेब न राम से, बलैया लेउँ सील की ।।५२।।

शब्दार्थ—मानी = अभिमानी । प्रचारि = ललकार कर । छोह = दुख । तुलसीस = तुलसी के स्वामी राम । सबील = प्रबंध । बाँह बोले की = शरण में लेने की । नेवाजे = शरणागत । साहेब = स्वामी ।

भावार्थ—बड़े-बड़े योद्धा ललकार कर अभिमानी मेघनाद से भिड़ गये । हर योद्धा अपनी-अपनी शक्ति के अनुसार लड़ा । मेघनाद द्वारा घायल किए हुए प्यारे लक्ष्मण को देखकर रामचन्द्र जी बिलख-बिलख कर रोने लगे और उनके मन को (रावण को जीतना, सीता को लाना) आशाएँ शिथिल हो गयीं । रामचन्द्र जी को न भाई का मोह है और न सीता के विषय में दुःख ही । उन्हें केवल एक ही कष्ट हुआ कि वे विभीषण का कुछ प्रबन्ध न कर सके । राज्य न दिला सके । (तुलसीदास कहते हैं कि) जिनको अपनी शरण में लेने की और अपने शरणागत की सार-सम्भार करने का इतना ध्यान है ऐसे रामचन्द्र जी के समान कोई भी स्वामी नहीं, ऐसे शील स्वभाव की मैं बलि जाऊँ ।

कानन बास, दसानन सो रिपु, आननश्री ससि जीति लियो है ।
बालि महाबलसालि दल्यो, कपि पालि, विभीषन भूप कियो है ।।
तीय हरी रन बन्धु परचौ, पै भयौ सरनागत सोच हियो है ।
बाँह-पगार उदार कृपालु, कहाँ रघुबीर सो बीर बियो है ? ।।५३।।

शब्दार्थ—बाँह-पगार = जिनकी भुजाएँ शरणागत की रक्षा करने को चहारदीवारी की तरह हैं । पगार = चहारदीवारी । बियो = दूसरा ।

भावार्थ—जंगल में निवास, और रावण जैसे प्रबल शत्रु के होते हुए भी रामचन्द्र जी के मुख की शोभा ने चन्द्रमा की कान्ति को भी जीत लिया है । उन्होंने महाबलशाली बालि को मार कर सुग्रीव की रक्षा की यद्यपि चाहते तो बालि से मित्रता करके सीता की खोज अधिक सुविधाजनक होती परन्तु सुग्रीव शरणागत में था इसलिए उसी का पक्ष लिया । और विभीषण को

लंका का राज्य प्रदान किया। सीता हरी हुई लंका में थीं और भाई रणभूमि में घायल पड़ा हुआ था। पर उन्हें इन सबकी चिन्ता नहीं थी, चिन्ता केवल शरणागत विभीषण की थी। ऐसे शरणागत-प्रतिपालक, उदार और कृपालु रामचन्द्र जी के समान दूसरा वीर कहाँ है ? अर्थात् कहीं नहीं है।

लीन्हो उखारि पहार बिसाल, चल्यो तेहि काल बिलंब न लायो।
मारुतनंदन मारुत को, मन को, खगराज को बेग लजायो॥
तीखी तुरा 'तुलसी' कहतो, पै हिये उपमा को समाउ न आयो।
मानी प्रतच्छ परब्बत की नभ लीक लसी कपि यों धुकिधायो॥५४॥

शब्दार्थ—खगराज = गरुड़। तीखी = अत्यन्त। तुरा = वेग। पै = परा। प्रतच्छ = प्रत्यक्ष। परब्बत = पर्वत। लीक = लकीर। लसी = शोभित हुई। धूकि = वेग।

भावार्थ—हनुमान् जी लक्ष्मण-शक्ति की दवा के लिए संजीवनी बूटी लेने गये परन्तु बूटी को न पहचान सकने के कारण बड़े भारी द्रोण पर्वत को उखाड़ लिया और उखाड़ने के बाद वे अविलम्ब इतने वेग से चले कि उन्होंने वायु के, मन के और गरुड़ के भी वेग को लज्जित कर दिया। अत्यन्त वेग का वर्णन करने के लिए तुलसी के मन में कोई उपमा नहीं याद आ रही है। परन्तु उनकी गति को देखकर ऐसा लगा कि मानो आकाश में दिव्यौषधियों से प्रकाशमान पर्वत की सुन्दर रेखा स्पष्टतः बन गई हो।

चल्यो हनुमान सुनि जातुधान कालनेमि,
पठयो, सो मुनि भयो, पायो फल छलि कै।
सहसा उखारो है पहार बहु जोजन को,
रखवारे मारे भारे भूरि भट दलि कै॥
बेग बल साहस सराहत कृपानिधान,
भरत की कुसल अचल ल्यायो चलि कै।
हाथ हरिनाथ के बिकाने रघुनाथ जनु,
सीलसिंधु तुलसीस भलो मान्यो भलि कै॥५५॥

शब्दार्थ—जातुधान = रावण ने। पठयो = भेजा। जोजन = चार कोस। भूरि = बहुत। हरिनाथ = हनुमान्।

भावार्थ—हनुमान् जी का जाना सुनकर रावण ने राक्षस कालनेमि को हनुमान् जी की हत्या करने को भेजा। उसने मुनि का वेश बनाकर हनुमान् जी को छलना चाहा जिसका परिणाम भी उसे भोगना पड़ा। हनुमान् जी ने अनेकों योजन के पर्वत को सहसा उखाड़ लिया और राक्षसों को मार मारकर बहुत से योद्धाओं का संहार कर कई योजन के पर्वत को एकदम उखाड़ लिया। देखो! हनुमान् जी विशाल पर्वत और भरत का समाचार लाये हैं। ऐसा कहकर कृपालु रघुनाथ जी उनके बल, साहस और वेग की सराहना करने लगे। मानो श्री रामचन्द्र जी कपिनाथ (हनुमान् जी) के हाथ बिक गये हों। तुलसीदास के स्वामी शीलसिन्धु रामचन्द्र जी ने हर प्रकार से उनका उपकार मानने लगे। अर्थात् कृतज्ञ हुए।

बापु दियो कानन, भो आनन सुभानन सो,
वैरी भो दसानन सो, तीय को हरन भो।
बालि बलसालि दलि, पालि कपिराज को,
बिभीषन नेवाजि, सेतुसागर तरन भो॥
घोर रारि हेरि त्रिपुरारि बिधि हारे हिये,
घायल लखन बीर बानर बरन भो।
ऐसे सोक में तिलोक कै बिसोक पलही में,
सबही को तुलसी को साहिब सरन भो॥५६॥

शब्दार्थ—बापु = पिता। कानन = वन। शुभानन = चन्द्रमा। नेवाजि = रक्षा करके। रारि = युद्ध। बांनर बरन = रक्त वर्ण। बिसोक कै = शोक रहित करके। साहिब = स्वामी। भो = हुए।

भावार्थ—पिता ने चौदह वर्ष वन वास का आदेश दिया (और वन में) पत्नी का हरण और रावण से शत्रुता भी हुई परन्तु राम का मुख मलीन नहीं हुआ, वह चन्द्रमा के समान सदैव प्रकाशित रहा। बलशाली बालि को मारकर सुग्रीव का पालन किया। विभीषण की रक्षा की, पुल बाँध कर समुद्र पार किया फिर उनके घोर युद्ध को देखकर शिव और ब्रह्मा भी चकित हो गए क्योंकि रावण ने दोनों से अप्रतिम वरदान प्राप्त किये थे। वीर लक्ष्मण जी घायल हो कर खून और मिट्टी से ऐसे लथपथ हो गये कि उनका रंग वानरों का सा हो गया। ऐसी शोक स्थिति में भी जिन्होंने तीनों लोकों को पलमात्र में विशोक कर दिया अर्थात् लक्ष्मण जी को सचेत और रावण को मारकर सबकी रक्षा की

वे तुलसीदास के प्रभु सभी को शरण देने वाले हुए।

कुंभकरन्न हन्यों रन राम, दल्यो दसकंधर कंधर तोरे।
पूषन-बंस-बिभूषन-पूषन तेज प्रताप गरे अरि-ओरे॥
देव निसान बजावत गावत, साँवत गो, मनभावत भोरे।
नाचत बानर भालु सबै तुलसी कहि 'हा रे! हहा भइ, होमरे' ॥५७॥

शब्दार्थ—कंधर = ग्रीवा। पूषन-बंस-बिभूषन = सूर्यवंश के भूषण। गरे = गल गये। अरि ओरे = शत्रु रूपी ओले। साँवत = सामने। पना = अधीनता। भो = नष्ट हुई।

भावार्थ—रामचन्द्र जी ने युद्ध में कुम्भकर्ण को मार दिया। रावण की भी गर्दन तोड़ दी। सूर्यवंशभूषण और सूर्य के समान तेजस्वी राम के प्रभाव से सभी शत्रु रूपी ओले गल गये। देवगण बाजे बजाने लगे कि उनके मन की इच्छा पूरी हुई और उनका रावण के अधीन रहना समाप्त हुआ, वे स्वाधीन हुए। (तुलसीदास कहते हैं) कि वानर, भालु सभी ओ हे रे खूब हुई। ओहेरे खूब हुई भैया! कहकर हँसते और नाचते हैं।

मारे रन रातिचर, रावन सकुल दल,
अनुकूल देव मुनि फूल बरषतु हैं।
नाग नर किन्नर बिरंचि हरि हर हेरि,
पुलक सरीर, हिये हेतु, हरषतु हैं॥
बाम ओर जानकी कृपानिधान के बिराजैं,
देखत बिषाद मिटे मोद करषतु हैं।
आसु भो लोकनि सिधारे लोकपाल सबै,
'तुलसी' निहाल कै कै दियो सरषतु हैं ॥५८॥

शब्दार्थ—हेतु = प्रेम। रातिचर = राक्षस। विरंचि = ब्रह्मा। हरि = विष्णु। हर = शंकर। आयसु = आज्ञा। सरषतु = परवाना।

भावार्थ—देवता और मुनिगण रामचन्द्र जी के ऊपर फूलों की वर्षा कर रहे हैं क्योंकि उन्होंने उनके प्रवल शत्रु रावण के कुल को नष्ट कर दिया। नाग, नर, किन्नर तथा ब्रह्मा, विष्णु और महेश के शरीर भी पुलकित हैं, उनका हृदय, प्रेम और आनंद से मुक्त है। करुणासागर रामचन्द्र के बायीं ओर जानकी

जी विराजमान हैं जिनके दर्शन से कष्ट मिट जाता है और आनंद की वृद्धि होती है। लोकपाल सब आज्ञा पाकर अपने-अपने लोकों को चले गये। (तुलसीदास कहते हैं कि) भगवान् ने सबको निहाल करके मानो परवाना दे दिया (कि अब तुम लोग निर्भय होकर विचरण करो)।

उत्तर काण्ड

बालि से बीर बिदारि सुकंठ थप्यो, हरषे सुर बाजने बाजे।
पल में दल्यो दासरथी दसकंधर, लंक विभीषन राज बिराजे।।
राम सुभाव सुने 'तुलसी' हुलसे अलसी, हम से गलगाजे।
कायर कूर कपूतन की हद तेउ गरीबनेवाजे नेवाजे।।१।।

शब्दार्थ—बिदारि = मारकर। सुकंठ = सुग्रीव। थप्यो = राज्य दिया। दासरथी = राम। हम से = मेरे समान पापी। गलगाजे = बड़ी-बड़ी बातें करने लगे; डींगें मारने लगे। कूर = क्रूर। हद = सीमा। तेउ = वे भी। गरीबनेवाज = दीनदयालु।

भावार्थ—रामचन्द्र ने बालि के समान वीर को मारकर सुग्रीव को राज्य प्रदान किया। इससे देवता लोग प्रसन्न होकर बाजे बजाने लगे। उन्होंने क्षण भर में रावण को मारकर लंका में विभीषण का राज्य स्थापित किया। (तुलसीदास) कहते हैं इससे आनंदित होकर हमारे समान आलसी भी आनन्दित होकर डींग मारने लगते हैं कि शायद कभी हमारे भी ऊपर कृपा हो। जो लोग कायर, क्रूर और कपूतों की हद थे, उन पर भी गरीबनिवाज भगवान् राम ने कृपा की।

बेद पढ़ैं बिधि, संभु सभीत, पुजावन रावन सों नितु आवैं।
दानव-देव दयावने दीन दुखी दिन दूरिहि तें सिर नावैं।।
ऐसेउ भाग भगे दसभाल तें जो प्रभुता कवि कोविद गावैं।
राम से बाम भए तेहि बालहि बाम सबै सुख संपति लावैं।।२।।

शब्दार्थ—दयावने = दया के पात्र। दिन = प्रतिदिन। कोविद = पंडित। बाम लावैं = दूर हट जाते हैं।

भावार्थ—जिस रावण के घर में ब्रह्मा जी (स्वयं) वेद पाठ करते थे और

शिव जी नित्य डर के कारण पूजा कराने के लिए आते थे। दैत्य और देवता तो दुःखी, दीन एवं दया-पात्र होकर उसे प्रतिदिन दूर से ही सिर नवाते थे। ऐसे रावण का सौभाग्य, राम से विमुख होने के कारण, जिसकी प्रभुता का महत्त्व कवि और विद्वान सभी मानते थे, रावण से विमुख हो गया। वस्तुतः राम से विमुख होने पर सभी सुख-सम्पदाएँ नष्ट हो जाती हैं जैसे कि भाग्य ही विमुख हो जाता है।

वेद-बिरुद्ध, मही मुनि साधु ससोक किए, सुरलोक उजारो।
और कहा कहौं तीय हरी, तबहूँ करुनाकर कोप न धारो।।
सेवक-छोह तें छाँड़ी छमा, 'तुलसी' लख्यो राम सुभाव तिहारो।
तौलौं न दाप दल्यो दसकंधर, जौलौं बिभीषन लात न मारो।।३।।

शब्दार्थ—छोह = कृपा। तौलौ = तब तक। दाप दल्यो = गर्व चूर्ण किया। जौलौं = जब तक।

भावार्थ—वेद-विरुद्ध आचरण करने वाले रावण ने पृथ्वी, मुनिगण और साधुओं को शोकयुक्त कर दिया तथा देवलोक को उजाड़ डाला और कहाँ तक कहें, उसने (उनकी) स्त्री तक को चुरा लिया तब भी करुणाकर (प्रभु ने) उस पर क्रोध नहीं किया, तुलसीदास जी कहते हैं कि हे रामचन्द्र जी, मैंने आपका स्वभाव जान लिया; आपने सेवक विभीषण के प्रेमवश ही रावण को छोड़ा था क्योंकि जब तक उसने विभीषण को लात नहीं मारी थी तब तक आपने उसके दर्प को चूर्ण नहीं किया।

सोक-समुद्र निमज्जत काढ़ि कपीस कियो जग जानत जैसो।
नीच निसाचर बैरी को बन्धु बिभीषन कीन्ह पुरंदर कैसो।।
नाम लिए अपनाइ लियो 'तुलसी' सों कहौ जग कौन अनैसो।
आरत-आरति-भंजन राम, गरीबनेवाज न दूसर ऐसो।।४।।

शब्दार्थ—निमज्जत = डूबते हुए। काढ़ि = निकालकर। पुरंदर = इन्द्र। सो = सम। अनैसो = अनिष्ट। आरत-आरति-भंजन = दुखी के दुःख को मिटाने वाले।

भावार्थ—आपने शोक रूपी समुद्र में डूबते हुए सुग्रीव को निकाल कर जिस प्रकार वानरों का राजा बनाया, जो सारा संसार जानता है। नीच राक्षस

वंश और अपने शत्रु के भाई विभीषण को इन्द्र के समान ऐश्वर्यशाली बना दिया। केवल नाम लेने के कारण आपने तुलसी जैसों को अपना लिया, जिनके समान पापी संसार भर में कोई दूसरा नहीं है। भगवान् राम ही दुखियों के दुःख को दूर करने वाले हैं; उनके जैसा कोई दूसरा गरीबनिवाज नहीं है।

मीत पुनीत कियो कपि भालु को, पाल्यो ज्यों काहु न बाल तनूजो।
सज्जन-सींव विभीषन भो, अजहूँ बिलसै बर बन्धु-बधू जो॥
कोसलपाल बिना 'तुलसी' सरनागतपाल कृपालु न दूजो।
क्रूर कुजाति कुपूत अघी सब की सुधरै जो करै नर पूजो॥५॥

शब्दार्थ— तनूजो-बाल = अपने ही शरीर से उत्पन्न बालक को। सज्जन सींव = सज्जनता की मर्यादा। बिलसै = बिलास करता है। अघी = पापी।

भावार्थ—उन्होंने वानर और भालुओं तक को अपना पवित्र मित्र बनाया और उनकी रक्षा इस प्रकार से की कि कोई अपने बालक पुत्र की भी नहीं करेगा और वे विभीषण, जो (चिरंजीवी होने के कारण) आज तक अपने बड़े भाई की सुन्दर स्त्री मन्दोदरी का उपभोग करता है, साधुता की सीमा बन गये। गोसाइँ जी कहते हैं कि कोसलेश्वर श्री रामचन्द्र जी के अतिरिक्त कोई दूसरा ऐसा कृपालु और शरणागतों की रक्षा करने वाला नहीं है। जो मनुष्य उनकी पूजा करते हैं, उन सभी की बन जाती है चाहे वे क्रूर, कुजाति, कुपूत और पापी ही क्यों न हों।

तीय-सिरोमनि सीय तजी जेहिं पावक की कलुषाई दही है।
धर्म-धुरंधर बन्धु तज्यो, पुरलोगनि की बिधि बोलि कही है॥
कीस निसाचर की करनी न सुनी, न बिलोकी, न चित रही है।
राम सदा सरनागत की अनखौंही अनैसी सुभाय सही है॥६॥

शब्दार्थ—कलुषाई = मलिनता। दही है = जला दी है। विधि कही है = उपदेश दिया है। बोलि = बुलाकर। करनी = भ्रातृवधू को पत्नीवत् भोगना। अनैसी = अनिष्ट।

भावार्थ—रामचन्द्र जी ने तो लोकापवाद सुनकर उन सीता जी को भी त्याग दिया जिन्होंने अग्नि की अपवित्रता जो जला दिया था (जिनका स्पर्श

पाकर अग्नि भी पवित्र हो गया) यही नहीं, अपने धर्म-धुरन्धर भाई लक्ष्मण को भी छोड़ा दिया और नगरवासियों को बुलाकर नागरिक नियम समझाये। परन्तु उन्हीं रामचन्द्र ने सुग्रीव और विभीषण के दुष्कर्मों (भ्रातृवधू का भोग करना) को न देखा, न सुना और न उन पर कुछ ध्यान ही दिया, क्योंकि रामचन्द्र जी सदा से शरणागत के अप्रसन्न होने योग्य और बुरे कृत्यों को भी स्वभाव से ही सहते चले आये हैं।

अपराध अगाध भए जन तें अपने उर आनत नाहिंन जू।
गनिका गज गीध अजामिल के गनि पातक-पुंज सिरहिं न जू।।
लिए बारक नाम सुधाम दियो जिहि धाम महामुनि जाहिं न जू।
तुलसी भजु दीनदयालुहिं रे, रघुनाथ अनाथहि दाहिन जू।।७।।

शब्दार्थ—जन = भक्त। उर = हृदय। सिराहिं = समाप्त होते हैं। वारक = एक बार भी। सुधाम = वैकुण्ठ। दाहिन = अनुकूल।

भावार्थ—श्री रामचन्द्र जी का स्वभाव भक्तों पर अनुग्रह है। सेवकों से भारी-भारी अपराध हो जाने पर भी आप उन्हें अपने मन में नहीं लाते (उन पर ध्यान नहीं देते)। गणिका, गज, गीध और अजामिल के पातक पुंज गिनने पर समाप्त होने वाले नहीं थे, किन्तु उन्हें एक बार नाम लेने से भी वह परम धाम दिया, जिसमें महामुनि भी नहीं जा सकते। गोसाईं जी अपने से ही कहते हैं कि अरे तुलसीदास! दीन दयालु श्री रामचन्द्र जी को भजो क्योंकि वह अनाथों के अनुकूल हैं। अर्थात् सहायक हैं।

प्रभु सत्य करी प्रहलाद-गिरा, प्रगटे नरकेहरि खंभ महाँ।
झखराज ग्रस्यो गजराज, कृपा ततकाल, बिलंब कियो न तहाँ।।
सुर साखी दै राखी है पांडुबधू पट लूटत, कोटिकभूप जहाँ।
'तुलसी' भजु सोच-बिमोचन को, जन को पन रास न राख्यो कहाँ।।८।।

शब्दार्थ—गिरा = वाणी। नरकेहरि = नरसिंह। महाँ = मध्य से। झखराज = ग्राह। साखी = साक्षी। पांडु-बधू = द्रौपदी। पन = प्रण।

भावार्थ—प्रभु ने प्रह्लाद के विश्वास और कथन को, खम्भे से नृसिंह का रूप धारण करके प्रकट होकर, सत्य प्रमाणित किया। मगर ने भक्त गजराज को पकड़ लिया तो वे अविलम्ब दौड़े। करोड़ों के सामने जिसका वस्त्र

लूटा जा रहा था, उस द्रौपदी की देवताओं को साक्षी बनाकर रक्षा की। गोसाईं जी अपने से ही कहते हैं कि अरे तुलसीदास ! शोक से छुड़ाने वाले श्री रामचन्द्र को भजो, उन्होंने सेवक के प्रण को कहाँ नहीं निबाहा ?

नरनारि उघारि सभा महँ होत दियो पट सोच हरयो मन को।
प्रहलाद-विषाद-निवारन, बानर-तारन, मीत अकारन को ।।
जो कहावत दीनदयालु सही, जेहि भार सदा अपने पन को।
'तुलसी' तजि आन भरोस, भजे भगवान भलो करिहैं जन को ।।९।।

शब्दार्थ—नरनारि = द्रौपदी । बिषाद = दुःख । आन = दूसरे को। भरोस = विश्वास करके ।

भावार्थ—नरावतार (अर्जुन) की स्त्री (द्रौपदी) सभा में नंगी की जा रही थी, तो उसे वस्त्र देकर उसके मन का सोच दूर किया। जो प्रह्लाद के दुःख को दूर करने वाले, गज को बचाने वाले, बिना कारण के मित्र और सच्चे दीनदयालु कहलाते हैं जिनको अपनी प्रजा का सदैव ध्यान रहता है, गोसाईं जी कहते हैं कि औरों का भरोसा त्यागकर उन भगवान का भजन करने से वे अपने दास का भला करेंगे ही।

ऋषिनारि उधारि, कियो सठ केवट मीत, पुनीत सुकीर्ति लही।
निज लोक दियो सबरी खग को, कपि थाप्यो सो मालुम है सब ही ।।
दससीस-बिरोध, सभीत विभीषन भूप कियो जग लीक रही।
करुनानिधि को भजु रे 'तुलसी', रघुनाथ अनाथ के नाथ सही ।।१०।।

शब्दार्थ—ऋषिनारि = अहल्या। सठ = नीच। मीत = मित्र। लही = पाई। निज लोक = वैकुंठ। खग = जटायु। लीक = रेखा।

भावार्थ—भगवान् राम ने ऋषि गौतम की पत्नी अहल्या का उद्धार करके उसे शापमुक्त किया, दुष्ट कहे जाने वाले केवट को मित्र बनाकर पवित्र कर दिया। इस प्रकार से उन्होंने पवित्र कीर्ति अर्जित की। शबरी और जटायु को वैकुण्ठ-पद प्रदान किया। सुग्रीव को राज्य पर स्थापित किया यह भी सबको विदित है। रावण के विरोध से भयभीत विभीषण को लंकाधिपति बना कर संसार में प्रतिष्ठा की रेखा खींची। तुलसीदास कहते हैं, इसलिए करुणानिधि राम को भजो क्योंकि वही अनाथों के स्वामी हैं।

कौसिक, बिप्रबधू, मिथिलाधिप के सब सोच दले पल माहैं ।
बालि-दसानन-बंधु कथा सुनि सत्रु सुसाहिब-सील सराहैं ।।
ऐसी अनूप कहैं 'तुलसी' रघुनायक की अगुनी गुन-गाहैं ।
आरत दीन अनाथन को रघुनाथ करैं निज हाथ की छाहैं ।।११।।

शब्दार्थ—अगुनी = असंख्य । गुन-गाहैं = गुणगाथाएँ । आरत = दुःखी । करै निज हाथन छाहैं = स्वयं रक्षा करते हैं ।

भावार्थ—विश्वामित्र (यज्ञ-रक्षा करके), अहल्या (उद्धार करके) और जनक (धनुष तोड़कर) के सब सोच (चिन्ता) को क्षण मात्र में दूर कर दिया । सुग्रीव और विभीषण की कथा सुनकर शत्रु के भी सुखदाता स्वामी के शील की सराहना करते हैं कि उन्होंने शत्रु के भाइयों पर भी इतनी कृपा की । तुलसीदास कहते हैं कि रामचन्द्र जी की असंख्य गुणगाथाएँ ऐसी ही अद्‌भुत हैं । दीन, दुखी और अनाथों पर रघुनाथ जी अपने हाथ से छाया करते हैं अर्थात् स्वयं उनकी रक्षा करते हैं ।

तेरे बेसाहे बेसाहत औरनि, और बेसाहि के बेचनहारे ।
ब्योम रसातल भूमि भरे नृप कूर कुसाहिब सेंतिहुँ खारे ।।
'तुलसी' तेही सेवत कौन मरै ? रज तें लघु को करै मेरु तें भारे ।
स्वामी सुसील समर्थ सुजान सो तोसों तुहीं दसरत्थ-दुलारे ।।१२।।

शब्दार्थ—बेसाहे = मोल लेने से । बिसाहना = खरीदना । सेँ तिहुँ खारे = मुफ्त मिलें तब भी बुरे । तेहि = कुस्वामियों को । रज तें = धूल से ।

भावार्थ—तुम्हारे खरीदने (अपना लेने) से वह जीव औरों को (देवताओं को) भी खरीद सकता है (गुलाम बना सकता है) । और सब देवता जिसको अपना भक्त बनाते हैं वह उसे वस्तुतः दूसरों के हाथ बेच देने वाले हैं । यों तो आकाश, पाताल और भूमि में अनेक क्रूर और कुस्वामी भरे पड़े हैं, किन्तु वे तो मुफ्त में मिलें तो भी त्यागने योग्य ही हैं । तुलसीदास कहते हैं कि उनकी सेवा करके कौन मरे । धूल के समान लघु सेवक को सुमेरु से भी बड़ा बनाने वाला तुम्हारे अलावा और कौन है ? हे दशरथसुत, तुम्हारे समान सुशील, समर्थ और सुजान और स्वामी तो तुम्हीं हो ।

अलंकार—अनन्वय (अंतिम चरण में) ।

जातुधान भालु कपि केवट बिहंग जो जो,
पाल्यो नाथ सद्य सो सो भयो काम-काज को।
आरत अनाथ दीन मलिन सरन आए,
राखे अपनाइ, सो सुभाव महाराज को।।
नाम तुलसी पै भोंडे भाग, सो कहायो दास,
किए अंगीकार ऐसे बड़े दगाबाज को।
साहेब समर्थ दसरत्थ के दयालु देव,
दुसरो न तोसों, तुही आपने की लाज को।।१३।।

शब्दार्थ—जातुधान = विभीषण। भालु = जामवंत। केवट = गुहराज। बिहंग = जटायु। सद्य = तत्काल। सरन आए = शरण में आने पर। भोंडे = बुरा।

भावार्थ—हे नाथ ! विभीषण, जामवंत, सुग्रीव, निषाद, जटायु—जिन-जिन को आप ने पाला वे सब तुरन्त ही प्रतिष्ठा करने योग्य हो गये। दुःखी, अनाथ, दीन और पापियों को भी शरण में आने पर आपने अपना भक्त बना लिया। ऐसा आप के स्वभाव के बारे में विदित है। यद्यपि मेरा नाम पवित्र और पूज्य तुलसी है परन्तु मैं भाग से बुरा हूँ। आपने मेरे समान धोखेबाज को भी अपना भक्त स्वीकार कर लिया है। हे दशरथ के पुत्र, आपके समान समर्थ और दयालु स्वामी दूसरा कोई नहीं है।

विशेष—ये पद विनयपत्रिका के भाव-स्तर के समकक्ष हैं। इनमें आत्म-निवेदन, आत्मचरित और दास्य भाव दोनों हैं।

अलंकार—उपमान लुप्तोपमा।

महाबली बालि दलि, कायर सुकंठ कपि,
सखा किये, महाराज हौं न काहू काम को।
भ्रात-घात पातकी निसाचर सरन आए,
कियो अंगीकार नाथ एते बड़े बाम को।।
राय दसरत्थ के समरत्थ तेरे नाम लिए,
तुलसी के कूर को कहत जग राम को।
आपने निवाजे की तौ लाज महाराज को,
सुभाव समुझत मन मुदित गुलाम को।।१४।।

शब्दार्थ—भ्रात-घात पातकी = भाई को मारने की इच्छा के कारण पापी। बाम = कुटिल। गुलाम = दास (तुलसी)।

भावार्थ—हे महाराज ! महाबली बालि को मारकर कायर सुग्रीव को मित्र बनाया, जो किसी काम का नहीं था। भाई को धोखा देने वाले पापी राक्षस विभीषण को शरण में आने पर इतना प्रतिकूल होते हुए भी स्वीकार कर लिया। हे महाराज दशरथ के सुपूत ! तुम्हारा नाम लेने से आज तुलसी जैसे कपटी को भी लोग राम का कहते हैं। अपने अनुगृहीत दास की लाज रखना तो महाराज का स्वभाव ही है, यह समझ कर सेवक का मन आनन्दित होता है।

रूप-सीलसिंधु, गुनसिंधु, बंधु दीन को,
दयानिधान, जान-मनि, बीर बाहु-बोल को।
स्राद्ध कियो गीध को, सराहे फल सबरी के,
सिलासाप-समन, निबाह्यो नेह कोल को॥
तुलसी उराउ होत राम को सुभाव सुनि,
को न बलि जाइ, न कि बिकाइ बिन मोल को ?।
ऐसेहू सुसाहेब सों जाको अनुरागन सो
बड़ोई अभागो, भाग भागो लोभ-लोल को॥१५॥

शब्दार्थ—जान-मनि = सुजान श्रेष्ठ। उराउ = उत्साह।

भावार्थ—भगवान् राम सौन्दर्य और शील के सागर, गुणों के समुद्र, दीनों के वन्धु, दया के निधान, ज्ञानियों में शिरोमणि तथा वचन और बाहुबल में शूरवीर हैं। उन्होंने गिद्ध जटायु का श्राद्ध किया, शवरी के फलों की प्रशंसा की, शिला बनी हुई अहल्या के शाप का शमन किया और भीलों के साथ प्रेम निबाहा। तुलसीदास जी कहते हैं कि श्री रामचन्द्र के स्वभाव को सुनकर उत्साह होता है। उन पर कौन न्योछावर नहीं होगा और कौन बिना मूल्य बिकेगा नहीं। ऐसे उत्तम स्वामी से भी जिसने अनुराग न किया वह बड़ा ही अभागा है और उस लोभी मनुष्य का भाग्य ही उससे दूर भाग गया है।

अलंकार—गम्योत्प्रेक्षा।

सूर-सिरताज महाराजनि के महाराज,
जाको नाम लेत हो सुखेत होत ऊसरो।
साहब कहाँ जहान जानकीस सो सुजान,
सुमिरे कृपालु के मराल होत खूसरो॥

केवट पषान जातुधान कपि भालु तारे,
अपनायो तुलसी सो धींग धमधूसरो।
बोल को अटल, बाँह को पगार, दीनबन्धु,
दूबरे को दानी, को दयानिधान दूसरो ? ।।१६।।

शब्दार्थ—सुखेत = अच्छा खेत । ऊसरो = उजाड़ । साहब = स्वामी । मराल = हंस । खूसरो = मूर्ख । वोल को अटल = दृढ़प्रतिज्ञ । पगार = चहार-दीवारी ।

भावार्थ—ऐसे सुजान रामचन्द्र के समान स्वामी संसार में कौन हैं जो वीरों के शिरोमणि, महाराजाओं के महाराज हैं और जिनका नाम लेते ही बंजर जमीन भी उपजाऊ हो जाती है। जिन कृपालु का स्मरण करने से उल्लू (बुद्धिहीन) भी हंस (विवेकी) हो जाता है। रामचन्द्र ने केवट, पाषाण, राक्षस, वानर और भालुओं को तारा और तुलसीदास के समान असभ्य और महामूर्ख को अपनाया। अतः रामचन्द्र जी के समान दृढ़प्रतिज्ञ, शरणागत-पालक, दीनबन्धु, दरिद्र को दान देने वाला और दयालु दूसरा कौन है ? (कोई नहीं है)।

विशेष—काकुवक्रोक्ति ।

कीबे को बिसोक लोक, लोकपालहू तें सब,
कहूँ कोऊ भो न चरवाहो कपि भालु को।
पवि को पहार कियो ख्याल ही कृपालु राम,
बापुरो बिभीषन घरौंधा हुतो बालु को ।।
नाम-ओट लेत ही निखोट होत खोटे खल,
चोट बिनु मोट पाइ भयो न निहाल को ?
तुलसी की बार बड़ी ढील होति, सीलसिंधु,
बिगरी सुधारिबे को दूसरो दयालु को ? ।।१७।।

शब्दार्थ—चरवाहा = चराने वाला। पवि = वज्र। ख्याल ही = खेल में। बापुरो = बेचारा। घरौंधा हुतो बालू को = बालू के घरौंदे की तरह। निखोट = निर्दोष। खोटे = पापी, दुष्ट। मोट = गठरी। निहाल = प्रसन्न। ढील = विलंब।

भावार्थ—लोकों को शोकरहित (रावण से मुक्त) करने के लिए

(इन्द्रादिक) सभी लोकपाल थे, परन्तु आज तक रीछ वानरों को चराने वाला (पालक) कोई नहीं हुआ। बेचारा विभीषण जो बालू के घरौंदे की भाँति निर्बल था उसे रामचन्द्र ने संकल्प मात्र से ही वज्र के पहाड़ की भाँति अजेय बना दिया। खोटे और दुष्ट लोग भी उनके नाम की ओट लेते ही निर्दोष हो जाते हैं (यहाँ विभीषण, केवट आदि के प्रति संकेत है)। भला बिना मेहनत के धन की गठरी पाकर कौन प्रसन्न नहीं हो जाता ? तुलसीदास कहते हैं हे शीलसिन्धु ! मेरी बार इतनी ढिलाई क्यों ? बिगड़ी को बनाने वाला भला आप के समान कौन हैं ? अर्थात कोई नहीं है।

अलंकार—काकुवक्रोक्ति।

नाम लिये पूत को पुनीत कियो पातकीस,
आरति निवारि प्रभु पाहि काहे पील की।
छलिन की छोंड़ी सी निकोड़ी छोटी जाति पांति,
कीन्हीं लीन आपु में सुनारी भोंडे भील की॥
तुलसी औ तारिबो बिसारिबो न अंत, मोहिं,
नीके हैं प्रतीत रावरे सुभाव सील की।
देव तौ दयानिकेत, देत दादि दीनन की,
मेरी बार मेरे ही अभाग नाथ ढील की॥१८॥

शब्दार्थ—पूत = पुत्र। पातकीस = अजामिल। आरति = दुःख। निवारी = दूर किया। पाहि = रक्षा करो। पील = हाथी। छौंड़ी = लड़की। भोंड़े = भद्दे। बिसारिबों = भुलायेंगे।

भावार्थ—अपने पुत्र का नाम भूल से स्मरण करने से पातकियों के सरदार (अजामिल) को पवित्र कर दिया। और 'रक्षा करो' ऐसा कहते ही गजराज का दुःख दूर कर दिया। छलियों की लड़की, अभागी, जाति-पाँति में छोटी तथा गँवार शवरी को अपने में लीन कर लिया। अब आप तुलसी को भी तार दें। अन्त में मुझे ही न भूल जायँ। आपके शील-स्वभाव का मुझे खूब भरोसा है। हे देव, आप तो दयाधाम हैं ! गरीबों की सदा ही सहायता करते हैं। हे नाथ ! अब मेरी बार ही दुर्भाग्य से आपने ढिलाई की है।

अलंकार—प्रमाण।

आगे परे पाहन कृपा, किरात, कोलनी,
कपीस, निसिचर अपनाए नाए माथ जू।

साँची सेवकाई हनुमान की सुजानराय,
ऋनियाँ कहाये हौ बिकानो ताके हाथ जू।
'तुलसी' से खोटे खरे होत ओट नाम ही की,
तेजी माटी मगहू की मृगमद साथ जू।
बात चले बात को न मानिबो बिलग, बलि,
काकी सेवा रीझि कै नेवाजे रघुनाथ जू ? ।।१९।।

शब्दार्थ—कोलनी = शबरी। कपीस = सुग्रीव। निसिचर = विभीषण। सुजानराय = ज्ञानियों में श्रेष्ठ। तेजी = मँहगी। माटी मगहू की = मार्ग की धूल भी। मृगमद = कस्तूरी। बात चले बात को = (मुहावरा) प्रसंग आने पर कहने का। बिलग = बुरा। काकी = किसकी। रीझि कै = प्रसन्न होकर।

भावार्थ—हे नाथ ! आपने कृपा करके अपने आगे पड़ी शिला को तथा किरात भीलनी, सुग्रीव और केवल सिर नवाने से (शरणागत होने से) राक्षस विभीषण को अपना लिया। हे सुजान शिरोमणि ! सच्ची सेवा तो आपकी हनुमान् जी ने की, जो आप उनके ऋणी कहलाये और उनके हाथ बिक गये। तुली के समान दम्भी भी आपके नाम की ओट लेने से ही सच्चे हो जाते हैं, जैसे रास्ते की मिट्टी कस्तूरी के संसर्ग से बहुमूल्य हो जाती है। इस प्रसंग पर यदि मैं कोई बात पूछूं तो बुरा न मानियेगा। हे रघुनाथ जी ! मैं आपकी बलि जाता हूँ; भला आपने किसकी सेवा से रीझकर सेवा की है ? अर्थात् आपने अपनी कृपालुता से अपने सेवकों को बढ़ाया है, किसी ने भी ऐसी सेवा नहीं की जिससे आप रीझ सकें।

कौसिक की चलत, पषान की परस पायँ,
टूटत धनुष बनि गई है जनक की।
कोल पसु सबरी बिहंग भालु रातिचर,
रतिन के लालचिन प्रापति मनक की।।
कोटि-कला-कुसल कृपालु नतपाल, बलि,
बातहू कितिक तिन 'तुलसी' तनक की।
राइ दसरत्थ के समर्त्थ राम राजमनि,
तेरे हेरे लोपै लिपि बिधिहू गनक की ।।२०।।

शब्दार्थ—परस = स्पर्श। बन गई = कार्य सिद्धि हुई। रतिन के =

रतियों के। प्रापति = प्राप्ति। मनक की = एक मन की। नतपाल = शरणागतरक्षक। तिन = तृण। तनक = छोटे से। हेरे = देखने से। लोपै = मिट जाती है। लिपि = लेख। गनक = गणक, ज्योतिषी।

भावार्थ—विश्वामित्र की कार्यसिद्धि केवल साथ चल देने से, शिला बनी हुई अहल्या की चरणस्पर्श मात्र से, और राजा जनक की कार्यसिद्धि धनुष टूटने से हो गयी। कोल पशु (सुग्रीव), शबरी, जटायु, भालू और विभीषण आदि राक्षसों को रत्ती भर का लालच था, उनको मनभर की प्राप्ति हो गयी—मनोवांछित मिल गया है। हे करोड़ों कलाओं में कुशल एवं विनीत की रक्षा करने वाले दयालु ! आपकी बलिहारी है। तिनके के समान तुच्छ इस तुलसीदास की बात ही कितनी है ? हे महाराज दशरथ के पुत्र, सब कुछ करने में समर्थ रामचन्द्र जी, आपके देखने मात्र से ब्रह्मा जैसे ज्योतिषी का लिखा हुआ निरर्थक हो जाता है।

सिला-साप-पाप, गुह गीध को मिलाप,
सबरी के पास आप चलि गए हौ सो सुनी मैं।
सेवक सराहे कपिनायक बिभीषन,
भरत सदा सादर सनेह सुरधुनी मैं॥
आलसी अभागी 'अघी-आरत-अनाथपाल',
साहेब समर्थ एक नीके मन गुनी मैं।
दोष दुख दारिद दलैया, दीनबंधु राम,
'तुलसी' न दूसरो दयानिधान दुनी मैं॥२१॥

शब्दार्थ—सुरधुनी = गंगा। मै = मय = पवित्र। नीके = अच्छी तरह। गुनी = विचार कर लिया। दुनी = दुनियाँ।

भावार्थ—मैंने वह सब सुना है कि किस प्रकार आपने पाप से शापित शिला (अहल्या) का उद्धार किया। गुह और गृध्र जटायु से मिले एवं बिना बुलाये शबरी के पास चले गये और राजसभा में भरत से अपने सेवक सुग्रीव और विभीषण के पवित्र स्नेह की अत्यन्त आदरपूर्वक सराहना की। मन में अच्छे प्रकार से विचार कर लिया कि आलसी, अभागी, पापी, दुखी और अनाथों की रक्षा करने में एक स्वामी रामचन्द्र जी ही समर्थ हैं। हे रामजी, संसार में दोष, दुःख और दरिद्र को दूर करने वाला, दीनों का बंधु, और दया का घर आपके अतिरिक्त कोई दूसरा नहीं।

मीत बालि-बन्धु, पूत, दूत दसकंध-बन्धु,
सचिव, सराध कियो सबरी जटाइ को।
लंक जरी जोहे जिय सोच सो बिभीषन को,
कहौ ऐसे साहेब की सेवा न खटाइ को॥
बड़े एक एक तें अनेक लोक लोकपाल,
अपने अपने को तौ कहैगा घटाइ को।
साँकरे के सेइबे, सराहिबे सुमिरिबे को,
राम सो न साहिब, न कुमति-कटाइ को॥२२॥

शब्दार्थ—मीत = मित्र। सचिव = मंत्री। जोहे = देखकर। न खटाइ को = कौन नहीं निबाह सकेगा। साँकरे के = संकट में। कुमति-कटाइ को = कुमति को काटने वाला।

भावार्थ—(बालि की हत्या करके) बालि के भाई सुग्रीव को अपना मित्र, उसके पुत्र अंगद को दूत, रावण (शत्रु) के भाई विभीषण को सचिव बनाया तथा जटायु और शबरी का श्राद्ध किया। लंका को जली देखकर उनके मन में चिन्ता हुई कि विभीषण को मुझे जली हुई लंका देनी पड़ी। कहो, भला ऐसे स्वामी की सेवा में कौन नहीं निभ जायेगा। अनेक लोकों में एक से एक बड़े लोकपाल है, और अपने-अपने उन स्वामियों की यशोगाथा घटा-बढ़ाकर कोई नहीं कहेगा। परन्तु दुख में सहायता करने, सराहने और स्मरण करने तथा कुमति को नष्ट करने को राम के समान स्वामी कोई दूसरा नहीं है।

भूमिपाल, ब्यालपाल, नाकपाल, लोकपाल,
कारन-कृपालु, मैं सबै के जी की थाह ली।
कादर को आदर नाहिं काहू के देखियत,
सबनि सोहात है सेवा सुजानि टाहली॥
तुलसी सुभाय कहै, नाहीं कछु पच्छपात,
कौनै ईस किये कीस भालु खास माहली।
राम ही के द्वारे पै बोलाइ सनमानियत,
मोसे दीन दूबरे कुपूत कूर काहली॥२३॥

शब्दार्थ—ब्यालपाल = सर्पराज, शेषनाग या नाग वासुकि। नाकपाल = स्वर्गपालक इन्द्र आदि। कादर = डरपोक। सेवा सुजान = सेवा करने में चतुर।

टाहली = टहलुआ, सेवक। माहली = महल का सेवक। काहली = सुस्त, आलसी।

भावार्थ—कवि तुलसीदास कहते हैं कि मैंने पृथ्वी के राजाओं; सर्पराजों; स्वर्गपालकों (इन्द्रादि) और लोकपालों आदि सबके मन की थाह (टोह) ली है। ये सब कारणवश (स्वार्थवश) ही कृपा करते हैं। सबको सेवा करने में चतुर सेवक की सेवकाई ही अच्छी लगती है। मैं सहज भाव से, बिना पक्षपात किये कहता हूँ कि ऐसा कोई स्वामी नहीं है जिसने बानरों और भालुओं को अपने अन्तःपुर का (रनिवास का) सेवक बनाया हो। श्री रामचन्द्र ही के द्वार पर मेरे समान दीन, दुर्बल, कुपूत, कायर और आलसी को बुलाकर सम्मान किया जाता है। अन्यत्र ऐसे जीवों का आदर नहीं होता है।

सेवा अनुरूप फल देत भूप कूप ज्यों,
बिहूनेगुन-पथिक पियासे जात पथ के।
लेखे जोखे चोखे चित 'तुलसी' स्वारथहित,
नीके देखे देवता देवैया घने गथ के॥
गीध मानो गुरु, कपि भालु मानो मीत कै,
पुनीत गीत साके सब साहेब समत्थ के।
और भूप परखि सुलाखि तौलि ताइ लेत,
लसम के खसम तुही पै दसरत्थ के॥२४॥

शब्दार्थ—बिहूने = बिना। गुन = गुण, रस्सी। लेखे जोखे = विचार कर लिया। चोखे = निष्कपट। घने = बहुत। गथ = धन। साके = विरुदावली। परखि सुलाखितौली, ताई लेत = परीक्षा, सूराख द्वारा भीतरी भाग का परीक्षण, तौल और दाह यही चार स्वर्ण परीक्षा के माध्यम हैं। लसम = खोटा, निकम्मा। खसम = स्वामी।

भावार्थ—संसार के और राजा कुएँ की तरह सेवा के अनुकूल फल देते हैं। जैसे मार्ग में राही रस्सी पास न होने के कारण प्यासे लौट जाते हैं वैसे ही बिना सद्गुणों के याचक लोग राजा के पास से विमुख हो जाते हैं। तुलसीदास कहते हैं कि मैंने निष्कपट चित्त से विचार करके भली भाँति देख लिया है कि अपने स्वार्थ के लिए (अर्थात् सेवा करने के लिए) धन देने वाले देवता तो बहुत से हैं, पर जटायु को पिता के सदृश मानने वाले और बानरों तथा भालुओं को मित्र करके मानने वाले पवित्र गति और विरुदावली वाले सामर्थ्य-

वान् स्वामी रामचन्द्र जी हैं। और राजा तो अच्छी तरह जाँच कर अपना सेवक छाँटते हैं पर हे दशरथ के पुत्र रामचन्द्र जी, निकम्मे आदमी के स्वामी केवल तुम्हीं हो।

अलंकार—श्लेष, उपमा।

रीति महाराज की नेवाजिये जो माँगनो सो,
दोष-दुख-दारिद-दरिद्र कै कै छोड़िये।
नाम जाको कामतरु देत फल चारि, ताहि,
'तुलसी' बिहाइ कै बबूर रेंड़ गोड़िये॥
जाँचै को नरेस, देस-देस को कलेस करै,
दैहै तौ प्रसन्न ह्वै बड़ी बड़ाई बौंड़िये।
कृपापाथनाथ लोकनाथ नाथ सीतानाथ,
तजि रघुनाथ-हाथ और काहि ओड़िये ?॥२५॥

शब्दार्थ—दोष-दुःख-दारिदादरिद्र कै कै छोड़िए = दोष, दुख और दारिद्रय को भी दरिद्र करके छोड़ते हैं, अर्थात् नाश कर देते हैं। कामतरु = कल्पवृक्ष। फलचारी = धर्म, अर्थ, काम और मोक्ष। बिहाइ = छोड़कर। जाँचे = माँगे। बड़ी बड़ाई = बहुत बढ़कर। गोड़िये = सेवा करिये। बौंड़िये = दमड़ी की कौड़ी। पाथ = जल। पाथनाथ = समुद्र।

भावार्थ—महाराज रामचन्द्र जी की रीति अद्‌भुत है। वे जिस याचक पर दया करते हैं उसको कुछ देने के बजाय, सम्पन्न करने के बजाय उसे दोष, दुःख और दारिद्रय से दरिद्र कर देते हैं। अर्थात् उसकी यह तीन सम्पत्ति तत्काल छीन लेते हैं। रामचन्द्र जी का नाम धर्म, अर्थ काम और मोक्ष फलदाता कल्पवृक्ष की भाँति है। (तुलसीदास कहते हैं) कि इस प्रकार के फलदार वृक्ष को छोड़कर बबूल और रेंड़ को कौन रोपेगा ? कोइ नहीं रोपेगा। राजाओं इत्यादि से माँगना ऐसा ही है। उनसे कौन माँगे और उस माँगने के लिये देश-विदेश कौन घूमे ? यदि वे देंगे भी तो दमड़ी की कौड़ी ही देंगे। इसलिए कृपासागर लोकपालों के स्वामी सीतानाथ रामचन्द्र जी को छोड़कर किसी से याचना क्यों की जाय ?

विशेष—रामचन्द्र जी के इस अकारण स्नेह के बारे में विनयपत्रिका में भी इस प्रकार के कई पद हैं।

अलंकार—विरोध ।

जाके बिलोकत लोकप होत बिसोक, लहैं, सुरलोग सुठौहहि ।
को कमला तजि चंचलता करि कोटि कला रिझवै मुरमौरहि ।।
ताको कहाय, कहै 'तुलसी', तू लजाहि न माँगत कूकुर कौरहि ।
जानकीजीवन को जन ह्वै जरि जाउ सो जीह जो जाँचत औरहि ।।२६।।

शब्दार्थ—कमला = लक्ष्मी । रिझावै = प्रसन्न करती है । जानकीजीवन = रामचन्द्रजी । जरिजाउ = जल जावे । जीह = जीभ ।

भावार्थ—जिसकी दृष्टिमात्र से मनुष्य लोकपाल हो जाता है और देवता लोग सुन्दर शोकरहित स्थान को प्राप्त कर लेते हैं, वह लक्ष्मी (अपनी स्वाभाविक) चंचलता त्याग कर करोड़ों उपायों से विष्णु रूप श्री रामचन्द्र को रिझाती हैं; तुलसीदास जी कहते हैं कि तू उनका कहलाकर कुत्ते को दिया जाने वाला टुकड़ा माँगने से लज्जित नहीं होता ? जानकीप्राण रामचन्द्र के सेवक को भी यदि माँगना पड़ता है तो माँगने वाले की जीभ ही माँगने के पहले क्यों न जल जाय ।

विशेष—इसमें 'अनन्य भाव' का संकेत है ।

जड़ पंच मिले जेहि देह करी, करनी लखु धौं धरनीधर की ।
जन की कहु क्यों करिहै न सँभार, जो सार करै सचराचर की ।।
'तुलसी' कहु राम समान को आन है, सेवकि जासु रमा घर की ।
जग में गति जाहि जगत्पति की, परवाह है ताहि कहा नर की ।।२७।।

शब्दार्थ—जड़ = अचैतन्य । पंच = पंचतत्त्व (क्षिति, जल, पावक, गगन और समीर) । धरणीधर = रामचन्द्रजी (इस छन्द में) सार करै = संभाल करना । आन = दूसरा । रमा = लक्ष्मी । गति = शरण ।

भावार्थ—उस राम की यह लीला तो देखिये कि उसने पाँच जड़ तत्त्वों को मिलाकर चेतन शरीर बना दिया है । जो जड़ चेतन सबकी देखभाल करता है वह अपने भक्तों की देखभाल क्यों नहीं करेगा ? हे तुलसीदास ! तुम्ही बतलाओ कि रामचन्द्र जी के समान दूसरा कौन है ? अर्थात् कोई नहीं इसलिए संसार में जिसके आश्रय राम भगवान् हैं, उसे क्या परवाह है ।

जग जाँचिये कोऊ न; जाँचिये जौ जिय जाँचिये जानकी-जानहि रे।
जेहि जाँचक जाचकता जरि जाइ, जो जारति जोर जहानहि रे।
गति देखु बिचारि विभीषन की, अरु आनु हिये हनुमानहि रे।
तुलसी भजु दारिद-दोष-दवानल, संकट कोटि कृपानहि रे ।।२८।।

शब्दार्थ—जारति = जलाती हैं। आनु हिये = हृदय में ध्यान करो। दवानलु = दावाग्नि, वन की आग।

भावार्थ—यदि माँगना ही है तो संसार में किसी से कुछ नहीं माँगना चाहिए बल्कि जानकीनाथ रामचन्द्र जी से ही मन ही माँगो जिससे माँगते ही याचकता (दरिद्रता, कामना) जल जाती है, जो सारे संसार को जला रही है, कष्ट दे रही है। विभीषण की दशा का विचार करके देखो और हनुमान् जी का भी स्मरण करो। तुलसीदास कहते हैं कि हे तुलसीदास ! दरिद्रता रूपी दोष को जलाने के लिए दावानल की भाँति और करोड़ों संकटों को काटने के लिए कृपाण रामचन्द्र जी को ही भजो।

सुनु कान दिए नित नेम लिये रघुनाथहि के गुनगाथहि रे।
सुख-मंदिर सुन्दर रूप सुधा उर आनि धरे धनु-भाथहि रे।
रसना निसि बासर सादर सों 'तुलसी' जपु जानकीनाथहि रे।
करु संग सुसील सुसंतन सों, तजि कूर कुपंथ कुसाथहि रे ।।२९।।

शब्दार्थ—नेम लिये = नियमपूर्वक। गुनगाथहि = गुणों की कथा। कूर = कपटी।

भावार्थ—हे तुलसीदास ! नित्य नियमपूर्वक कान लगाकर (ध्यान देकर) श्री रघुनाथ जी की गुणगाथा सुनो। धनुष और तरकस धारण किये हुए (श्री रामचन्द्र जी के) सुख के स्थान रामचन्द्र जी के सुन्दर स्वरूप का हृदय में ध्यान करो। जीभ से रातदिन रामचन्द्र जी के नाम का जाप करो। सुशील और संत पुरुषों का साथ करो एवं कपटी, कुपंथी और कुसङ्गी का साथ छोड़ दो।

विशेष—कवि इन पदों में स्वयं ही वक्ता और श्रोता दोनों हैं।

सुत, दार, अगार, सखा, परिवार बिलोकु महा कुसमाजहि रे।
सबकी ममता तजिकै, समता सजि संतसभा न बिराजहि रे।

नरदेह कहा, करि देखु बिचार, बिगारु गँवार न काजहि रे।
जनि डोलहि लोलुप कूकर ज्यों, 'तुलसी' भजु कोसलराजहि रे ।।३०।।

शब्दार्थ = दार = दारा। अगार = घर। कुसमाजहि = दुःखदायी संग। ममता = यह मेरा है ऐसा भाव, मोह। डोलहि = भ्रमण करो। लोलुप = लालची।

भावार्थ = पुत्र, स्त्री, घर, मित्र, परिवार को बड़ा दुखदायी समझो। इन सबकी ममता छोड़कर और समदर्शी बनकर सज्जनों की संगति में क्यों नहीं बैठते ? जरा विचार करके इस नर शरीर के माहात्म्य को तो देखो। ऐ गँवार (मूर्ख), अपने काम को मत बिगाड़ो। लालची कुत्ते की तरह दर-दर मारे-मारे मत फिरो, बल्कि श्री रामचन्द्र का भजन करो।

विषया पर नारि, निसा-तरुनाई, सु पाइ परचौ अनुरागहि रे।
जम के पहरू दुख रोग बियोग, बिलोकतहू न बिरागहि रे।
ममताबस तैं सब भूलि गयो, भयो भोर महाभय भागहि रे।
जरठाइ दिसा रविकाल उग्यो, अजहूँ जड़ जीव न जागहि रे ।।३१।।

शब्दार्थ—विषया = इन्द्रियों के विषय। तरुनाई = यौवन। भोर = प्रातः-काल। जरठाई = बुढ़ापा। दिसा = पूरब दिशा।

भावार्थ—युवावस्था रूपी रात्रि पाकर तू विषय रूपी परस्त्री के रूप पर आसक्त हो गया है। यमराज के पहरेदार दुःख, रोग और वियोग को देखकर भी तुझे वैराग्य नहीं होता है। ममता (मैं अरु मोर तोर तैं माया) वश होकर तू सब भूल गया है परन्तु अब रात्रि समाप्त हो गयी है अर्थात् युवा-वस्था समाप्त है इस महान् भय से भाग जा। बुढ़ापा रूपी पूर्व दिशा में अब मृत्यु रूपी सूर्य का उदय हो चुका है। अरे जड़ जीव, तू अब भी नहीं जागता ?

विशेष—वैराग्य के लिए सांसारिकता का त्याग अनिवार्य है। इस प्रकार के उपदेशों में रूपक का आश्रय संतों ने भी लिया है।

अलंकार—साङ्ग रूपक।

जनम्यो जेहि जोनि अनेक क्रिया सुख लागि करी, न पर बरनी।
जननी जनकादि हितू भये भूरि, बहोरि भई उर की जरनी।

तुलसी अब राम को दास कहाइ हिये धरु चातक की धरनी।
करि हंस को बेष बड़ो सब सों, तजि दे बक बायस की करनी ।।३२।।

शब्दार्थ—हितू = हित चाहने वाला। भूरि = बहुत। बहोरि = फिर। धरनी = प्रतिज्ञा। चातक की धरनी = चातक की तरह अपने स्वामी की दृढ़ भक्ति। करि हंस को वेष = भक्तों का वेष बनाकर। बक की करनी = छल कपट करना। बायस की करनी = चंचलता और अविश्वास।

भावार्थ—तुलसीदास कहते हैं कि जिस योनि में जन्म लिया उसमें सुखभोग के लिए अनेक कर्त्तव्य किये जिनका वर्णन नहीं हो सकता है। उस योनि में माता पिता आदि अनेक हित चाहने वाले हुए फिर भी हृदय की जलन बनी रही है। अतएव अब श्री रामचन्द्र जी का भक्त कहलाकर चातक की तरह अपने स्वामी की दृढ़ भक्ति करो और भक्तों का वेष बनाकर छल करना और किसी पर विश्वास न करना छोड़ दो।

अलंकार—ललित।

भलि भारतभूमि, भले कुल जन्म समाज सरीर भलो लहि कै।
करषा तजि कै, परुषा बरषा, हिम मारुत घाम सदा सहि कै।
जो भजै भगवान सयान सोई 'तुलसी' हठ चातक ज्यों गहि कै।
नतु और सबै बिष बीज बये हर-हाटक कामदुहा नहि कै ।।३३।।

शब्दार्थ—भलो समाज = सत्संगति। भलो सरीर = नर देह। लहिके = पाकर। करषा = क्रोध। परुषा = कठोर। नतु = नहीं तो। बए = बोये। हर-हाटक = सोने का हल। कामदुहा = कामधेनु।

भावार्थ—भारतवर्ष की पवित्र भूमि है, उत्तम (आर्य) कुल में जन्म हुआ है, समाज और शरीर भी उत्तम मिला। तुलसीदास जी कहते हैं कि ऐसी अवस्था में जो पुरुष क्रोध और कठोर वचन त्यागकर वर्षा, जाड़ा, वायु और घाम को सहन करते हुए चातक की भाँति हठपूर्वक भगवान् श्री राम का भजन करता है, वही चतुर (दूरन्देश) है। अन्यथा और सब तो सुवर्ण के हल में कामधेनु को जोतकर (केवल) विष-बीज बोते हैं।

अलंकार—ललित तथा अंतिम चरण में रूपक।

सो सुकृती, सुचिमंत, सुसंत, सुजान, सुसील-सिरोमनि स्वै।
सुर तीरथ तासु मनावत आवत, पावन होत हैं ता तन छ्वै।

गुनगेह सनेह, को भाजन सो, सब ही सों उठाइ कहौं भुज द्वै ।
सति भाय सदा छल छाँड़ि सबै तुलसी जो रहै रघुबीर को ह्वै ।।३४।।

शब्दार्थ—सुकृति = पुण्यात्मा । सुचिमंत = पवित्र । स्वै = (सोई), वही । छ्वै = छूकर । सति भाय = सद्‌भाव से ।

भावार्थ—तुलसीदास जी कहते हैं, मैं सबसे दोनों भुजाएँ उठाकर कहता हूँ कि जो पुरुष सच्चे हृदय (भाव) से सब प्रकार का छल छोड़कर रघुनाथ जी का होकर रहता है, वही पुण्यात्मा, पवित्र, साधु, सुजान और सुशील शिरोमणि है; देवता और तीर्थ उसके मनाते ही आ जाते हैं और उसके शरीर का स्पर्श कर स्वयं भी पवित्र हो जाते हैं तथा वह सभी प्रकार के गुणों का आकर और सबका स्नेह भाजन हो जाता है ।

अलंकार—निदर्शना ।

सो जननी, सो पिता, सोइ भाइ, सो भामिनि, सो सुत, सो हित मेरो ।
सोई सगो, सो सखा, सोइ सेवक, सो गुरु, सो सुर, साहिब चेरो ।
सो तुलसी प्रिय प्रान समान, कहाँ लौं बनाइ कहौं बहुतेरो ।
जो तजि देह को गेह को नेह, सनेह सों राम को होइ सबेरो ।।३५।।

शब्दार्थ—हित = हितकारी । सगो = निकटस्थ । कहाँ लौं = कहाँ तक । बनाइ कहौं = बढ़ाकर कहूँ । सबेरो = शीघ्र ।

भावार्थ—तुलसीदास जी कहते हैं, जो पुरुष शरीर और घर की ममता को त्यागकर जितनी ही जल्दी रामभक्त हो जाता है, वही माता है, वही पिता है, वही भाई है, वही स्त्री है, वही पुत्र है, वही हितैषी है, तथा वही मेरा सम्बन्धी, वही मित्र, वही सेवक, वही गुरु, वही देवता, वही स्वामी और वही सेवक (अर्थात् वही सब कुछ) है । अधिक कहाँ तक बढ़ाचढ़ा कर कहूँ वह मुझे प्राणों से भी प्रिय है ।

अलंकार—तुल्ययोगिता ।

राम हैं मातु पिता गुरु बन्धु औ संगी सखा सुत स्वामी सनेही ।
राम की सौंह भरोसो है राम को, रामरँग्यो रुचि राच्यो न केही ।
जीयत राम, मुये पुनि राम, सदा रघुनाथहि की गति जेही ।
सोइ जियै जग में 'तुलसी', नतु डोलत और मुये धरि देही ।।३६।।

शब्दार्थ—सौंह = सपथ। राच्यो न केही = किसी पर अनुरक्त न हुआ। गति = शरण। मुए धरि देही = देह धरे हुए भी मरे के समान।

भावार्थ—श्रीरामचन्द्र जी ही मेरी माता हैं, वे ही पिता हैं तथा वही गुरु, बन्धु, साथी, सखा, पुत्र, प्रभु और प्रेमी हैं। श्री रामचन्द्र की शपथ है, मुझे तो राम का ही भरोसा है, मैं राम ही के रंग में रँगा हुआ हूँ, दूसरे में रुचिपूर्वक मेरा मन ही नहीं लगता है। तुलसीदास कहते हैं—जिसे जीते हुए भी राम से स्नेह है और जो मरने पर भी राम ही में मिल जाता है (इस प्रकार सदैव जिसे राम ही का भरोसा है) वही संसार में जीता है अन्यथा अन्य सभी मृतक लोग ही शरीर धारण किये हुए इधर-उधर घूमते हैं।

सियराम-सरूप अगाध अनूप, बिलोचन मीनन को जलु है।
स्रुति रामकथा, मुख राम को नाम, हिये पुनि रामहि को थलु है।
मति रामहिं सों, गति रामहि सों, रति राम सों रामहि को बलु है।
सब की न कहैं तुलसी के मते इतनो जग जीवन को फलु है ॥३७॥

शब्दार्थ—अगाध = गंभीर। अनूप = अनुपम। स्रुति = कान। थलु = स्थान। गति = पहुँच। मते = विचार से।

भावार्थ—श्री राम और जानकी जी का अनुपम सौंदर्य नेत्ररूपी मछलियों के लिए अगाध जल है। कानों में श्री राम की कथा, मुख में श्री राम का नाम और हृदय में राम जी का ही स्थान है। बुद्धि भी राम में लगी हुई है। राम ही तक गति है। (वस्तुतः) प्रीति और बल दोनों राम के कारण और उन्हीं से हैं और सबकी बात ही नहीं कहता, परन्तु तुलसीदास के मत में तो जगत् में जीने का फल ही यही है।

दसरत्थ के दानि - सिरोमनि राम, पुरान प्रसिद्ध सुन्यो जसु मैं।
नरनाग सुरासुर जाचक जो तुम सों मनभावत पायो न कैं।
'तुलसी' कर जोरि करै बिनती जो कृपा करि दीनदयाल सुनैं।
जेहि देह सनेह न रावरे सों अस देह धराइ कै जाय जियैं ॥३८॥

शब्दार्थ—जसु = यश। नाग = सर्प। जाचक = याचक। अस = ऐसा। जाय = व्यर्थ।

भावार्थ—दानियों में श्रेष्ठ हे दशरथ के पुत्र रामचन्द्र जो! मैंने आपका

पुराणप्रसिद्ध यश सुना है। नर, नाग, सुर तथा असुरों में जितने भी आपके याचक बने, उनमें से किसने आपसे अपना इच्छित पदार्थ नहीं पाया ? यदि दीनवत्सल प्रभु राम कृपा करके सुनें तो तुलसीदास हाथ जोड़कर विनय करता है कि जिस देह से आपके प्रति स्नेह न हो ऐसी देह धारण कर जीवित रहना व्यर्थ है।

'झूठो है, झूठो है, झूठो सदा जग' संत कहंत जे अंत लहा है।
ताको सहै सठ संकट कोटिक, काढ़त दंत, करंत हहा है।
जानपनी को गुमान बड़ो, 'तुलसी' के बिचार गँवार महा है।
जानकीजीवन जान न जान्यो तौ जान कहावत जान्यौ कहा है ॥३९॥

शब्दार्थ=जे अन्त लहा है=जिन्होंने अनुभव के द्वारा संसार का अंत समझ लिया है। काढ़त दन्त=अति विनीत भाव से प्रार्थना करता है। जानपनी=ज्ञानीपना। गँवार=मूर्ख। जान=ज्ञानी।

भावार्थ—हे शठ ! वे सभी ज्ञानी और संत व्यक्ति जिन्होंने इस संसार के अन्त को भलीभाँति समझ लिया है—वे सभी यह कहते हैं कि यह संसार झूठा है, झूठा है, झूठा है। अर्थात् जगत् मिथ्या है और उसी असत्य के लिए हे मूर्ख तू उसी संसार के लिए विनती कर रहा है, हाहा करता है और करोड़ों रोग आदि कष्टों को सहता है। मुझे अपने ज्ञानीपने का बड़ा घमण्ड है, परन्तु तुलसीदास के विचार से तू महामूर्ख है। अगर तुझे रामचन्द्र जी का ज्ञान न हुआ तो तू क्या जानकर ज्ञानी है ?

तिन्ह तें खर सूकर स्वान भजे, जड़ाबस ते न कहैं कछु वै।
'तुलसी' जेहि राम सों नेह नहीं सौ सही पसु पूँछ बिखान न द्वै।
जननी कत भार मुई दस मास, भई किन बाँझ, गई किन च्वै।
जरि जाउ सो जीवन, जानकीनाथ! जियै जग में तुम्हरो बिन ह्वै ॥४०॥

शब्दार्थ—खर=गधा। स्वान=कुत्ता। कछु वै=कुछ भी। बिखान=सींग। भार=बोझ। मुई=मर मिटी। गई किन च्वै=उसका गर्भपात क्यों नहीं हो गया। किन=क्यों नहीं। जरि जाउ=नष्ट हो जाय।

भावार्थ—तुलसीदास जी कहते हैं कि जिसे राम से स्नेह नहीं है वह वस्तुतः सींग पूँछ हीन पशु है। गधे, सुअर, कुत्ते आदि उनसे अच्छे हैं क्योंकि

वे जड़ता के कारण कुछ कहते और सोचते ही नहीं हैं। ऐसे व्यक्तियों की माता दस महीने तक उनको पेट में रखकर बेकार ही परेशान हुई। इससे अच्छा तो उसका बाँझ होना था। उसका गर्भ ही क्यों नहीं गिर गया। हे जानकीनाथ, जो पुरुष संसार में तुम्हारा हुए बिना जीता है उसका जीवन जल जाय (जला देने के योग्य है)।

गज-बाजि-घटा, भले भूरि भटा, बनिता सुत भौंह तकैं सब वै।
धरनी धन धाम सरीर भलो, सुरलोकहु चाहि इहै सुख स्वै।
सब फोटक साटक है तुलसी, अपनो न कछू सपनो दिन द्वै।
जारि जाउ सो जीवन जानकीनाथ ! जियै जग में तुम्हरो बिनु ह्वै ॥४१॥

शब्दार्थ—घटा = समूह। भटा = योद्धा। बनिता = पत्नी। वै = ही। चाहि = बढ़कर। स्वै = वही। फोकट = छूंछा। सारक = छिलका, भूसी।

भावार्थ—हाथी, घोड़ों के समूह, अनेक अच्छे-अच्छे वीर हैं, स्त्री पुरुष सभी भौंहों को ताकते रहते हैं; पृथ्वी, धन, घर, शरीर—सब कुछ अच्छे हैं। देवलोक से भी यह बढ़कर है। परन्तु तुलसीदास कहते हैं कि यह सब भूसी है (तुच्छ है) अपना तो कुछ है ही नहीं। सब दो दिन का सपना है। हे जानकीनाथ ! जो संसार में तुम्हारा हुए बिना जीता है, उसका जीवन जल जाय, नष्ट हो जाय।

सुरराज सो राज-समाज, समृद्धि बिरंचि, धनाधिप सो धन भो।
पवमान सो, पावक सो, जम-सोम सो, पूषन सो भवभूषन भो।
करि जोग समीरन साधि, समाधि कै, धीर बड़ो, बसहू मन भो।
सब जाय सुभाय कहै 'तुलसी' जो न जानकीजीवन को जन भो ॥४२॥

शब्दार्थ—सुरराज = इन्द्र। समृद्धि = सम्पन्नत। बिरंचि = ब्रह्मा। धनाधिप = कुबेर। पवमान = वायु। पूषन = सूर्य। भव = संसार।

भावार्थ—इन्द्र के समान राज्य समृद्धि हो, ब्रह्मा के समान ऐश्वर्य हो, कुबेर के समान धन हो, वायु के समान गति, अग्नि के समान तेज, चन्द्रमा के समान यश, सूर्य के समान संसार का भूषण हो, वायु (प्राणवायु) को साधकर योगाभ्यास के द्वारा समाधि के माध्यम से बड़ा धीर और मन को वश में करने वाला हो गया हो तो भी यदि जानकीनाथ रामचन्द्र का सेवक न हुआ तो तुलसीदास जी सच्चे भाव से कहते हैं कि सब व्यर्थ है।

काम से रूप, प्रताप दिनेस से, सोम से सील, गनेस से माने।
हरिचंद्र से साँचे, बड़े बिधि से, मघवा से महीप बिषै-सुखसाने।
सुक से मुनि, सारद से बकता, चिरजीबन लोमस तें अधिकाने।
ऐसे भये तो कहा तुलसी जु पे राजिवलोचन राम न जाने ।।४३।।

शब्दार्थ—माने = पूज्यमान। मघवा = इन्द्र। सुक = शुकदेव। चिर जीवन = जिरञ्जीवी।

भावार्थ—यदि कमलनयन (भगवान्) राम को (मनुष्य ने) नहीं जाना (भक्त न हुआ) तो वह रूप में कामदेव सा, प्रताप में सूर्य, शील में चन्द्रमा, मान में गणेश जी के समान एवं हरिश्चन्द्र सा सच्चा, ब्रह्मा जैसा महान्, विषय सुख में आसक्त इन्द्र के समान राजा, शुकदेव मुनि सा महात्मा, शारदा के समान वक्ता और लोमस से भी अधिक चिरजीवी हो जाने से भी क्या लाभ हुआ ?

झूमत द्वार अनेक मतंग जँजीर जरे मदअंबु चुचाते।
तीखे तुरंग, मनोगति चंचल, न पौन के गौनहुँ तें बढ़ि जाते।
भीतर चन्द्रमुखी अवलोकति बाहर भूप खरे न समाते।
ऐसे भये तौ कहा 'तुलसी' जुपै जानकीनाथ के रंग न राते ।।४४।।

शब्दार्थ—मतंग = मत्त हाथी। जंजीर जरे = लोहे की साँकलों से जकड़े हुए। मद अंबु चुचाते = गंड स्थल से मद का जल टपकाते। तीखे = वेगवान्। गौन = वेग।

भावार्थ—यदि दरवाजे पर गंडस्थल से मद का जल टपकाते हुए, जंजीरों में जकड़े हुए अनेक हाथी झूमते हों; मन की गति से भी तीव्र वेग वाले चंचल घोड़े जो वायु की गति से भी बढ़ जाते हों; घर में चन्द्रमुखी स्त्री प्रतीक्षा कर रही हो; बाहर खड़े राजा संख्याधिक्य के कारण अँट नहीं पा रहे हों तो भी क्या ? यदि रामचन्द्र जी के प्रेम में अनुरक्त नहीं हुए तो यह सब कुछ वृथा है।

राज सुरेस पचासक को, बिधि के कर को जो पटो लिखि पाए।
पूत सपूत, पुनीत प्रिया, निज सुंदरता रति को मद नाए।
संपति सिद्धि सबै 'तुलसी' मन की मनसा चितवैं चित लाए।
जानकीजीवन जाने बिना जग ऐसेऊ जीव न जीव जाए ।।४५।।

शब्दार्थ—सुरेस = इन्द्र । मदनाये = घमंड चूर कर देती है । जाये = व्यर्थ ।

भावार्थ—ब्रह्मा के हाथ से लिखित प्रमाणपत्र द्वारा यदि पचासों इन्द्रों का राज्य प्राप्त हो गया हो, सुपूत पुत्र और पतिव्रता पत्नी हो जिसका सौन्दर्य रति के गर्व को भी चूर कर दे; संपत्ति हो, सभी सिद्धियाँ हों, मन की सभी इच्छाएँ पूरी हो जाती हों या सम्पत्ति और सिद्धियाँ मन की इच्छा पूरी करने के लिए चित्त लगाकर आज्ञा पाने की प्रतीक्षा करती हों । फिर भी यदि जानकी, जीवन श्री रामचन्द्र जी को नहीं जाना अर्थात् प्रभु की महिमा को समझ कर उनका भक्त न हुआ तो ऐसे प्राणी का जीवन ही व्यर्थ है ।

कृसगात ललात जो रोटिन को, घरवात घरे खुरपा खरिया ।
तिन सोने के मेरु से ढेरु लहे, मन तौ न भरो घर पैं भरिया ।
'तुलसी' दुख दूनो दसा दुहुँ देखि, कियो मुख दारिद को करिया ।
तजि आस भो दास रघुपति को, दसरत्थ को दानि दया दरिया ।।४६।।

शब्दार्थ—कृसगात = दुर्बल । ललात = लालायित रहता है । घरबात = घर का सामान । खुरपा = घास छीलने का औजार । खरिया = घास बाँधने की जाली । तिन = वे लोग । दुहुँ दिशा = दोनों दिशाएँ । दरिया = नदी या समुद्र ।

भावार्थ—जिनका शरीर दुबला है, जो रोटी के लिए बिलबिलाते रहते हैं और जिनके घर में पूंजी के नाम पर खुरपा और खरिया (डलिया) ही है, उन्हें भी सुमेरु पर्वत के बराबर सोने का ढेर भी मिल गया । परन्तु इससे घर अवश्य भरा मगर मन नहीं भरा । गोसाईं तुलसीदास कहते हैं कि दोनों अवस्थाओं में दूना दुख देखकर दरिद्रता का मुख काला कर दिया और सब आशा त्यागकर दशरथ सुअन श्री रामचन्द्र का दास हो गया, जो दया के मानो दरिया हैं ।

को भरिहै हरि के रितये, रितवै पुनि को हरि जौ भरिहै ।
उथपै तेहि को जेहि राम थपै ? थपिहै तेहि को हरि जौ टरिहै ।
'तुलसी' यह जानि हिये अपने सपने नहिं कालहू ते डरिहै ।
कुमया कछु हानि न औरन की जोपै जानकीनाथ मया करिहै ।।४७।।

शब्दार्थ—रितये = खाली करने से । उजाड़ = हटाना । थपै = स्थापित करना । कुमया = क्रोध ।

भावार्थ—रामचन्द्र जी के खाली करने पर कौन भर सकता है। जिसे रामचन्द्र जी उजाड़ देते हैं उसे कौन बसा सकता है और जिसे राम जी भर देते हैं उसे कौन खाली कर सकता है ? जिसकी रामचन्द्र जी स्थापना करते हैं उसे कौन उखाड़ सकता है ? (कोई नहीं) और जिसे वे उखाड़ देते हैं उसे कौन स्थापित कर सकता है ? तुलसीदास कहते हैं कि अपने मन में यह सब जानकर मैं स्वप्न में भी काल से नहीं डरता हूँ, क्योंकि यदि रामचन्द्र जी की कृपा है तो औरों के क्रोध से कोई हानि नहीं है।

ब्याल कराल, महाविष, पावक, मत्तगयंदहु के रद तोरे।
साँसति संकि चली, डरपे हुते किंकर, ते करनी मुख मोरे।
नेकु विषाद नहीं प्रहलादहि, कारन केहरि केवल होरे।
कौन की त्रास करै 'तुलसी' जोपै राखिहै राम तौ मारिहै को रे ॥४८॥

शब्दार्थ—ब्याल कराल = भयंकर साँप। महाविष = हलाहल। पावक = अग्नि। रद = दाँत। स.सति = कष्ट। किंकर = सेवक। ते = वे। नेकु = जरा भी। विषाद = दुःख। केहरि = नृसिंह। त्रास = भय।

भावार्थ—प्रह्लाद को मारने के लिए हिरण्यकशिपु ने महा विषैले भयंकर साँप भेजे, महाविष पिलाया, अग्नि में फेंक दिया परन्तु कोई असर नहीं हुआ। मतवाले हाथियों का भी कोई असर नहीं हुआ, उनके भो दाँत तोड़ दिये और वे भी भाग गये। और जो भी कष्ट दिये वे सब भगवान् के डर से भाग गये और वे सभी सेवक जो हिरण्यकशिपु से डरते थे उन्होंने आज्ञा मानना छोड़ दिया। प्रह्लाद को इन सभी स्थितियों में किंचित् भी दुःख नहीं हुआ वह केवल नृसिंह भगवान् के कारण। तुलसीदास कहते हैं कि क्यों डरे और किसका भय माने ? जिसके रामचन्द्र जी रक्षक हैं उसे कोई मार ही नहीं सकता।

कृपा जिनकी कछु काज नहीं, न अकाज कछु जिनके मुख मोरे।
करैं तिनकी परवाहि ते जो, बिनु पूँछ विषान फिरैं दिन दौरे।
'तुलसी' जेहिके रघुनाथ से नाथ, समर्थ सु सेवत रीझत थोरे।
कहा भव-भीर परी तेहि धौं, बिचरै धरनी तिन सों तिन तोरे ॥४९॥

शब्दार्थ—काज = लाभ। मुख मोरे = नाराज होने से। रीझत = प्रसन्न होते हैं। तोरे = सम्बन्ध तोड़कर, कुछ सरोकार न रखकर।

भावार्थ—जिनकी कृपा से कुछ काम नहीं बनता और न जिनके मुख मोड़ने से कुछ हानि ही होती है, उनकी परवाह वही लोग करेंगे जो बिना सींग-पूंछ के होकर ही सर्वदा दौड़ते फिरते हैं। अर्थात् पशु न होने पर भी अपने वास्तविक लक्ष्य को छोड़कर रात-दिन पेट की ही चिन्ता में लगे रहते हैं। तुलसीदास मानते हैं कि जिनके श्री रामचन्द्र जी के समान समर्थ स्वामी हैं जो थोड़ी सी सेवा करने पर ही रीझ जाते हैं, उसे संसार की क्या चिन्ता पड़ी है? वह तो ऐसे लोगों से सम्बन्ध तोड़कर पृथ्वी पर विचरण करता है।

कानन, भूधर, बारि, बयारि, महाविष व्याधि दवा अरि घेरे।
संकट कोटि जहाँ 'तुलसी' सुत मातु पिता हित बंधु न नेरे।
राखि हैं राम कृपालु तहाँ, हनुमान से सेवक हैं जेहि केरे।
नाक, रसातल, भूतल में रघुनायक एक सहायक मेरे।।५०।।

शब्दार्थ—भूधर = पर्वत। बारि = जल। बयारि = हवा। दवा = दावानल। नेरे = निकट। नाक = स्वर्ग। रसा = पृथ्वी। रसातल = पाताल।

भावार्थ—वन में, पर्वतों में, पानी में, आँधो-तूफान में, महाविष खा लेने पर, रोग, दावानल और शत्रुओं से घिर जाने पर तथा तुलसोदास यह भी कहते हैं कि जहाँ करोड़ों संकट हों और पुत्र, माता, पिता, मित्र और भाई-बन्धु कोई निकट (पास) में नहीं, वहाँ हनुमान् जिनके सेवक हैं ऐसे रामचन्द्र जी ही रक्षा कर सकते हैं। आकाश, पाताल और पृथ्वी में रामचन्द्र जी हो एकमात्र सहायक हैं।

जौ जमराज रजायसु तें मोहिं लै चलिहैं भट बाँधि नटैया।
तात न मात न स्वामि सखा सुत बंधु बिसाल बिपत्ति बँटैया।
साँसति घोर, पुकारत आरत कौन सुनै चहुँ ओर डटैया।
एक कृपालु तहाँ तुलसी दसरत्थ को नंदन बंदि कटैया।।५१।।

शब्दार्थ—जौ = जब। रजायसु = आज्ञा। भट = यमदूत। नटैया = गर्दन। बँटैया = सहभोगी। साँसति = कष्ट। डँटैया = धमकाने वाले। बंदि कटैया = बंधनों को काटने वाला।

भावार्थ—जब यमराज की आज्ञा से मेरे गले को बाँधकर यमदूत मुझे ले चलेंगे उस समय वहाँ न बाप, न माँ, न स्वामी, न मित्र, न पुत्र और न

भाई ही उस भारी विपत्ति को बाँटने वाले होंगे। वहाँ घोर कष्ट सहना होगा। उस आर्त्त पुकार को सुनेगा कौन ? क्योंकि चारों ओर तो डाँटने वाले यमदूत ही रहेंगे। गोस्वामी जी कहते हैं कि वहाँ केवल एक दयानिधान दशरथकुमार रामचन्द्र जी ही बन्धन काटने वाले रहेंगे (ईश्वर अन्तरयामी है)।

जहाँ जमजातना, घोर नदी, भट कोटि जलच्चर दंत टेवैया।
जहँ धार भयंकर वार न पार, न बोहित नाव, न नीक खेवैया।
तुलसी जहँ मातु पिता न सखा, नहिं कोऊ कहूँ अवलंब देवैया।
तहाँ बिनु कारन राम कृपालु बिसाल भुजा गहि काढ़ि लेवैया ॥५२॥

शब्दार्थ—घोर नदी = वैतरणी नदी। दंत टेवैया = दाँत तेज करने वाला। बोहित = जहाज। नीक खेवैया = चतुर मल्लाह।

भावार्थ—जिस भयंकर वैतरणी नदी में यम-यातना देने वाले अनेकों यमदूत हैं; जिसमें तेज दाँतवाले जलचर मगर आदि हैं; जिसकी भयंकर धारा का कोई वारा पार नहीं दिखायी पड़ता, न कोई जहाज है और न कोई चतुर मल्लाह ही है, इसके अलावा अवलम्बन देने वाला भी कोई नहीं है। तुलसीदास कहते हैं कि उस नदी से हाथ पकड़ कर बाहर निकालने वाले अकारण कृपालु श्री रामचन्द्र जी हैं (इसलिए उन्हीं का भजन करो)।

जहाँ हित, स्वामि, न संग सखा बनिता, सुत बंधु न, बापु न मैया।
काय गिरा मन के जन के अपराध सबै छल छाँड़ि छमैया।
तुलसी तेहि काल कृपालु बिनु दूजो कौन है दारुन दुख दमैया।
जहाँ सब संकट दुर्घट सोच तहाँ मेरो साहब राखै रमैया ॥५३॥

शब्दार्थ—काय = शरीर। बनिता = स्त्री। जन = सेवक, भक्त। दमैया = दमन करने वाला। दुर्घट = न घटने वाली। सोच = चिन्ता। रमैया = राम जी।

भावार्थ—तुलसीदास कहते हैं कि जहाँ कोई हितैषी स्वामी नहीं है और न साथ में मित्र, स्त्री, पुत्र, भाई, बाप, माँ ही हैं, वहाँ कृपालु श्री रामचन्द्र जी के अलावा अपने सेवक या भक्तों के मन, वचन और कर्म से किये हुए समस्त

अपराधों को क्षमा करने वाला तथा उन दारुण दुःखों का दमन करने वाला कौन हो सकता है ? अर्थात् वही हो सकते हैं। जहाँ इस प्रकार सभी संकट तथा दुर्घट चिन्ताएँ हैं वहाँ जगत् में रमण करने वाले मेरे स्वामी ही मेरी रक्षा करते हैं, क्योंकि इन स्थितियों में एकमात्र रक्षक वही हैं।

तापस को बरदायक देव, सबै पुनि बैर बढ़ावत बाढ़े।
थोरेहि कोप कृपा पुनि थोरेहि, बैठिकै जोरत तोरत ठाढ़े।
ठोंकि बजाय लखे गजराज, कहाँ लौं कहौं केहिसों रद काढ़े ?
आरत के हित, नाथ अनाथ के राम सहाय सही दिन गाढ़े ।।५४।।

शब्दार्थ—बरदायक = वरदान देने वाले। बाढ़े = बढ़ने पर बलिष्ठ होने पर। सही = सच्चे। दिन गाढ़े = विपत्ति पड़ने पर।

भावार्थ—देवता लोग तपस्वियों को वर देते हैं परन्तु उसी तपस्वी के बलिष्ट हो जाने पर, बढ़ जाने पर शत्रुता रखते हैं। थोड़े में ही कृपा और थोड़े ही में क्रोध (यह उनका स्वभाव है) वे थोड़े में ही बैठकर प्रीति जोड़ते हैं और थोड़े में ही उसे तोड़ देते हैं। उनकी प्रीति चिरस्थायी नहीं है। गजराज ने सबको ठाँक-बजाकर (भली भाँति) देख लिया, दुखियों के मित्र, अनाथों के नाथ तथा विपत्ति के दिनों के सच्चे सहायक रामचन्द्र ही हैं। इसलिए कहाँ तक और कब तक किसी के आगे दाँत निपोरकर माँगे। इससे अच्छा है कि उन्हीं रामचंद्र से ही याचना करे।

जप, जोग, बिराग, महामख-साधन, दान, दया, दम, कोटि करै।
मुनि सिद्ध, सुरेस, गनेस, महेस से सेवत जन्म अनेक मरै।
निगमागम, ज्ञान पुरान पढ़ै, तपसानल में जुग-पुंज जरै।
मन सों पन रोपि कहै 'तुलसी' रघुनाथ बिना दुख कौन हरै ।।५५।।

शब्दार्थ—मख = यज्ञ। दम = इन्द्रियों का दमन। निगम = वेग। आगम = शास्त्र। जुग पुंज = अनेक युगों तक। पन रोपि कहै = दृढ़ता पूर्वक।

भावार्थ—चाहे जप, योग, वैराग्य, बड़े-बड़े यज्ञानुष्ठान, दान, दया, इन्द्रिय-निग्रह आदि करोड़ों उपाय करे; मुनि, सिद्ध, सुरेश, गणेश, महेश जैसे देवताओं का अनेकों जन्म तक सेवन करते-करते मर जाय, वेदशास्त्रों का ज्ञान प्राप्त करे और पुराणों का अध्ययन करे। अनेकों युगों तक तपस्या की अग्नि में

जलता रहे; परन्तु तुलसी मन से, प्रतिज्ञा करके कहता है कि रघुनाथ रामचन्द्र के बिना दुखों को कोई दूर नहीं कर सकता।

पातक पीन, कूदारिद दीन, मलीन धरे कथरी करवा है।
लोक कहै बिधिहू न लिख्यो, सपनेहूँ नहीं अपने बर बाहै।
राम को किंकर सो 'तुलसी' समुझेहि भलो कहिबो न रवा है।
ऐसो को ऐसो भयो कबहूँ न भजे बिन बानर के चरवाहै ।।५६।।

शब्दार्थ—पातक पीन=पापों से मोटा। कुदारिद=बुरी दरिद्रता। मलीन=मैला। कथरी=फटे पुराने वस्त्र। करवा=मिट्टी का पात्र। बाहै बर=बाहुओं में बल। रवा=(फा०) उचित। चरवाहै=चराने वाला।

शब्दार्थ—लोक (मेरे विषय में) कहता था कि यह पापों में बढ़ा हुआ एवं कुत्सित, दरिद्रता के कारण दीन है तथा मलिन कन्था धारण किये है। विधाता ने इसके भाग्य में कुछ भी नहीं लिखा तथा यह सपने में भी अपने बल पर नहीं चलता था। परन्तु आज वही तुलसी श्री रामचन्द्र जी का किंकर (दास) हो गया है, इस बात को समझना ही अच्छा है, कहना उचित नहीं है। वह ऐसे (दीन और पापी) से ऐसा (महामुनि) वानरों के चरवाहे के भजे बिना ही हो गया ?—नहीं।

विशेष—आत्मचरित-प्रधान छन्द है।

मातु पिता जग जाय तज्यो, बिधिहू न लिखो कुछ भाल भलाई।
नीच, निरादर-भाजन, कादर, कूकर टूकन लागि ललाई।
राम-सुभाउ सुन्यो तुलसी, प्रभु सों कह्यो बारक पेट खलाई।
स्वारथ को परमारथ को रघुनाथ सो साहब खोरि न लाई ।।५७।।

शब्दार्थ—जाय=जन्म देकर। भाल=मस्तक। कादर=डरपोक। बारक=एक बार। टूकन=टुकड़ा। पेट खलाई=पेट को खाली दिखाकर। खोरि न लाई=दोष नहीं लगाया।

भावार्थ—पैदा होते ही मुझे माता-पिता ने छोड़ दिया। ब्रह्मा ने भी भाग्य में कुछ भलाई (सामर्थ्य) नहीं लिखी। फलतः मैं नीच, निरादर का पात्र, डरपोक और कुत्तों की भाँति टुकड़ों के लिए ललचाते रहने वाला हो गया। (इस बीच में) जब रामचन्द्र जी की अकारण कृपालुता और दीनदयालुता के

स्वभाव के बारे में (संतों) से सुना तो मैंने उनसे एक बार अपनी क्षुधाकुलता कहा जिससे रामचन्द्र जी के समान समर्थ अर्थात् लौकिक सुख और परमार्थ अर्थात् पारलौकिक सुख को पूरा करने में किंचित् मात्र भी कोर-कसर न रखी।

विशेष—विद्वानों ने इस पद को तुलसीदास जी की वास्तविक दशा से सम्बद्ध माना है।

पाप हरे, परिताप हरे, तन पूजि भो सीतल सीतलताई।
हंस कियो बक तें बलि जाऊँ, कहाँ लौं कहों करुना अधिकाई।
काल बिलोकि कहै 'तुलसी' मन में प्रभु की परतीति अघाई।
जन्म जहाँ तँह रावरे सों निबहै भरि देह सनेह सगाई ।।५८।।

शब्दार्थ—परिताप = दुःख। हंस कियो = हंस की तरह विवेकी बना दिया। बक = बगुले की तरह पाखंडी। परतीति = विश्वास। अघाई = परिपूर्ण। भरि देह = जीवन भर।

भावार्थ—तुलसीदास जी कहते हैं, हे श्रीराम ! आपने मेरे पाप नष्ट कर दिये, सारे संताप हर लिए, शरीर पूज्य बन गया। तथा हृदय में शीतलता आ गयी। अर्थात् मानसिक कष्ट दूर हो गया। आपने मुझे बगुले (दम्भी) से हंस (विवेकी) बना दिया, आपकी कृपा की अधिकता का कहाँ तक वर्णन करूँ। अब समय देखकर तुलसी कहता है कि मेरे मन में प्रभु का पूरा भरोसा है, अतः जहाँ कहीं भी मेरा जन्म हो वहाँ आपसे शरीर तक प्रेम के सम्बन्ध का निर्वाह होता रहे।

लोग कहैं अरु हौं हूँ कहौं 'जन खोंटो खरो रघुनायक ही को।'
रावरी राम बड़ी लघुता, जस मेरो भयो सुखदायक ही को।
कै यह हानि सहौं बलि जाऊँ कि मोहूँ करौ निज लायक ही को।
आनि हिये हित जानि करौं ज्यों हौं ध्यान धरौं धनुसायक ही हो ।।५९।।

शब्दार्थ—हौ हूँ = मैं भी। जन = दास, भक्त। खोटो खरो = अच्छा-बुरा। लघुता = छोटापना, अप्रतिष्ठा।

भावार्थ—मैं बुरा-भला जैसा भी हूँ रामचन्द्र का ही सेवक हूँ, ऐसा लोग भी कहते हैं और मैं भी स्वीकार करता हूँ। इससे निश्चय ही आपकी लघुता

(छोटाई) तो हुई परन्तु आप जैसे स्वामी का सेवक होने से यश मुझे जो प्राप्त हुआ वह मेरे लिए तो निश्चय ही आनन्ददायक है। मैं वलिहारी जाऊँ, अब या तो आप इस बदनामी को स्वीकार करें या मुझे अपना सेवक बनाने योग्य बना लें। अपने हृदय में विचार कर और मेरे लिए हितकारी जानकर ऐसा ही कीजिए जिससे मैं आपके धनुषधारी रूप का ही ध्यान करूँ।

आपु हौं आपुको नीके कै जानत, रावरो राम ! भरायो गढ़ायो।
की ज्यों नाम रटै 'तुलसी' सो कहै जग जानकीनाथ पढ़ायो।
सोइ है खेद जो बेद कहै, न घटै जन जो रघुबीर बढ़ायो।
हौं तौ सदा खर को असवार, तिहारोई नाम गयंद चढ़ायो।।६०।।

शब्दार्थ—भरायो गढ़ायो = बनाया हुआ। आपु = स्वयं। नीके कै = अच्छी तरह। खर को असवार = मामूली आदमी। गयंद चढ़ायो = पूज्य बनाया, बड़ा आदमी बनाया।

भावार्थ—हे राम ! मैं स्वयं अपने को अच्छी तरह जानता हूँ कि आपका ही बनाया हुआ हूँ। तोते की तरह आपका नाम रटता हूँ और लोग कहते हैं कि इस (तुलसी रूपी तोते) को राम ने पढ़ाया है। अर्थात् आपकी ही कृपा से भक्ति का संचार हुआ। परन्तु मुझे इसी का तो खेद है कि मैं तोते की तरह तुम्हारे नाम की रट ही लगता हूँ किन्तु वेद कहता है कि जिस मनुष्य को रघुनाथ जी ने बढ़ा दिया वह कभी घट नहीं सकता। मैं सदा से गधे पर चढ़ने वाला मामूली आदमी था आपके नाम ने ही मुझे हाथी पर चढ़ा दिया अर्थात् इतना बड़ा गौरव प्रदान कर दिया।

छार तें सँवारिकै पहार हू तें भारी कियो,
गारो भयो पंच में पुनीत पच्छ पाइकै।
हौं तो जैसो तब तैसो अब, अधमाई कै कै,
पेट भरौं राम रावरोई गुन गाइकै।
आपने निवाजे की पै कीजै लाज, महाराज,
मेरी ओर हेरिकै न बैठिए रिसाइकै।
पालि कै कृपालु ब्याज-बाल को न मारिए,
औ काटिए न नाथ ! बिषहू को रुख लाइकै।।६१।।

भावार्थ—आपने मुझ धूल के समान तुच्छ प्राणी को सँभालकर पहाड़ के समान गौरवान्वित बना दिया और आपका पवित्र पक्ष पाकर मैं पंचों में बड़ा हो गया हूँ। मैं तो अधमता में जैसा था वैसा ही अभी भी हूँ हे राम, अब तो मैं आपका गुणगान करके ही पेट पालना हूँ। परन्तु हे ! महाराज। आप अपनी कृपा की लाज रखिये और मेरी ओर देख कर क्रोध करके न बैठ जाइये। हे कृपालु ! सर्प के बालक को भी पाल-पोसकर मारना नहीं चाहिए और वृक्ष चाहे विष का ही हो, लगाकर काटना नहीं चाहिए।

बेद न पुरान गान, जानौं न बिज्ञान ज्ञान;
ध्यान, धारना, समाधि, साधन प्रबीनता।
नाहिन बिराग, जोग, जाग, भाग 'तुलसी' के,
दया-दान-दूबरो हौं, पाप ही की पीनता।
लोभ-मोह-काम-कोह-दोष कोष मो सो कौन ?
कलि हू जो सीखि लई मेरियै मलीनता।
एक ही भरोसो राम रावरो कहावत हौं,
रावरे दयालु दीनबंधु, मेरी दीनता ॥६२॥

शब्दार्थ—साधन प्रबीनता = साधनों में चतुरता। जाग = यज्ञ। दया दान दूबरो = दया और दान में दुर्बल हूँ। पाप ही की पीनता = महापापी। कोह = क्रोध। मेरियै = मेरी हो।

भावार्थ—न तो मैं वेद या पुराण का गान जानता हूँ और न तो विज्ञान अथवा ज्ञान ही जानता हूँ। न तो मैं ध्यान, धारणा, समाधि और साधनों में प्रवीणता ही रखता हूँ और न मेरे भाग्य में वैराग्य, योग और यज्ञादि ही हैं। मैं दया, दान में दुर्बल, दया से रहित हूँ तथा पाप में पुष्ट हूँ। अर्थात् महापापी हूँ। मेरे समान लोभ, मोह, काम और क्रोधरूपी दोषों का भण्डार कौन है ? कलियुग ने भी मुझसे ही मलिनता सीखी है। हाँ, एक ही भरोसा मुझे है कि मैं आपका (सेवक, भक्त) कहलाता हूँ। आप दीनबन्धु और दीनों के प्रति दयालु हैं तथा मैं दीन हूँ।

रावरो कहावौं, गुन गावौं राम रावरोई,
रोटी द्वै हौं पावौं राम रावरी ही कानि हौं।
जानत जहान, मन मेरे हू गुमान बड़ो,
मान्यो मैं न दूसरो, न मानत, न मानिहौं।

पाँच की प्रतीति न, भरोसो मोंहि अपनोई,
तुम अपनायो हौं तबैहीं परि जानिहौं।
गढ़ि, गुढ़ि, छोलि छालि कुंद की सी भाईं बातें,
जैसी मुख कहौं तैसो जीय जब आनिहौं ।।६३।।

शब्दार्थ—कानि = मर्यादा, लाज। गुमान = गर्व। पाँच = पंच देवता (विष्णु, महेश, गणेश, सूर्य और देवी) परि = निश्चय रूप से। गढ़ि गुढ़ि = बना-बना कर। छोलि छालि कर = काट-कूट कर। कुंद की सी भाई = खराद पर चढ़ी हुई। जीव = मन। कुंदा = खराद का औजार।

भावार्थ—हे राम ! मैं आपका (सेवक) कहा जाता हूँ और आपका ही गुण गाता हूँ। दो रोटी जो पाता हूँ वह भी आपके ही लिहाज से। संसार जानता है और मेरे मन में भी बड़ा अभिमान है कि मैंने अभी तक न किसी दूसरे को माना, न मानता हूँ और न मानूंगा। मुझे न तो पंचों का विश्वास है और न अपना ही भरोसा है। आपने मुझे अपना लिया है, इस बात को मैं निश्चित तभी समझूंगा जब गढ़-गुढ़ कर और छील-छालकर खराद पर चढ़ाई हुई जैसी बातें बनाकर मुख से कहता हूँ वैसी ही हृदय से भी निकलें। अर्थात् अन्तःकरण भी राममय हो जाये।

बचन बिकार, करतबऊ खुआर, मन,
बिगत-बिचार कलिमल को निधानु है।
राम को कहाई, नाम बेंचि-बेंचि खाइ, सेवा,
संगति न जाइ पाछिले को उपखानु है।
तेहू 'तुलसी' को लोग भलो-भलो कहै, ताको,
दूसरो न हेतु, एक नीके कै निदानु है।
लोकरीति बिदित बिलोकियत जहाँ-तहाँ,
स्वामी के सनेह स्वान हू को सनमानु है ।।६४।।

शब्दार्थ—खुआर = खराब, बुरा। कलिमल = पाप। निधानु = खजाना। निदानु = निश्चय। स्वान = कुत्ता।

भावार्थ—जिसके (तुलसी) वचन में विकार है (कटुवादी है) जिसके कर्म भी बुरे हैं, मन सुविचार-हीन है और वह स्वयं भी पापों का आगार है, राम का सेवक कहलाकर उन्हीं का नाम बेचकर खाता है और सत्-संगति नहीं

करता है क्योंकि सेवा से डरता है। जिसके लिए पिछली कहावत है कि पुरानी आदत नहीं छूटती हैं, वही स्थिति (मेरी भी) है। उस तुलसी को जो लोग भला कहते हैं, उसका कोई दूसरा (गूढ़) कारण नहीं है। केवल एक निश्चित हेतु है। यह प्रसिद्ध लोकरीति और भी जहाँ-तहाँ देखने में आती है कि स्वामी का स्नेह होने पर उसके कुत्ते का भी लोग सम्मान करते हैं।

विशेष—इसमें दैन्य की पराकाष्ठा है, जो भक्ति का चरम प्रतीक है।

स्वारथ को साज न समाज परमारथ को,
मोसों दगाबाज दूसरो न जगजाल है।
कै न आयों, करौं न करौंगो करतूति भली,
लिखी न बिरंचि हू भलाई भूलि भाल है।
रावरी सपथ, राम ! नाम ही की गति मेरे,
इहाँ झूठो झूठो सो तिलोक तिहूँ काल है।
तुलसी को भलो पै तुम्हारे ही किये कृपालु !
कीजै न बिलंब, बलि, पानी भरी खाल है ॥६५॥

शब्दार्थ—साज = सामग्री। समाज = उपाय। करतूति = कर्म। भूलि = भूल। भाल = ललाट, भाग्य। गति = शरण, पहुँच। पानी भरी खाल है = यह शरीर नाशवान् है। पै = निश्चय।

भावार्थ—मेरे पास न तो स्वार्थ साधने का सामान है और न परमार्थ की ही राशि है। ब्रह्मांड में मेरे समान धोखेबाज भी कोई दूसरा नहीं है। सुकर्म न तो करके आया हूँ, न करता हूँ और न करूँगा और ब्रह्मा ने भी मेरे भाग्य में भलाई (कल्याण करने की सामर्थ्य) नहीं लिखी है। हे रामचन्द्र जी ! आपकी शपथ है, मुझे राम नाम का ही भरोसा है—वहीं तक मेरी पहुँच है। जो आप के सामने झूठा है, हे कृपालु ! वह त्रिकाल में झूठा है। तुलसी की भलाई तो आपके ही करने पर होगी। बलिहारी जाऊँ, अब विलम्ब न कीजिये, क्योंकि यह शरीर क्षणभंगुर है, कब नष्ट हो जाय कोई ठिकाना नहीं। इसलिए जल्दी ही मुझे अपनाइये।

विशेष—इस प्रकार के सभी छंदों का भाव 'विनयपत्रिका' के पदों के समान है। 'तू दयालु दीन हौं तू दानि हौं भिखारी' आदि पदों में यही भाव-व्यंजनाएँ हैं।

अलङ्कार—छेकोक्ति।

गारको न साज, न बिराग जोग जाग जिय,
काया नहिं छाँड़ि देत ठाटिबो कुठाट को।
मनोराज करत अकाज भयो आजु लगि,
चाहै चारु चीर, पै लहै न टूक टाट को,
भयो करतार बड़े कूर को कृपालु पायो,
नाम-प्रेम-पारस हौं लालची बराट को।
तुलसी बनी है राम रावरे बहाये, ना तौ,
धोबी कैसो कूकर न घर को न घाट को ।।६६।।

शब्दार्थ—राग को साज = सांसारिक सुख, भोग की सामग्री। मनोराज = मनोरथ, वासनाएं। चारु चीर = सुन्दर वस्त्र। टूक = टुकड़ा। करतार = ईश्वर। बराट = कौड़ी। बनी है = सुधरी है।

भावार्थ—मेरे पास न तो राग अर्थात् सांसारिक सुख भोग की सामग्री है और न मेरे मन में वैराग्य, योग और यज्ञ ही हैं, दूसरे मैं काया (शरीर) सुख के लिए अनुचित उपायों (साधनों) का प्रयोग करना भी नहीं छोड़ता। मनोरथों को पूरा करते-करते आज तक हानि ही हुई है। सुन्दर वस्त्र की कामना तो करता रहा परन्तु प्राप्त टाट भी न हुआ। परन्तु हे संसार के निर्माता, आप ने कृपालु होकर इस कौड़ी के लिए अयोग्य व्यक्ति को नाम के प्रति प्रेम रूपी पारस पत्थर प्रदान कर दिया (अर्थात् तुच्छ भोगों के लालची को राम भक्ति मिल गयी)। तुलसीदास कहते हैं मेरा कल्याण आपके करने से हुआ है, नहीं तो धोबी के कुत्ते के समान मैं न घर का ही था और न घाट का ही। न तो सांसारिक सुखोपभोग की सामग्री मिलती थी और न रामभक्ति ही प्राप्त थी।

अलंकार—छेकोक्ति।

ऊँचो मन, ऊँची रुचि, भाग नीचो निपट ही,
लोकरीति लायक न लंगर लबारु है।
स्वारथ अगम, परमारथ की कहा चली,
पेट की कठिन, जग जीव को जवारु है।
चाकरी न आकरी, न खेती न बनिज भीख,
जानत न कूर कछु किसब कबारु है।
तुलसी की बाजी राखी राम ही के नाम, नतु,
भेंट पितरन को न मूड़ हू में बारु है ।।६७।।

शब्दार्थ—मन = मनोरथ। निपट = बिलकुल। लंगर = ढीठ, नटखट। लबारु = झूठा। स्वारथ अगम = भोजनवस्त्र भी इच्छापूर्वक मिलना कठिन है। आकरी = खान खोदने का काम। बनिज = वाणिज्य। किसब = कारीगरी। कबारु = कबाड़, व्यवसाय। बाजी = प्रतिष्ठा।

भावार्थ—मन और रुचि तो अत्यन्त ऊँची (महत्त्वाकांक्षाएँ) हैं, पर भग्यय अत्यन्त खोटा है। यह लोक-व्यवहार के लायक भी नहीं है तथा बड़ा नटखट और गप्पी है। इसके लिए तो अपना अर्थ साधना ही दुष्कर है, परमार्थ की तो बात ही क्या ? भरपेट भोजन मिलना कठिन हो रहा है। दूसरों पर निर्भर रहने के कारण यह संसार के लोगों के लिए भारस्वरूप है। न तो यह कोई चाकरी करता है और न खान खोदने का काम ही करता है। इसके न खेती है न व्यापार है, न यह भीख माँगता है और न कोई अन्य प्रकार का धन्धा या पेशा ही जानता है। वस्तुतः तुलसीदास कहते हैं कि मेरी प्रतिष्ठा तो रामनाम के प्रताप से है अन्यथा मेरे पास तो पितरों को भेंट चढ़ाने के लिए सिर में बाल भी नहीं हैं।

अलंकार—छेकोक्ति।

अपत, उतार, अपकार को अगार, जग,
जाकी छाँह छुए सहमत ब्याध बाधको।
पातक-पुहुमि पालिबे को सहसानन सो,
कानन कपट को, पयोधि अपराध को।
'तुलसी' से बाम को भी दाहिनो दयानिधान,
सुनत सिहात सब सिद्ध साधु साधको।
रामनाम ललित ललाम कियो लाखनि को,
बड़ो कूर कायर कपूत कौड़ी आध को ॥६८॥

शब्दार्थ—अपत = अप्रतिष्ठित। उतार = अधम। सहमत = डरते हैं। बाधको = बाधक भी। पातक-पुहुमि = पाप रूपी पृथ्वी। सहसानन = शेषनाग। बाम = कुटिल। दाहिनो = अनुकूल हुए। सिहात = ईर्ष्या करते हैं। ललित = सुन्दर। ललाम = भूषण। लाखनि = लाखों के मोल का।

भावार्थ—तुलसीदास कहते हैं कि मैं अत्यन्त अधम और अपकार का घर हूँ, जिसकी छाया छूने पर संसार में व्याध और हिंसक जीव भी सहम जाते हैं। पाप रूपी पृथ्वी की रक्षा के लिए शेष के समान, तथा छल और अपराध

का समुद्र हूँ। इस प्रकार के उलटी प्रकृति वाले तुलसीदास जैसे व्यक्ति के लिए रामचन्द्र जी दाहिने हो गये अर्थात् कृपालु हो गये, ऐसा सुनकर सब सिद्ध साधु और साधक भी ईर्ष्या करते हैं। राम नाम ने बड़े ही कुटिल, कायर और कुपूत लोगों को जिनकी कीमत आधी कौड़ी भी नहीं थी, लाखों की कीमत का बना दिया। अर्थात् जो हेय और तुच्छ समझे जाते थे उन्हें पूज्य बना दिया।

सब-अंग-हीन, सब साधन-बिहीन, मन,
बचन मलीन, हीन कुल करतूति हौं।
बुद्धि-बल-हीन, भाव-भगति-बिहीन, हीन,
गुन, ज्ञानहीन, हीन भाग हू बिभूति हौं।
'तुलसी' गरीब की गई-बहोर रामनाम,
जाहि जपि जीह राम हू को बैठो धूति हौं।
प्रीति रामनाम सों, प्रतीति रामनाम की,
प्रसाद रामनाम के पसारि पायँ सूतिहौं ॥६९॥

शब्दार्थ—सब अंगहीन = योग के आठों अंगों से हीन (यम, नियम, ध्यान, धारणा, समाधि, आसन, प्रत्याहार, प्राणायाम)। विभूति = ऐश्वर्य। बहोर = लौटाना या सुधारना। जीह = जिह्वा। बैठो धूति हौं = छल किया है। पायँ पसारि सूतिहौ = निश्शंक होकर सोऊँगा।

भावार्थ—मैं योग के आठों अङ्गों—ध्यान, धारणा, समाधि आदि से हीन हूँ; सभी साधनों से रहित, मन वचन से मलिन तथा सभी कर्मों से भी अत्यन्त पतित हूँ। मैं बुद्धि-बल-हीन, भाव और भक्तिरहित, गुणहीन, ज्ञानहीन तथा भाग्य एवं ऐश्वर्य से रहित हूँ। इस दीन तुलसीदास का हीन अवस्था से उद्धार करने वाला तो केवल राम है। राम नाम गरीबों की गई सम्पत्ति को फिर से लौटा देता है, उसी ने मेरी भी बिगड़ी बना दी है, उसी का नाम अपनी जिह्वा से जपकर मैंने रामचन्द्र जी को भी छल लिया है। मुझे राम नाम का ही भरोसा है, उसी पर विश्वास है और उसी की कृपा से (सांसारिक माया-मोह से) निश्चिंत होकर सोऊँगा।

मेरे जान जब तें हौं जीव ह्वै जनम्यो जग,
तब तें बेसाह्यो दाम लोह कोह काम को।

मन तिनहीं की सेवा, तिनहीं सो भाव नीको,
बचन बनाइ कहौं, 'हौं गुलाम राम को'।
नाथहू न अपनायो, लीक छूठी ह्वै परी, पै
प्रभु हू तें प्रबल प्रताप प्रभु-नाम को।
आपनी भलाई भलो कीजै तो भलाई, न तौ,
तुलसी को खुलैगो खजानो खोटे दाम को ।।७०।।

शब्दार्थ—मेरे जान = मेरी समज में। बेसाह्यो = खरीदा। लोह = लोभ। कोह = क्रोध। नीको = अधिक। खुलैगो खजानो खोटे दाम को = भंडाफोड़ हो जायगा।

भावार्थ—मेरी समझ में जबसे मैं जगत् में जीव होकर जन्मा हूँ तब से मुझे लोभ, क्रोध और काम ने दाम देकर मोल ले लिया है। अतएव मन से उन्हीं की सेवा करता हूँ और उन्हीं से गहरा लगाव भी है परंतु बात बनाकर ही सही, कहता हूँ कि मैं राम का गुलाम हूँ। हे नाथ, आपने भी (अयोग्य समझकर) नहीं स्वीकार किया परन्तु लोक में प्रसिद्धि हो गयी कि मैं आपका गुलाम हूँ। परन्तु प्रभु से भी प्रभु के नाम का प्रताप अधिक प्रचण्ड है। अतः भलाई से यदि आप मेरा भला कर दें तो अच्छा ही है, नहीं तो तुलसीदास के कपट का खजाना खुलेगा ही।

जोग न बिराग जप जाग तप त्याग व्रत,
तीरथ न धर्म जानौं बेदबिधि किमि है।
तुलसी सो पोच, न भयो है, नहिं ह्वै है कहूँ,
सोचें सब याके अघ कैसे प्रभु छमिहै।
मेरे तौ न डरु रघुबीर सुनौ साँची कहौं,
खल अनखैहैं, तुम्हैं सज्जन न गमि है।
भले सुकृती के संग मोंहि तुला तौलिए तौ,
नाम के प्रसाद भार मेरी ओर नमिहै ।।७१।।

शब्दार्थ—जोग = अष्टांग योग। विराग = संसार से उदासीनता। जप = विधिपूर्वक मंत्रों का जपना। जाग = यज्ञ। तप = तपस्या करना। त्याग = दान। व्रत = चान्द्रायणादि। छहिहै = क्षमा करेंगे। खल = दुष्ट। अनखैहैं = अप्रसन्न होंगे, बिगड़ेंगे। न गमिहै = गमन करेंगे। सुकृती = पुण्य कर्म करने वाला। तुला = तराजू। प्रसाद = प्रसन्नता। भार = बोझ।

भावार्थ—तुलसीदास कहते हैं कि मैं योग, वैराग्य, जप, यज्ञ, तप, त्याग, व्रत, उपवास, तीर्थ और धर्म आदि कुछ भी नहीं जानता और वेद का नियम क्या और कैसा है, यह भी नहीं जानता। मेरे समान न नीच कभी हुआ है, न कभी होगा। इसलिए सभी लोग सोचते हैं कि प्रभु इस प्रकार के पापी का पाप कैसे क्षमा करेंगे। हे राम जी, मैं सत्य कहता हूँ क्योंकि मुझे डर नहीं है। यदि आप मुझे क्षमा कर देंगे तो दुष्ट तो निश्चय ही अप्रसन्न होंगे, किंतु सज्जन लोग भी दुःखी न होंगे। अगर आप मुझे किसी अतिशय पुण्यात्मा के साथ तराजू में तौलें तो आपके नाम की कृपा से पलड़ा मेरी ही ओर झुकेगा अर्थात् मैं ही भारी होऊँगा।

जाति के, सुजाति के, कुजाति के, पेटागिबस,
खाए टूक सबके, बिदित बात दुनी सो।
मानस-बचन-काय किए पाप सति भाय,
राम को कहाय दासु दगाबाज पुनी सो।
रामनाम को प्रभाउ, पाउ महिमा प्रताप,
'तुलसी' सो जग मानियत महामुनी सो।
अतिही अभागो, अनुरागत न रामपद,
मूढ़ एतो बड़ो अचरज देखि सुनी सो ।।७२।।

शब्दार्थ—पेटागिबस = भूख के कारण। टूक = टुकड़े। विदित = प्रकट है। दुनी = दुनिया। सति भाय = सद्भाव। पुनी = पुनः। पाउ = पाया। अनुरागत = प्रेम करता है। एतो = इतना। अचरज = आश्चर्य।

भावार्थ—मैंने पेट की आग के कारण (अपनी) जाति, उच्चजाति, कुजाति सभी के टुकड़े (माँग-माँगकर) खाये हैं। यह संसार में हर व्यक्ति जानता है। मैंने मन, वचन, कर्म से मनुष्य-स्वभाव के कारण बहुत से पाप किये और यहाँ तक कि राम का दास कहलाकर भी धोखेबाज बना रहा। लेकिन मेरे जैसे कुटिल ने भी रामनाम के प्रभाव से महिमा, पैठ, और प्रताप प्राप्त किया। संसार में महामुनि वाल्मीकि के समान मान्य हो गया। रे मूढ़ ! तू इतना बड़ा ही अभागा है, इतना बड़ा अचरज देख-सुनकर भी श्री राम के चरणों में प्रीति नहीं करता।

विशेष—तुलसीदास जी के आत्मचरित से सम्बद्ध इस तथा अन्य अनेक पदों को विद्वानों ने तुलसीदास जी के जीवन-चरित के सम्बन्ध में उद्धृत किया है।

जायो कुल मंगन, बधावनो बजायो सुनि,
भयो परिताप पाप जननी जनक को।
बारे तें ललात बिललात द्वार द्वार दीन,
जानत हौं चारि फल चारि ही चनक को।
'तुलसी' सो साहिब समर्थ को सुसेवक है,
सुनत सिहात सोच बिधिहू गनक को।
नाम, राम ! रावरो सयानो किधौं बावरो,
जो करत गिरी तें गरु तृन तें तनक को ।।७३।।

शब्दार्थ—जायो कुल मंगन = दरिद्र कुल में जन्म हुआ। बधावनो बजायो सुनि = आनंदसूचक बाजे सुनकर। परिताप = संताप। बारे तें = बचपन से। ललात = ललचाता था। बिललात = बिलखते हुए। जानत हौं = जानता था। चारि फल = धर्म, अर्थ, काम, मोक्ष। चनक = चने। सिहात = ईर्ष्या करते हैं। गनक = ब्रह्मा। बावरो = उन्मत्त, पागल।

भावार्थ—भिक्षा माँगने वाले (ब्राह्मण) कुल से उत्पन्न हुआ जिसके उपलक्ष में बधावा बजाया गया। परन्तु यह बजाना इत्यादि सुनकर माता-पिता को कष्ट हुआ (संभवतः मूल नक्षत्र इत्यादि में पैदा हुए थे)। बचपन से अत्यन्त दीन होने के कारण द्वार-द्वार ललचाता और बिलबिलाता फिरा, चने के चार दानों को ही अर्थ, धर्म, काम और मोक्ष के समान समझता रहा। वही मैं (तुलसीदास) अब समर्थ स्वामी रामचन्द्र जी का सेवक हूँ, यह सुनकर ज्योतिषी ब्रह्मा तक ईर्ष्या करता है और सोचता है कि यह अभागा रामसेवक कैसे हुआ ? हे रामचन्द्र जी, आपका नाम या तो समझदार है या उन्मत्त है जो तृण से भी तुच्छ पुरुष को पर्वत से भी भारी बना देता है।

विशेष—आत्मचरितात्मक छंद कहा जाता है।

बेद हू पुरान कही, लोक हू बिलोकियत,
रामनाम ही सों रीझे सकल भलाई है।
कासी हू मरत उपदेसत महेस सोई,
साधना अनेक चितई न चित लाई है।
छाछी को ललात जे ते रामनाम के प्रसाद,
खात खुनसात सोंधे दूध की मलाई है।

रामराज सुनियत राजनीति की अवधि,
नाम राम ! रावरी तौ चाम की चलाई है ॥७४॥

शब्दार्थ—रीझे = मन लगाने से, प्रसन्न होना। छाँछी = मट्ठा। खुनसात = नाक-भौं सिकोड़ना। सौंधा = पका हुआ। अवधि = सीमा।

भावार्थ—वेद और पुराणों में भी कहा गया है तथा लोक में भी देखा जाता है कि रामनाम में ही मन लगाने से सब प्रकार की भलाई है। काशी में मरते समय भगवान् शंकर कान में जो उपदेश देते हैं वह रामनाम ही है। उन्होंने अनेक साधनों की ओर न तो ध्यान दिया है और न अनेक साधनों को मन से भी विचार-योग्य समझा। जो मट्ठे के लिए हर क्षण इच्छुक रहते थे, वही आज दूध की मलाई भी खाते समय नाक-भौं सिकोड़ते हैं। अर्थात् दरिद्र से इतने धनवान् हो गये हैं। श्री रामचन्द्र जी के राज्य में राजनीति की पराकाष्ठा सुनी जाती है, किन्तु हे राम जी ! आपके नाम ने तो चमड़े का सिक्का चला दिया। अर्थात् अधमों को भी महापुरुष या उत्तम बना दिया।

अलंकार—लोकोक्ति।

सोच संकटनि सोच संकट परत, जर,
जरत, प्रभाव नाम ललित ललाम को।
बूड़ियौ तरति, बिगरीयौ सुधरति बात,
होत देखि दाहिनो सुभाव बिधि बाम को।
भागत अभाग, अनुरागत बिराग, भाग
जागत, आलसि 'तुलसी' हू से निकाम को।
धाई धारि फिरि कै गोहारि हितकारी होति,
आई मीचु मिटति जपत रामनाम को ॥७५॥

शब्दार्थ—जर जरत = ज्वर भी जल जाता है। ललित = सुन्दर। ललाम = भूषण। बूड़ियो = डूबता हुआ भी। अनुरागत बिराग = विराग भी प्रेम करने लगता है। निकाम = निकम्मा। धारि = समूह (लुटेरों का) फिरि कै लौट कर। गोहारि = रक्षक। मीचु = मृत्यु।

भावार्थ—अति सुन्दर और श्रेष्ठ रामनाम का ऐसा प्रभाव है कि उसका स्मरण करते ही शोक और आपत्तियों को भी शोक और संकट पड़ जाता है अर्थात् ये समाप्त हो जाते हैं। ज्वर स्वयं अपने ही ताप से जलने लगता है—

नष्ट हो जाता है, डूबी हुई नाव भी तिर जाती है, बिगड़ी हुई बात भी सुधर जाती है। प्रतिकूल विधाता का स्वभाव दाहिना (अनुकूल) हो जाता है, अभाग्य भाग जाता है और वैराग्य भी प्रेम करने लगता है। लूटने आई हुई लुटेरों की सेना भी रक्षक और हितकारी हो जाती है। यहाँ तक कि रामनाम के जाप से आई हुई मौत भी मिट जाती है।

विशेष—राम के नाम का स्मरण करने से जीव स्वभाव भूल जाता है, वह राममय हो जाता है—यही इस छंद में है।

अलंकार—व्याघात से पुष्टहेतु।

आँधरो, अधम, जड़, जाजरो जरा जवन,
सूकर के सावक ढका ढकेल्यो मग मैं।
गिरो हिये हहरि, 'हराम हो हराम हन्यो,'
हाय हाय करत परीगो काल फँग मैं।
'तुलसी' बिसोक ह्वै त्रिलोकपति लोक-गयो,
नाम के प्रताप, बात बिदित है जग मैं।
सोई रामनाम जो सनेह सों जपत जन
ताकी महिमा क्यों कही है जाति अगमैं ॥७६॥

शब्दार्थ—आँधरो = अंधा। जाजरो जरा = वृद्धावस्था के कारण जर्जर। जवन = यवन। सावक = शावक। ढका ढकेल्यो = धक्का देकर गिरा दिया। हिये = हृदय में। हराम = (फा०) सुअर। फंग = फंदे में। अगमै = अगम्य।

भावार्थ—एक सुअर के बच्चे ने किसी अधम, अंधे, जड़ (मूर्ख) और बुढ़ापे से जर्जर यवन को राह में धक्का देकर ढकेल दिया। इसके कारण वह गिर गया और हृदय में भयभीत होकर "मुझे हराम (सुअर) ने मार डाला" इस प्रकार हाय-हाय करते हुए काल के फंदे में फँस गया—मर गया। तुलसीदास कहते हैं कि वह राम नाम के प्रताप से (हराम में हा! राम की ध्वनि है), सब प्रकार के शोकों से रहित होकर त्रिलोकीनाथ भगवान् राम के धाम को चला गया। यह कथा संसार में सर्वविदित है। अतः इस रामनाम को जो प्रेमपूर्वक जपता है, उसकी अगाध महिमा को नहीं कहा जा सकता है, क्योंकि ऊपर की कहानी में तो बिना मन से लिये संयोगवश वृद्ध यवन तर गया तो प्रेमपूर्वक जपने का परिणाम कैसे कहा जाय?

जापकी न तप खप कियो न तमाई जोग,
जाग न, बिराग, त्याग, तीरथ न तन कौ।
भाई को भरोसो न खरो सो बैर बैरी हू सों
बल अपनो न हितू जननी न जनकौ।
लोक को न डर, परलोक को न सोच,
देव सेवा न सहाय, गर्व धाम को न धन को,
राम ही के नाम तें जो होइ सोइ नीको लागै,
ऐसोई सुभाव कछु 'तुलसी' के मन को ।।७७।।

शब्दार्थ—खप कियो = भली-भाँति । खप = खपकर, कष्ट सहकर । तमाई = (तमअ-) लालच । तनको = थोड़ा । खरो सो = अच्छी तरह । हितू = हितकारी । धाम = घर । नीको = अच्छा ।

भावार्थ—न तो मैंने जाप किया, न तपस्या का कलेश सहा और न मुझे योग, यज्ञ, वैराग्य, त्याग और तीर्थ करने की इच्छा है न तो मुझे (किसी) भाई का भरोसा है और न किसी शत्रु से शत्रुता ही है। मुझे अपना भी बल नहीं है और माता-पिता भी हितैषी नहीं हैं, परन्तु मुझे न तो इस लोक का डर है और न परलोक की ही चिन्ता है। न तो मुझे देवसेवा का भरोसा है और न धन-धाम का ही गर्व है। तुलसी के (मेरे) मन का कुछ ऐसा स्वभाव है कि जो रामनाम के प्रभाव से ही जो कुछ होता है वही अच्छा लगता है।

ईस न, गनेस न, दिनेस न, धनेस न,
सुरेस सुर गौरि गिरापति नहिं जपने।
तुम्हरेई नाम को भरोसो भव तरिबे को,
बैठे उठे जागत बागत सोए सपने।
'तुलसी' है बावरो सो रावरोई रावरी सौं,
रावरेऊ जानि जिय कीजिये जु अपने।
जानकी-रमन मेरे! रावरे बदंन फेरे,
ठाउँ न समाउँ कहाँ, सकल निरपने ।।७८।।

शब्दार्थ—ईस = महादेव । दिनेश = सूर्य । धनेस = कुबेर । सुरेस = इन्द्र । गिरापति = ब्रह्मा । भव = संसार । बागत = चलते-फिरते । सौं = शपथ । ठाउँ = स्थान । समाउ = रहूँ । निरपने = बेगाने ।

भावार्थ—मुझे शिव, गणेश, सूर्य, कुबेर, इन्द्रादि देवता, सरस्वती और ब्रह्मा को नहीं जपना है। संसार (सागर) से पार उतरने के लिए—माया-मोह से मुक्त होने के लिए उठते-बैठते, सोते-जागते, घूमते फिरते एवं स्वप्न देखते—बस, आपके ही नाम का भरोसा है। तुलसी (मैं) तो बावला है परन्तु आपकी सौंगध, वह आपका ही है। इस बात को अपने मन में समझकर उसे अपना लीजिये। हे जानकीरमण राम ! आपके मुख फेर लेने पर मेरे लिए ठौर-ठिकाना नहीं रहेगा—सभी तो बेगाने हैं।

जाहिर जहान में जमानो एक भाँति भयो,
बेंचिये विबुधधेनु, रासभी बेसाहिए।
ऐसेउ कराल कलिकाल में कृपालु तेरे;
नाम के प्रताप न त्रिताप तन दाहिए।
'तुलसी' तिहारो मन बचन करम, तेहि
नाते नेह-नेम निज ओर तें निबाहिए।
रंक के निवाज रघुराज राजा राजनि के,
उमरि दराज महाराज तेरी चाहिए ॥७६॥

शब्दार्थ—जाहिर = प्रकट। जहान = संसार। जमानो = समय। बिबुध धेनु = कामधेनु। रासभी = गदही। बेसाहिए = मोल लीजिये। त्रिताप = दैहिक, दैविक, भौतिक ताप। दाहिए = जलाते हैं। नेह = स्नेह का नियम। उमरि दराज = दीर्घायु।

भावार्थ—सारी दुनिया जानती (मानती) है कि बहुत ही बुरा जमाना आ गया है, लोग कामधेनु बेचकर गदही खरीद रहे हैं। परन्तु इस भयंकर कलियुग में भी मैं आपके प्रताप से शारीरिक, मानसिक और भौतिक कष्टों से मुक्त हूँ। ये दैहिक, दैविक और भौतिक ताप मुझे नहीं जलाते। तुलसीदास कहते हैं कि मैं मन, वचन, कर्म से आपका भक्त हूँ। अतः उसी सम्बन्ध से अपनी ओर से मेरे स्नेह के नियम का निर्वाह कर दीजिएगा। हे दीनदयालु, राजाओं के राजा महाराजा रामचन्द्र जी, आपकी आयु बड़ी हो, मैं ऐसी ही कामना करता हूँ।

स्वारथ सयानप, प्रपंच परमारथ,
कहायो राम रावरो हौं, जानत जहानु है।

नाम के प्रताप, बाप ! आजु लौं निबाही नीके,
आगे को गोसाईं स्वामी सबल सुजानु है।
कलि की कुचालि देखि दिन दिन दूनी देव !
पाहरूई चोर हेरि हिय हहरानु है।
'तुलसी' की, बलि, बार-बार ही सँभार कीबी;
जद्यपि कृपानिधान सदा सावधानु है ॥८०॥

शब्दार्थ—प्रपंच परमारथ = मोक्ष प्राप्ति के उपायों में छल करता हूँ। जहानु = दुनिया। बाप = हे पिता। सुजानु = अच्छी तरह जानकर। पाहरूई = पहरुआ। हेरि = देखकर। हहरानु = डर गया है। कीबी = कीजिएगा।

भावार्थ—तुलसीदास कहते हैं कि यह सारा संसार जानता है कि स्वार्थ-साधन करने में ही अपनी चतुरता समझता हूँ, और परमार्थ के कार्यों में छल करता हूँ। हे पिता ! अपने नाम के प्रताप से आपने आज तक मेरा अच्छी तरह निर्वाह किया है। भविष्य में भी इसी प्रकार मेरा निर्वाह करने को हे स्वामी, आप समर्थ और सुजान हैं। हे देव, कलि की कुचाल प्रतिदिन दूनी देखकर और पहरुओं को ही चोर देखकर मेरा हृदय डर के मारे भयभीत है। हे कृपालु, मैं आपकी बलि जाऊँ। यद्यपि आप अपने भक्तों की रक्षा करने को सदा सावधान रहते हैं तथापि मैं प्रार्थना करता हूँ कि बारबार मेरी सँभाल कीजिएगा जिससे मेरे मन में विकार न आये।

दिन दिन दूनो देखि दारिद दुकाल दुख,
दुरित दुराज, सुख सुकृत सकोचु है।
माँगे पैंत पावत पचारि पातकी प्रचंड,
काल की करालता भले को होत पोचु है।
आपने तौ एक अवलंब अंग डिंभ ज्यों,
समर्थ सीतानाथ सब संकट-बिमोचु है।
'तुलसी' की साहसी सराहिये कृपालु, राम !
नाम के भरोसे परिनामु को निसोचु है ॥८१॥

शब्दार्थ—दारिद = दरिद्रता। दुकाल = अकाल। दुरित = पाप। दुराज = दुष्ट राज्य। सुकृत = पुण्य। सकोच है = घटते जाते हैं, कम होते जाते हैं। पैंत = दाँव। पोचु = बुरा। अंग = माता। डिंभ = बच्चा। निसोचु = निश्चिंत।

भावार्थ—दिनोंदिन दरिद्रता, दुर्भिक्ष, दुःख, पाप और कुराज्य को दूना होता देखकर सुख और सुकृति संकुचित हो रहे हैं। समय ऐसा भयंकर आ गया है कि बड़े-बड़े पापी तो डाँट-डपटकर माँगने से अपना दाँव पा लेते हैं और भले आदमी का बुरा हो जाता है। जैसे बालक को एकमात्र माँ का ही सहारा होता है वैसे ही अपने तो एकमात्र अवलंब, सब संकटों से मुक्त करने वाले सब कुछ करने में समर्थ सीतानाथ हैं। हे कृपालु राम जी ! तुलसी के साहस की सराहना कीजिए कि वह (आपके) नाम के भरोसे परिणाम की ओर से निश्चिंत हो गया है।

मोह-मद-मात्यो, रात्यो कुमति कुनारि सों,
बिसारि बेद लोक-लाज, आँकरो अचेतु है।
भावै सो करत, मुँह आवै सो कहत कछु,
काहू की सहत नाहिं, सरकस हेतु है।
'तुलसी' अधिक अधमाई हू अजामिल तें,
ताहू में सहाय कलि कपट-निकेतु है।
जैबे को अनेक टेक, एक टेक ह्वैबे की, जो
पेट-प्रिय-पूत-हित रामनाम लेतु है ॥८२॥

शब्दार्थ—मात्यो = मतवाला बना हुआ। रात्यो = अनुरक्त। कुनारि = वेश्या। आँकरो = गहरा। सरकस = प्रबल। अधमाई = नीचता। कपट निकेतु = कपट का घर। टेक = आश्रय।

भावार्थ—तुलसीदास इसमें अजामिल से अपना रूपक बाँधते हुए कहते हैं कि अजामिल शराब में मस्त रहता था, मैं अज्ञानता में व्यस्त रहता हूँ। अजामिल सदा वेश्याओं में आसक्त रहता था मैं कुबुद्धि में रत रहता हूँ। उसने वेद-मार्ग भुला दिये थे मैंने लोकलाज छोड़ दी है। उसकी तरह मैं भी बहुत बेसुध रहता हूँ। उसको जो अच्छा लगता था वही करता था, मुझको जो कुछ मन में आता है कह देता हूँ। वह भी किसी की सहता नहीं था, मैं भी राम का भरोसा प्रबल होने के कारण किसी (देवता, राजा) को नहीं मानता हूँ। मेरी नीचता तो अजामिल से भी अधिक है, उस पर भी कपट का घर कलियुग मेरा सहायक है। बिगड़ने के—नष्ट होने के अनन्त मार्ग हैं; बनने का केवल एक ही मार्ग है कि अजामिल पुत्र के बहाने से भगवान् का नाम लेता था, मैं पेट के लिए राम का नाम लेता हूँ।

अलंकार—रूपक से पुष्ट व्यतिरेक।

जागिये न सोइये, बिगोइये जनम जाय,
दुख रोग रोइये कलेस कोह काम को।
राजा, रंक, रागी औ बिरागी, भूरि भागी ये,
अभागी जीव जरत, प्रभाव कलि बाम को।
तुलसी कबंध कैसो धाइबो बिचारु अंध!
धंुध देखियत जग, सोच परिनाम को।
सोइबो जो राम के सनेह की समाधि सुख,
जागिबो जो जीह जपै नीके रामनाम को ॥८३॥

शब्दार्थ—बिगोइये = बिगाड़िये। जाय = व्यर्थ ही। रागी = सांसारिक सुखों के अनुरागी। भूरि भागी = बड़े भाग्यवान। कबंध = रुंड। अंध = मूर्ख। धुंध = धुंधला, अस्पष्ट।

भावार्थ—इस संसार में न तो हम जागते हैं न सोते हैं बल्कि (इस प्रक्रिया में) जीवन को नष्ट कर रहे हैं। दुःख और रोग होने पर रोते हैं तथा काम और क्रोध के कारण मानसिक व्यथा सहते हैं। राजा-रंक, रागी-विरागी और महाभाग्यवान तथा अभागी, सभी जीव जल रहे हैं, कुटिक कलियुग का ऐसा ही प्रभाव है। गोसाइँ जी अपने लिए कहते हैं कि अरे अंधो, विचार करो, इस जगत् में जितने धंधे (काम-काज) दिखायी देते हैं, वे सब कबन्ध की दौड़ के समान हैं जिनका अंत चिन्ता ही है। श्रीराम-प्रेम की समाधि का जो सुख है, वही सोना है और जिह्वा भली भाँति रामनाम का जाप करे, यही जागना है।

बरन-धरम गयो, आस्रम निवास तज्यो,
त्रासन चकित सो परावनो परो सो है।
करम उपासना कुबासना बिनास्यो, ज्ञान
बचन, बिराग बेष, जगत हरी सो है।
गोरख जगायो जोग, भगति भगायो लोग,
निगम नियोग ते सो केलि ही छरो सो है।
काय मन बचन सुभाय-तुलसी है जाहि,
रामनाम को भरोसो, ताहि को भरोसो है ॥८४॥

शब्दार्थ—त्रासन चकिन = त्रास के डर से भयभीत। परावनो सो परो है = भाग गये हैं। विराग बेष = विरागियों का सा वेष बनाकर। निगम = वेद। नियोग = आज्ञा। केलि ही = खेल ही में। छरो सो है = छल किया है।

भावार्थ—चारों वर्गों (ब्राह्मण, क्षत्रिय, वैश्य और शूद्र) ने अपना कर्म त्याग दिया है तथा आश्रमों को भी छोड़ दिया है। अधर्म के डर से लोग भाग रहे हैं (अर्धामियों के डर से भाग रहे हैं) कर्म, उपासना और ज्ञान को बुरी वासनाओं (आर्थिक लोभ के कारण) ने नष्ट कर दिया है। वचनमात्र के वैराग्य और वेष ने जगत् को ठग सा लिया है। गोरखनाथ ने योग क्या जगाया, लोगों को भक्ति से विमुख कर दिया और वेद की आज्ञा से खेल ही में संसार को ठग-सा लिया है। तुलसीदास कहते हैं कि जिसे शरीर, मन और वचन से स्वाभाविक ही राम नाम का भरोसा है उसी के सम्बन्ध में भरोसा होता है।

बेद पुरान बिहाइ सुपंथ कुमारग कोटि कुचाल चली है।
काल कराल, नृपाल कृपालन रामसमाज बड़ोई छली है।
बर्न-बिभाग न आस्रम धर्म, दुनी दुख दोष दरिद्र दली है।
स्वारथ को परमारथ को कलि राम को नाम प्रताप बली है ॥८५॥

शब्दार्थ—बिहाइ = त्यागकर। सुपंथ = वेद-स्मृति-विहित मार्ग (भक्ति-मार्ग) राजसमाज = मंत्रीगण आदि। दुनी = दुनिया को। दली = पीड़ित कर दिया है।

भावार्थ—इस कलियुग में, वेदों और पुराणों द्वारा वर्णित और बताये गये मार्गों को लोगों ने छोड़ दिया है; नाना प्रकार की कुचालें और कुमार्ग चल पड़े हैं। समय बड़ा भयंकर है, राजा दयनीय हो गये हैं तथा कर्मचारी-गण अत्यन्त धूर्त हैं, वर्णाश्रम धर्म तो रहा ही नहीं, सारा संसार दरिद्रता से पीड़ित है, इसलिए अब राम नाम का प्रताप ही (इन सबसे मुक्त करने में) समर्थ है।

विशेष—सामाजिक और राजनीतिक दशा की दृष्टि से यथार्थ का मूल्यांकन छंदों के आधार पर विद्वानों द्वारा किया गया है।

न मिटै भवसंकट, दुर्घट है तप, तीरथ जन्म अनेक अटो।
कलि में न बिराग, न ज्ञान कहूँ, सब लागत फोकट झूँठ जटो।
नट ज्यों जनि पेट-कुपेटक कोटिक चेटक कौतुक ठाट ठटो।
तुलसी जो सदा सुख चाहिय तौ, रसना निसिबासर राम रटो ॥ ६॥

शब्दार्थ—दुर्घट = न कर सकने के योग्य। फोकट = निस्सार, झूठ। जटो = पाखंड। कुपेटक = बुरे पिटारे से। चेटक = मंत्र। रसना = जिह्वा से। निसि-वासर = रात-दिन।

भावार्थ—सांसारिक दुःख समाप्त ही नहीं हो सकते, क्योंकि तपस्या करना अत्यन्त कठिन है और तप से ही ये समाप्त हो सकते हैं। यदि तपस्या हेतु तीर्थों में अनेक जन्मों तक घूमता भी रहे तो भी इस कलियुग में न तो कहीं ज्ञान है, न वैराग्य। सब कुछ पाखंड और असत्य (माया) से युक्त है। अतः नट की तरह अपने पेटरूपी बुरे पिटारे से मंत्रों द्वारा अनेक खेल-तमाशे मत करो। यदि शाश्वत सुख की कामना है तो अहर्निश राम का नाम रटिये।

दम दुर्गम, दान, दया, मख कर्म, सुधर्म अधीन सबै धन को।
तप तीरथ साधन जोग बिराग सों होइ नहीं दृढ़ता तन को।
कलिकाल कराल में, राम कृपालु ! यहै अवलंब बड़ो मन को।
'तुलसी' सब संजमहीन सबै, इक नाम अधार सदा जन को।।८७।।

शब्दार्थ—दम = इन्द्रिय संयम। दुर्गम = कठिन। मख = यज्ञ।

भावार्थ—इन्द्रिय निग्रह कठिन है। दान, दया, यज्ञ, कर्म और उत्तम धर्म सभी धनाधीन हैं अर्थात् धन के बिना अत्र ये संभव नहीं हैं। तप, तीर्थ और योग-साधना, ये सब वैराग्य से संभव हैं, परन्तु अब मन में दृढ़ता ही नहीं रही (तो वैराग्य कहाँ से संभव होगा?) इस भयंकर कलियुग में जहाँ सब कुछ विपरीत है। रामचन्द्र जी कृपालु बने हैं यही मन के लिए सबसे अधिक सहाय है। (इस समय) जब सभी संयमहीन हैं रामनाम जन (सेवक) का एकमात्र आधार है।

विशेष—भक्ति की प्रतिष्ठा और नाम-साधना। यह नाम-साधना संतों की भी विशेषता है।

पाइ सुदेह बिमोह-नदी-तरनी न लही, करनी न कछू की।
राम कथा बरनी न बनाइ, सुनी न कथा प्रहलाद न ध्रू की।
अब जोर जरा जरि गात गयो, मन मानि गलानि कुबानि न मूकी।
नीके कै ठीक दई 'तुलसी', अवलंब बड़ो उर आखर दू की।।८८।।

शब्दार्थ—सुदेह = नरदेह। विमोह = अज्ञानता। जोर = जोरदार। जरा

=बुढ़ापा । गात=गात्र । गलानि=घृणा । कुवानि=बुरा स्वभाव । मूकी= छोड़ी । आखर दू की=दो अक्षर 'र' और 'म' की ।

भावार्थ—सुन्दर मनुष्य देह प्राप्त करके मोह रूपी नदी को पार करने के लिए न तो भक्ति रूपी नाव प्राप्त की और न कोई अच्छा कर्त्तव्य किया । राम-कथा का भलीभाँति न तो वर्णन किया और न प्रह्लाद तथा ध्रुव जैसे भक्तों की कथा ही सुनी । अब भरपूर वृद्धावस्था के कारण शरीर जर्जर हो गया है, तथापि मन से ग्लानि नहीं छोड़ी । तुलसी ने भलीभाँति विचार कर निश्चय कर लिया है कि दो अक्षर 'राम' का अवलंब ही सर्वोत्तम है ।

राम बिहाय 'मरा' जपते बिगरी सुधरी कबि कोकिल हू की ।
नामहि तें गज की, गनिका की, अजामिल की चलि गै चल चूकी ।
नाम-प्रताप बड़े कुसमाज बजाइ रही पति पांडुबधू की ।
ताको भलो अजहूँ 'तुलसी' जेहि प्रीति प्रतीति है आखर दू की ।।८६।।

शब्दार्थ—विहाय=छोड़कर । कबि कोकिल=वाल्मीकि । चूकी=चंचलता । चलि गै=चल गई । कुसमाज=दुष्ट दुर्योधन की सभा । पति=प्रतिष्ठा । पांडुबधू=द्रौपदी ।

भावार्थ—सीधा रामनाम त्याग कर उल्टा 'मरा' 'मरा' जपने से कवि-कोकिल (श्री वाल्मीकि) की बिगड़ी हुई दशा (डकैत होने के कारण किया हुआ दुष्कर्म) सुधर गयी । 'राम' नाम के प्रताप से ही गज, गणिका अजामिल की चंचलता भी चली गई । उनके सभी अपराध निभ गये । राम-नाम के ही प्रताप से ही दुर्योधन की सभा में पाण्डुबधू द्रौपदी की लाज डंके की चोट पर रह गई । तुलस दास कहते हैं कि जिसको 'राम', इन दोनों अक्षरों में प्रीति और प्रतीति है उसका भला अभी भी और आज भी संभव है ।

नाम अजामिल से खल तारन, तारन बारन बारबधू को ।
नाम हरे प्रहलाद बिषाद, पिता भय साँसति सागर सूको ।
नाम सों प्रीति-प्रतीति बिहीन गिल्यो कलिकाल कराल न चूको ।
राखिहैं राम सो जासु हिये 'तुलसी' हुलसै बल आखर दूको ।।९०।।

शब्दार्थ—तारन=तारने वाले । बारन=हाथी । बारबधू=वेश्या । विषाद=दुःख । पिता भय साँसति सागर सूको=पिता के भय से कष्ट का समुद्र

सूख गया। गिल्यो = निगल गया। न चूको = नहीं छोड़ा। हुलसै = उमगता है।

भावार्थ—रामनाम ने अजामिल जैसे खलों और 'गज' तथा वेश्या (गणिका) को भी इस भवसागर से पार कर दिया। नाम ने ही प्रह्लाद के विषाद का नाश करके उसके पिता के भय का संकट रूपी समुद्र सुखा दिया। अर्थात् पिता के भय को दूर कर दिया (नृसिंह के रूप में)। रामनाम में जिसका भरोसा और विश्वास नहीं है उसको कराल कलिकाल भी निगलने में नहीं चूका अर्थात् निगल गया। गोस्वामी तुलसीदास कहते हैं कि जिसके हृदय में 'रा' और 'म' इन अक्षरों का बल उमगता है उसकी रामचन्द्र जी रक्षा करेंगे।

जीव जहान में जायो जहाँ सो तहाँ 'तुलसी' तिहुँ दाह दहो है।
दोस न काहू, कियो अपनो, सपनेहु नहीं सुख लेस लहो है।
राम के नाम तें होउ सो होउ, न सोऊ हिये, रसना ही कहो है।
कियो न कछू, करिबो न कछू, कहिबो न कछू, मरिबोई रहो है।।९१।।

शब्दार्थ—जहान = संसार। जायो = पैदा होता है। तिहुँ दाह = त्रिताप (दैहिक, दैविक, भौतिक)। दहो है = जलता है। लेस = थोड़ा भी। लहो है = पाता है। सोउ = रामनाम। रसना = जिह्वा।

भावार्थ—संसार में जहाँ कहीं भी बच्चा पैदा होता है वह त्रितापों (दैहिक, दैविक, भौतिक तापों) से तुलसीदास के अनुसार कष्टित अवश्य होता है। इसमें किसी का दोष नहीं है बल्कि पूर्वजन्म के किये हुए कर्मों का फल (प्रारब्ध) है जिसके कारण स्वप्न में भी सुख नहीं प्राप्त हुआ। जब अब तक मैंने कुछ नहीं किया और न रामनाम ही कहा तो अब तो केवल मरना शेष है, न तो अब कुछ कहना है, और न कुछ करना है अब तो मुझे रामनाम के प्रताप का भरोसा है जो होना हो, वह हो। रामनाम को मैं मन से जपता भी नहीं, केवल जीभ से नाम उच्चरित करता हूँ।

जी जै न ठाँउ न आपन गाँउ, सुरालयहू को न संबल मेरे।
नाम रटो, जमवास क्यों जाउँ, को आइ सकै जम-किंकर नेरे।
तुम्हरो सब भाँति, तुम्हारिय सौं, तुम्ही, बलि हौ मोकों ठाहरु हेरे।
बैरष बाँह बसाइए पै, 'तुलसी' घरु ब्याध अजामिल खेरे।।९२।।

शब्दार्थ—जी जै = जीवित रहने को। ठाउँ = स्थान। जम-किंकर = यम-

दूत। नेरे = निकट। सौं = शपथ। ठाहरु = स्थान। हेरे = दिखलाई देता है। बैरष = पताका, झंडा। खेरे = घरों का एक छोटा समूह।

भावार्थ—मेरे पास जीवित रहने के लिए भी कोई ठिकाना नहीं है। न तो कोई अपना गाँव है और न देवलोक में जाने का ही कोई सामान है। मैंने रामनाम रटा है इसलिए यमलोक कैसे जा सकता हूँ। ऐसी दशा में कौन यमदूत मेरे समीप आ सकता है? आपकी कसम, अब तो सब प्रकार से मैं आपका हूँ। आपकी सौगन्ध, अब तो सब प्रकार से मैं आपका ही हूँ; और बलिहारी जाऊँ, आपका ही मैंने आश्रय ढूंढ़ा है। अतः अब अपनी भुजारूपी पताका के नीचे ब्याध और अजामिल के खेड़े में ही तुलसीदास का भी घर बसा दीजिये। अर्थात् उन्हीं के साथ आपके लोक में बसूँ।

विशेष—राज से कुछ लोग आश्रयहीन होने पर जमीन माँगकर झण्डा गाड़ देते हैं ताकि इस जमीन को राज्य द्वारा प्रदत्त मानकर अधिकार-रहित माना जाय। इस छंद में इस भाव के साथ तुलसीदास जी की दशा का पता चलता है।

का कियो जोग अजामिल जू, गनिका कबहीं मति पेम पगाई।
ब्याध को साधुपनो कहिए, अपराध अगाधनि मैं ही जनाई।
करुनाकर की करुना करुना-हित नाम सुहेत जो देत दगाई।
काहे को खीझिय? रीझिय पै, तुलसीहु सो है बलि सोई सगाई॥९३॥

शब्दार्थ—जोग = योग। मति पेम पगाई = प्रेम में मन लगाया। करुना-हित = करुणा के लिए है। देत दगाई = धोखे से लेना। खीझिय = अप्रसन्न। रीझिय = प्रसन्न हो जाइये। सगाई = सम्बन्ध, प्रेम।

भावार्थ—अजामिल नामक कसाई ने कौन योग-साधना की थी? और पिङ्गला नामक वेश्या ने कहाँ प्रभु से प्रेम किया था? उसका तो स्वभाव है किसी से प्रेम न करना। व्याध (वाल्मीकि) की साधुता को ही क्या कहें जो अगाध अपराधों में ही दिखाई पड़ती थी अर्थात् तो अनंत पापाचार करता था और क्या उसी को साधुता कहा जाय! रामचन्द्र जी की दया तो दूसरों पर अकारण अनुग्रह करने के लिये है ही। उसे पाने के लिये किसी इतर गुण की आवश्यकता नहीं है। उसका नाम जपकर (मेरे जैसा) जो अपने ऊपर करुणा कराना चाहता है वह उनके स्वभाव को न जानने के कारण धोखा देता है। तुलसी कहते हैं, हे प्रभु! मैं आपकी बलैया लूं। मुझसे भी वही नाता रख मुझसे

आप अप्रसन्न मत होइए। मेरे ऊपर आपको कृपा करनी चाहिए क्योंकि मैं दूसरों की भाँति यह दावा नहीं करता हूँ कि मैं आपके नामों का जाप करता हूँ।

विशेष—तर्क के आधार पर भक्ति की आधारभूत विशेषता 'रक्षिष्यति इति विश्वासः' की व्यंजना।

जे मद-मार-विकार भरे ते अचार-बिचार समीप न जाहीं।
है अभिमान तऊ मन में 'जन भाषिहै दूसरे दीनन पाहीं?'
जो कछु बात बनाइ कहौं 'तुलसी' तुममें तुमहूँ उर माहीं।
जानकी जीवन जानत हौ हम हैं तुम्हरे, तुममें, सक नाहीं ॥९४॥

शब्दार्थ—मद-मार-विकार भरे=मदोन्मत्त और काम-पीड़ित। अचार-विचार=धार्मिक कृत्य, शौच, संध्यादि। सक नाहीं=संदेह नहीं है। जानकी जीवन=रामचन्द्र जो जानकी से प्राण हैं।

भावार्थ—जो मदोन्मत्त और कामान्ध हैं वे धार्मिक कृत्यों आदि के पास भी नहीं फटकते। फिर भी यह (असत्य) अभिमान अवश्य रखते हैं कि यह जन (सेवक) किसी के भी दीन वचन नहीं बोलेगा अर्थात् अभिमान के कारण दूसरों को हेय दृष्टि से देखने से दीन वचन बोलने का प्रश्न नहीं है। यदि मैं कुछ झूठ कहता हूँ तो वह भी आप से ही और आप मेरे हृदय में हैं इसलिए वह झूठ छिपा नहीं रह सकता। तुलसीदास कहते हैं कि हे जानकीनाथ, मैं आपका ही हूँ और मुझे आपकी शरणागत-पालकता या 'बिनु सेवा जो द्रवै दीन पर रामसरिस कोउ नाहीं' पर विश्वास है।

दानव देव अहीस महीस महा मुनि तापस सिद्ध समाजी।
जगजाचक दानि दुतीय नहीं तुमही सब की सब राखत बाजी।
एते बड़े तुलसी तऊ सबरी के दिए बिनु भूख न भाजी।
राम गरीबनेवाज ! भये हौं गरीबनेवाज गरीबनेवाज ॥९५॥

शब्दार्थ—अहीस=शेषनाग। महीस=राजा। समाजी=सामाजिक जन।

भावार्थ—दानव-देवता, शेषादि सर्पों के राजा तथा पृथ्वी के राजा, महर्षि, तपस्वी और सिद्धगण—ये सब संसार में स्वयं ही याचक हैं। आपके सिवा संसार में दूसरा कोई नहीं है, आप ही सबकी सारी बातें बनाते हैं। हे तुलसीश्वर ! आप इतने महान् हैं फिर भी शबरी के दिये हुए (बेर) बिना

आपकी भूख शान्त नहीं हुई। हे दीनों के प्रतिपालक राम ! आप दीनों की रक्षा करके ही गरीबनिवाज हुए हैं (अतः मेरी रक्षा कीजिए)।

अलंकार—विधि।

किसबी, किसान-कुल, बनिक, भिखारी, भाँट,
चाकर, चपल, नट, चोर, चार, चेटकी,
पेट को पढ़त, गुन गढ़त, चढ़त गिरि,
अटत गहन बन अहन अखेटकी।
ऊँचे नीचे करम धरम अधरम करि,
पेट ही को पचत बेंचत बेटा बेटकी।
तुलसी बुझाइ एक राम घनश्याम ही तें,
आगि बड़वागि तें बड़ी है आगि पेट की ।।९६।।

शब्दार्थ—किसबी = श्रमजीवी, मजूर। चाकर = नौकर, सेवक। चार = हलकारे। चेटकी = बाजीगर, जादूगर। अटत = भटकते हैं। अहन = दिन प्रतिदिन। अखेटकी = शिकारी। पेट ही को पचत = पेट पालने के लिए मरते हैं। बेटकी = बेटी। घनश्याम = बादल, रामचन्द्र। बड़वागि = समुद्र की अग्नि। आगि पेट की = जठराग्नि।

भावार्थ—श्रमजीवी, किसान, व्यापारी, भिखारी, भाट, हलकारे, चालाक नट, चोर, दूत और बाजीगर आदि सभी पेट के लिए पढ़ते, अनेक उपचार रचते, पर्वतों पर चढ़ते और शिकार की तलाश में दुर्गम जंगलों में घूमते हैं। पेट के लिए लोग ऊँचे-नीचे कर्म तथा धर्म-अधर्म सभी करते हैं। यहाँ तक कि अपने पुत्र और पुत्री तक को लोग बेच देते हैं। तुलसीदास जी कहते हैं—यह पेट की आग समुद्र की आग से भी बढ़कर है। इस आग को घनश्याम रामचन्द्र ही बुझा सकते हैं।

विशेष—यह छन्द कितना यथार्थपरक है इसे समकालीनता के संदर्भ में ही नहीं, मानवीयता के संदर्भ में भी महत्त्वपूर्ण माना जाता है।

अलंकार—परिकर।

खेती न किसान को, भिखारी को न भीख, बलि,
बनिक को बनिज न चाकर को चाकरी।
जीविका-बिहीन लोग सीद्यमान, सोच-बस,
कहैं एक एकन सों 'कहाँ जाई, का करी ?'

बेद हू पुरान कही, लोक हू बिलोकियत,
साँकरे सबै पै राम रावरे कृपा करी ?
दारिद - दसानन दबाई दुनी, दीनबंधु !
दुरित-दहन देखि तुलसी हहा करी ।।९७।।

शब्दार्थ—सीद्यमान (सं०) = दुःखित । साँकरे = संकट के समय में। दारिद-दसानन = दारिद्रय रूपी रावण । दबाई दुनी = संसार को पीड़ित किया । दुरित = पाप । हहा करी = विनती करता है ।

भावार्थ—तुलसीदास कहते हैं कि हे राम ! मैं आपकी बलि जाता हूँ। वर्तमान समय में ऐसा कुसमय आ गया है कि किसानों की खेती नहीं होती है, भिखारी को भीख नहीं मिलती है; बनियों का व्यापार नहीं चलता और नौकरी चाहने वालों को नौकरी (चाकरी) नहीं मिलती । इसलिए जीविका से हीन होने के कारण सब लोग दुःखी और शोक के वश होकर एक दूसरे से कहते हैं कि कहाँ जायँ और क्या करें ? कुछ सूझता ही नही है । वेद और पुराण भी कहते हैं तथा लोक में भी देखा जाता है कि जब कभी भी संकट पड़ा है आपने सब पर ही कृपा की है । हे दीनबन्धु ! दारिद्रय रूपी रावण ने दुनिया को दबा लिया है, और पाप रूपो ज्वाला को देखकर तुलसीदास हा ! हा ! करता है अर्थात् अत्यन्त कातर होकर विनतो करता है कि हे प्रभो ! अब दया करो ।

विशेष—यह मनहरण कवित्त सामयिक दशा का चित्रांकन करता है ।

अलंकार—रूपक (दारिद-दसानन)

कुल, करतूति, भूति, कीरति, सुरूप, गुन,
जोबन जरत जुर, परै न कल कहीं ।
राजकाज कुपथ, कुसाज, भोग रोग ही के,
बेद बुध बिद्या पाइ बिबस बलकहीं ।
गति तुलसीस की लखै न कोउ जो करत,
पब्बइ तें छार, छारै पब्बइ पलक ही ।
कासों कीजै रोष ? दोष दीजै काहि ? पाहि राम !
कियो कलिकाल कुलि खलल खलक ही ।।९८।।

शब्दार्थ—कुल = वंश । करतूति = अच्छे काम । भूति = ऐश्वर्य । जुर =

ज्वर। बिबस = बेबस होकर। बलकहीं = प्रलाप करते हैं। पब्बई = पर्वत। कुलि = समस्त। खलक = संसार। खलल = बाधा।

भावार्थ—सभी लोग कुलमर्यादा (कुलाभिमान), करनी, ऐश्वर्य, यश, सुन्दर रूप, गुण और यौवन के ज्वर में जल रहे हैं अर्थात् नष्ट हो रहे हैं। कहीं भी कल नहीं मिलता। इस रोग के लिए राजकार्य कुपथ्य है; नाना प्रकार के भोग इस रोग को बढ़ाने के लिए दूषित सामग्री हैं तथा वेद के जानने वाले भी विद्या प्राप्त करके प्रलाप करने लग गये हैं। अर्थात् कुलाभिमान इत्यादि से तो लोग अहंकार के कारण स्वयं नष्ट हो ही रहे थे और अब राजकाज, कुसमाज, वेद, बुद्धि और विद्या के कारण उनकी उन्मत्तता अधिक बढ़ गई है। ज्वर में जैसे कुपथ्य, भोग इत्यादि का सेवन करने से ज्वर बढ़ जाता है सथा सन्निपात हो जाता है और रोगी प्रलाप करने लगता है। परिणामस्वरूप कुछ सुझाई नहीं पड़ता। इस कारण तुलसीदास के स्वामी रामचन्द्र जी की गति कोई नहीं जानता जो क्षण मात्र में पर्वत को खाक और खाक को पर्वत कर देते हैं। ऐसी स्थिति को देखकर किसको क्या कहें? किसे दोष दें और किस पर क्रोध किया जाय? कलिकाल ने सारी सृष्टि में उपद्रव मचा रखा है। हे राम! रक्षा कीजिए।

विशेष—इसमें रूपक के माध्यम से यथार्थ और उसके हेतु का काव्यात्मक चित्र प्रस्तुत करते हुए भाव-विह्वलता की व्यंजना भी की गई है।

अलंकार—प्रथम चार चरणों में रूपक है।

बबुर बहेरे को बनाय बाग लाइयत,
रूँधिबे को सोइ सुरतरु काटियत है।
गारी देत नीच हरिचंद हू दधीचिहू को,
आपने चना चबाइ हाथ चाटियत है।
आप महापातकी हँसत हरिहर हू को,
आपु है अभागी, भूरिभागी डाटियतु है।
कलि को कलुष मन मलिन किये महत,
मसक की पाँसुरी पयोधि पाटियत है॥९९॥

शब्दार्थ—रूँधिबे = रक्षार्थ बाग को घेरने के लिए बनाया गया अवरोध। सुरतरु = कल्पतरु। भूरिभागी = भाग्यवानों को। कलुष (सं०) = पाप। मसक = मच्छर। पाँसुरी = हड्डी, पसली की हड्डी।

भावार्थ—कलियुग में लोग इस प्रकार से विवेकहीन हो गये हैं कि बबूल और बहेड़े का बाग लगाकर उसकी रक्षा के लिए कल्पवृक्ष को काटते हैं। हरिश्चन्द्र और दधीचि को भी गाली देते हैं, जिन्होंने परोपकार के लिए शरीर तक का दान कर दिया और स्वयं इतने दरिद्र और कंजूस हैं कि चना चबाकर हाथ चाटते हैं कि कहीं कुछ छूट न जाय। अपने तो बड़े पापी हैं परन्तु पाप को क्षय करने वाले विष्णु और शिव जी पर हँसते हैं। स्वयं तो भाग्यहीन हैं परन्तु भाग्यवानों को डाँट देते हैं। कलि के पापों ने सबके मनों को इतना कलुषित कर दिया है लेकिन इन दशा में भी ये चाहते हैं कि इनका लोक-परलोक सुधर जाय, मानो मच्छर की पसलियों से अपार समुद्र को पाटना चाहते हैं।

अलंकार—छेकोक्ति या विदग्धोक्ति।

सुनिये कराल कलिकाल भूमिपाल तुम!
जाहि घालो चाहिए कहौ धौं राखै ताहि को।
हौं तौ दीन दूबरो, बिगारो ढारो रावरो न,
मैं हूँ तैं हू ताहि को सकल जग जाहि को।
काम कोह लाइ कै देखाइयत आँखि मोहि,
एते मान अकस कीबे को आपु आहि को?
साहिब सुजान जिन स्वानहू को पच्छ कियो,
रामबोला नाम, हौं गुलाम राम-साहि को॥१००॥

शब्दार्थ—घालो चाहिए = नाश करना चाहते हो। दूबरो = दुर्बल। बिगारो ढारो रावरो न = (मुहावरा) आपका कुछ भी बिगाड़ा, गिराया नहीं। देखाइयत आँखि = डराते हो। एते मान = इतने परिमाण में, इतना। अकस = विरोध। आहि = हो। सुजान = जानकार। स्वान = कुत्ता। पच्छ कियो = तरफदारी की।

भावार्थ—हे कराल कलिकाल महाराज! सुनो, जिसे तुम नष्ट करना चाहते हो उसे कोई नहीं बचा सकता है। मैं तो दीन और दुर्बल हूँ और मैंने आपका कुछ बिगाड़ा भी नहीं है। अर्थात् मेरा आपका कुछ झगड़ा भी नहीं है। वस्तुतः आप और मैं दोनों उसी ईश्वर के बनाये हैं जिसने सारे संसार का निर्माण किया है। फिर मुझसे विरोध करने वाले आप कौन हैं जो काम और क्रोध को मेरे पीछे लगाकर मुझे डराते-धमकाते हैं। मेरे स्वामी रामचन्द्र

जी हैं जो बड़े ही विज्ञ हैं। उन्होंने कुत्ते तक का पक्ष लिया है। मैं उन्हीं सम्राट् रामचन्द्र का सेवक हूँ और रामबोला (अर्थात् राम के मुँह लगा हुआ) मेरा नाम है।

विशेष—इसे लोग अन्तःसाक्ष्य के रूप में तुलसीदास के नाम और जीवन की परेशानियों के संदर्भ में उद्धृत करते हैं।

साँची कहौं कलिकाल कराल मैं, ढारो बिगारो तिहारो कहा है।
काम को, कोह को, लोभ को, मोह को, मोहि सों आनि प्रपंच रहा है।।
हौ जगनायक लायक आजु, पै मेरियौ टेव कुटेव महा है।
जानकीनाथ बिना, 'तुलसी' जग दूसरे सों करिहौं न हहा है।।१००।।

शब्दार्थ—प्रपंच = मायाजाल। जगनायक = संसार के स्वामी हैं। लायक = बड़े योग्य। पै = पर। मेरियौ = मेरी भी। कुटेव = बुरी बान, हठ। हहा करिहौं = बिनती करूँगा।

भावार्थ—तुलसीदास कहते हैं कि हे भयंकर कलिकाल! सही-सही बताओ। मैंने तुम्हारा क्या अहित किया है? क्या काम, क्रोध, लोभ और मोह का जाल मुझी पर फैलाना था? मैं जानता हूँ कि तुम आज संसार के सर्वेसर्वा और बड़े सामर्थ्यवान् हो। परन्तु हे देव, मेरी भी यह बहुत बुरी आदत है कि जानकीनाथ रामचन्द्र के अतिरिक्त किसी से विनती नहीं करता।

विशेष—कलिकाल का यह वर्णन विनयपत्रिका और मानस में भी इसी रूप में किया गया है। इसमें कुछ तो काव्यरूढ़ि है परन्तु यह पौराणिक वर्णनों से इतर है।

भागीरथी जलपान करौं अरु नाम द्वै राम के लेत नितै हौं।
मोको न लेनो देनो कछू, कलि! भूलि न रावरी ओर चितैहौं।
जानिकै जोर करौ, परिनाम, तुम्हैं पछितैहो पै मैं न भितैहौं।
ब्राह्मन ज्यों उगिल्यो उरगारि हौं त्यों ही तिहारे हिये न हितैहौं।।१०२।।

शब्दार्थ—नाम द्वै = सीताराम। नितै = प्रतिदिन। चितैहौं = देखूंगा। परिनाम = अंतिम फल। पै = परन्तु। भितैहौं = डरूँगा। उगिल्यो = बमन कर दिया। उरगारि = गरुड़। हिये = (यहाँ पर) पट में। हितैहौं = पचूंगा, हितकर सिद्ध हूँगा।

भावार्थ—मैं (तुलसीदास) प्रतिदिन गंगाजी का जल पीता हूँ और सीताराम का नाम लेता हूँ (या नित्य राम के दो नाम लेता हूँ)। हे कलि, मुझे तुमसे कुछ भी सरोकार (मतलब) नहीं है और मैं भूलकर भी तुम्हारी ओर नहीं देखूंगा। यदि तुम जान-बूझकर मेरे साथ जोर (अत्याचार) करोगे तो परिणाम जो होगा उससे तुम्हीं पछताओगे पर मैं तुमसे कभी नहीं डरूंगा। जैसे गरुड़ ने भूलवश एक ब्रह्माण्ड को निगल लिया था परन्तु न पचा सकने के कारण अन्त में उगल दिया था वैसे ही मैं भी पचूंगा नहीं, और अन्त में तुम्हें उगलना ही पड़ेगा।

राजमराल के बालक पेलि कै, पालत लालत खूसर को।
सुचि सुन्दर सालि सकेलि सुबारिकै बीज बटोरत ऊसर को।
गुन-ग्यान-गुमान भभेरि बड़ी, कलपद्रुम काटत मूसर को।
कलिकाल बिचार अचार हरो, नहिं सूझै कछू धमधूसर को ॥१०३॥

शब्दार्थ—राजमराल = राजहंस। पेलिकै = ठेलकर। खूसर = उलूक। सालि = धान। सकेलि = संकलन करके। सुबारिकै = जलाकर। गुमान = घमंड। मूसर को = मूसर बनाने के लिए। धमधूसर = निर्बुद्धि।

भावार्थ—इस कलिकाल में लोग राजहंसों के बच्चों को ठेलकर (हटाकर) अर्थात् भक्तों और विद्वानों का अनादर करके अब लोग उल्लुओं के बच्चों (निर्बुद्धियों) का लालन-पालन करते हैं। सुन्दर और पवित्र धानों को बटोर कर फिर जलाकर ऊसर भूमि के लिए, जिसमें बीज नहीं जमता है, बीज बटोरते हैं। गुण और ज्ञान का बड़ा अभिमान तथा सतर्कता है; इसलिए मूसर बनाने के लिए कल्पवृक्ष काटते हैं। कलिकाल ने विचार और बुद्धि को ऐसा हर लिया है इसी से बुद्धिहीनों को कुछ नहीं सूझता।

कीबे कहा, पढ़िबे को कहा ? फल बूझि न बेद को भेद बिचारै।
स्वारथ को परमारथ को कलि कामद राम को नाम बिसारै।
बाद बिबाद बिषाद बढ़ाइ कै छाती पराई औ आपनी जारै।
चारिहु को, छहु को, नव को दस आठ को, पाठ कुकाठ ज्यों फारै ॥१०४॥

शब्दार्थ—परमारथ = मोक्ष। कामद = सब कामनाओं को देने वाला। बिसारे = भुला देता है। चारिहु = चारों वेद। छहू = छः शास्त्र (मीमांसा,

सांख्य, वैशेषिक, न्याय, योग, वेदांत)। नव = नौ व्याकरण (इन्द्र, चंद्र, काशकृत्स्न, शांकटायन, पिशालि, पाणिनि, अमर, जैनेन्द्र, सरस्वती) । दस आठ (अठारह पुराण)। पाठ कुकाठ ज्यों फारै = इन सबका पढ़ना ऐसा निष्फल है जैसा कुकाठ का फाड़ना निष्फल होता है, क्योंकि कुकाठ सीधा नहीं फटता।

भावार्थ—क्या कर्त्तव्य है और पढ़ने का क्या फल है, यह समझ-बूझकर लोग वेद के रहस्य का विचार नहीं करते। कलियुग में स्वार्थ एवं परमार्थ के एकमात्र कल्पवृक्ष रामनाम को भी लोगों ने विस्मृत कर दिया। ज्ञानाभिमानवश व्यर्थ के वाद-विवाद से विषाद को बढ़ाकर अपनी और दूसरों की छाती जलाते हैं और चारों वेद, छहों शास्त्र, नवों व्याकरण और अठारहों पुराणों को पढ़कर कुकाठ को चीरने के समान व्यर्थ ही गँवा देते हैं। अर्थात् उनका सभी शास्त्रों का पढ़ना (रामनाम के जाप न करने से) वैसे ही निष्फल हो जाता है जैसे कि कुकाठ को चीरने का परिश्रम।

आगम बेद पुरान बखानत, मारग कोटिन जाहिं न जाने।
जे मुनि ते पुनि आपुहि आप को ईस कहावत सिद्ध सयाने।
धर्म सबै कलिकाल ग्रसे, जप जोग बिराग लै जीव पराने।
को करि सोच मरै, 'तुलसी' हम जानकीनाथ के हाथ बिकाने ।।१०५।।

शब्दार्थ—आगम = शास्त्र। लै जीव पराने = प्राण लेकर भाग गये। अर्थात् डर के मारे भाग गये।

भावार्थ—वेद, शास्त्र और पुराण मोक्ष-साधन से करोड़ों मार्गों का वर्णन करते हैं परन्तु वे तो समझ नहीं पाते और जो मुनि लोग हैं वे अपने आपको ही ईश्वर और चतुर सिद्ध पुरुष कहते हैं। इस कलियुग ने सब धर्मों को ग्रस लिया है। जप, योग और वैराग्य आदि अपनी जान बचाकर भाग गये हैं। तुलसीदास कहते हैं कि इनका सोच करके कौन मरे ? हम तो जानकीनाथ रामचन्द्र जी के हाथ बिक गये हैं।

धूत कहौ, अवधूत कहौ, रजपूत कहौ, जोलहा कहौ कोऊ।
काहू की बेटी सों बेटा न ब्याहब, काहू की जाति बिगार न सोऊ।
'तुलसी' सरनाम गुलाम है राम को, जाको रुचै सो कहै कछु ओऊ।
माँगि कै खैबो मसीत को सोइबो, लैबे को एक न दैबे को दोऊ ।।१०६।।

शब्दार्थ—धूत = धूर्त (छली)। अवधूत = जोगी, भिखमंगा। रजपूत = क्षत्रिय। सरनाम = प्रसिद्ध। मसीत = मस्जिद (यहाँ यह मन्दिर के भी अर्थ में है)।

भावार्थ—चाहे कोई धूर्त कहे, अथवा परमहंस कहे, राजपूत (क्षत्रिय) या जुलाहा कहे, जिसकी जो इच्छा हो वह वही कहे क्योंकि न तो मुझे किसी की बेटी से लड़के का विवाह करना है और न तो किसी की जाति ही बिगाड़नी है (खा-पीकर)। यह तो प्रसिद्ध ही है कि मैं राम का सेवक हूँ। मुझे माँग करके खाना है और किसी देवालय में, चाहे मन्दिर हो या मस्जिद, जाकर सो जाना है, न किसी से कुछ लेना है और न किसी को कुछ देना।

विशेष—अहं और समर्पण के साथ ही साथ इसमें एक प्रकार की फटकार भी है। तुलसी की मानसिक बुनावट के अलावा इससे उनकी निश्चिन्तता का पता चलता है।

मेरे जाति पाँति, न चहौं काहू की जाति पाँति,
मेरे कोऊ काम को, न हौं काहू के काम को।
लोक परलोक रघुनाथ ही के हाथ सब,
भारी है भरोसो 'तुलसी' के एक नाम को।
अति ही अयाने उपखानो नहिं बुझैं लोग,
'साह ही को गोत गोत होत है गुलाम को॥'
साधु कै, असाधु, कै भलो कै पोच, सोच कहा,
का काहू के द्वार परौं ? जो हौं सो हौं राम को॥१०७॥

शब्दार्थ—पाँति = पंक्ति। गोत = गोत्र। उपखान = उपाख्यान। साह = स्वामी। पोच = नीच।

भावाथ—न मेरी कोई जाति-पाँति है और न मैं किसी की जाति-पाँति में विश्वास करता हूँ। कोई मेरे काम का नहीं है और न मैं ही किसी के काम का हूँ अर्थात् न तो मैं किसी का कोई प्रयोजन सिद्ध कर सकता हूँ और न कोई मेरा ही प्रयोजन सिद्ध कर सकता है। मेरा लोक-परलोक सब श्री रामचन्द्र जी के हाथ में है। तुलसी को तो एकमात्र रामनाम का ही बहुत बड़ा भरोसा है। लोग कितने गँवार हैं जो यह कहावत भी नहीं समझते कि जो गोत्र स्वामी का होता है वही सेवक का होता है। साधु हूँ अथवा असाधु, भला हूँ अथवा बुरा इसकी मुझे कोई परवाह नहीं है। किसी के दरवाजे तो पड़ा नहीं हूँ कि लोग

चिन्तित हों। मैं तो रामचन्द्र का ही हूँ चाहे अच्छा हूँ तो भी और बुरा हूँ तो भी।

कोऊ कहै करत साज दगाबाज कुबड़ो,
कोऊ कहै राम को गुलाम खरो खूब है।
साधु जानैं महा साधु, खल जानैं महा खल,
बानी झूँठी साँची कोटि उठत हबूब है।
चहत न काहू सों, न कहत काहू की कछु,
सबकी सहत उर अंतर न ऊब है।
तुलसी को भलो पोच हाथ रघुनाथ ही के,
राम की भगति भूमि, मेरी मति दूब है ॥१०८॥

शब्दार्थ—कुसाज = कुसंग। खरो खूब है = निष्कपट है। बानी = बातें। हबूब = बुलबुल। ऊब = घबराहट।

भावार्थ—कोई (मेरे बारे में) कहता है कि यह तुलसी छल-कपट आदि करता है और कोई कहता है कि यह राम का सच्चा सेवक है। सज्जन लोग मुझे बहुत बड़ा सज्जन समझते हैं और दुष्ट लोग बहुत बड़ा खल समझते हैं। इस प्रकार मेरे बारे में करोड़ों प्रकार के प्रवाद प्रचलित हैं। मैं तो किसी से कुछ चाहता नहीं और न किसी के विषय में कुछ कहता हूँ। सब की बात सह लेता हूँ और इन बातों से कोई घबराहट भी नहीं होती। तुलसी का बुरा-भला तो रघुनाथ जी के ही हाथ में है, मेरी बुद्धि रामभक्ति रूप भूमि में दूब के समान है, अर्थात् मेरी बुद्धि का परम आश्रय राम-भक्ति है।

जागैं जोगी जंगम, जती जमाती ध्यान धरैं,
डरैं उर भारी लोभ मोह कोह काम के।
जागैं राजा राजकाज, सेवक समाज साज,
सोवैं सुनि समाचार बड़े बैरी बाम के।
जागैं बुध बिद्याहित पंडित चकित चित,
जागैं लोभी लालच धरनि धन-धाम के।
जागैं भोगी भोगही, बियोगी रोगी सोगबस,
सोवै सुख तुलसी भरोसे एक राम के ॥१०९॥

शब्दार्थ—जंगम = भ्रमण करने वाले संन्यासी। जती = (यती) संयमी। जमाती = समूह में रहने वाले संन्यासी। बाम = कुटिल। बुध = विद्वान्।

भावार्थ—योगी, जंगम, यती, संन्यासी और मण्डली बनाकर रहने वाले साधु इसलिए जागते हैं कि एक ओर तो वे परमेश्वर का ध्यान करते हैं और दूसरी ओर उनके मन में काम, क्रोध, मोह, लोभ का बड़ा भारी डर बना रहता है। राजा लोग राजकार्य से और सेवक गण अपने कार्य-सामग्री की देखभाल के लिए जागते रहते हैं और अपने प्रबल शत्रुओं के समाचार को सुनकर शोच-ग्रस्त रहते हैं। विद्वान् और पंडित सावधान चित से विद्योपार्जन के लिए जागते रहते हैं। लोभी धन, जमीन और मकान के लालच में जागते हैं, भोगी (ऐश्वर्य-वान्) लोग भोग के लिए और वियोगी एवं रोगी विरह वेदना तथा शारीरिक वेदना के कारण जागते हैं, परन्तु मैं (तुलसीदास) अकेले रामचन्द्र जी के भरोसे सुखपूर्वक शान्ति से सोता हूँ।

राम मातु पितु बंधु सुजन गुरु पूज्य परम हित।
साहेब सखा सहाय नेह नाते पुनीत चित।
देस कोस कुल कर्म धर्म धन धाम धरनि गति।
जाति पाँति सब भाँति लाग रामहि हमारि पति।
परमारथ स्वारथ सुजस सुलभ राम तें सकल फल।
कह 'तुलसिदास' अब जब कबहुँ एक राम तें मोर भल ॥११०॥

शब्दार्थ—सुजन = आत्मीय। नेह = स्नेह। नाता = सम्बन्ध। कोस = कोष। गति = शरण, पहुँच। पति = पत, प्रतिष्ठा। परमारथ = मोक्ष।

भावार्थ—राम ही मेरे माता, पिता, बन्धु, आत्मीय, गुरु पूज्य और परम हितकारी (शुभेच्छु) हैं। वही मेरे स्वामी, सखा और सहायक हैं। पवित्र मन से जितने स्नेह के सम्बन्ध संभव हैं वह सब राम से ही हैं। देश, कोश (खजाना), कुल, कर्म, धर्म, धन्, धाम, पृथ्वी और गति (पहुँच, सामर्थ्य) भी राम ही हैं। मेरी जाति-पाँति भी राम ही हैं और प्रतिष्ठा भी उन्हीं से (उनकी कृपा के कारण) बनी है। परमार्थ, स्वार्थ और सुयश आदि सब कुछ राम की कृपा से मुझे सुविधापूर्वक प्राप्त हैं। तुलसीदास कहते हैं कि मेरा कल्याण तो वर्तमान और भविष्य दोनों में रामचन्द्र से ही सम्भव है।

महाराज बलि जाउँ रामसेवक सुखदायक।
महाराज बलि जाउँ राम सुन्दर सब लायक।
महाराज बलि जाउँ राम सब संकट-मोचन।
महाराज बलि जाउँ राम राजीव-बिलोचन ॥

बलि जाउँ राम करुनायतन प्रनतपाल पातकहरन।
बलि जाउँ राम कलि-भय-बिकल 'तुलसिदास' राखिय सरन ।।१११।।

शब्दार्थ—राजीव = कमल । करुनायतन = करुणा के घर । प्रनतपाल = शरणागत रक्षक ।

भावार्थ—हे भक्तों को सुख देने वाले, सर्वाङ्गसुन्दर, सर्वसमर्थ, संकटहरण, कमलनयन, करुणाधाम, शरणागतवत्सल, पापनाशन श्रीरामचन्द्रजी, मैं कलि के भय से व्याकुल हूँ, मुझे अपनी भयनाशिका शरण दीजिए । मैं अपना सर्वस्व आप पर निछावर करता हूँ ।

जय ताड़का-सुबाहु-मथन, मारीच-मानहर।
मुनि-मख-रच्छन-दच्छ, सिलातारन करुनाकर।
नृपगन-बलमदसहित संभु-कोदंड-बिहंडन।
जय कुठारधर-दर्पदलन, दिनकरकुल-मंडन।
जय जनकनगर-आनंदप्रद, सुखसागर सुखमाभवन।
कह तुलसिदास सुरमुकुटमनि जय जय जय जानकिरवन ।।११२।।

शब्दार्थ—मानहर = घमंड नष्ट करने वाले । मख = यज्ञ । दच्छ = चतुर । बिहंडन = तोड़ने वाले । कुठारधर = परशुराम । मंडन = भूषण । सुखमा = अत्यंत शोभा । जानकिरवन = जानकीरमण, रामचन्द्र जी ।

भावार्थ—ताड़का और सुबाहु का नाश करने वाले मारीच के मद को तोड़नेवाले, विश्वामित्र मुनि के यज्ञ की रक्षा करने में दक्ष, पत्थर बनी हुई अहल्या को शापमुक्त करके उसका उद्धार करने वाले तथा राजाओं के गर्व सहित शिव जी का धनुष तोड़ने वाले रामचन्द्र जी, आपकी जय हो ! परशु-राम के अभिमान को दूर करने वाले सूर्यकुलभूषण राम, आपकी जय हो ! जनकपुरी को आनन्दित करने वाले सौंदर्यधाम, रामचन्द्र जी आपकी जय हो । तुलसीदास कहते हैं कि देवताओं में सर्वश्रेष्ठ देवता जानकीरमण रामचन्द्र जी की जय हो ! जय हो !

जय जयंत-जयकर, अनंत सज्जनजनरंजन।
जय बिराध-बध-बिदुष, बिबुध-मुनिगन-भयरंजन।

जय निसिचरी-बिरूप-करन रघुबंसबिभूषन।
सुभट चतुर्दश-सहस-दलन त्रिसिरा खरदूषन॥
जय दंडकबन-पावन-करन 'तुलसिदास' संसय-समन।
जग-बिदित जगत-मनि जयति जय जय जय जय जानकि रमन ।।११३।।

शब्दार्थ—जयंत = इन्द्रपुत्र। बिराध-बध-बिदुष = विराध नामक राक्षस का वध करने में निपुण। बिबुध = विशेष बुद्धिमान; देवता। निसिचरी = शूर्पनखा।

भावार्थ—जयंत को जीतने वाले, अनंत और साधुओं को आनन्द प्रदान करने वाले रामचन्द्र जी, आपकी जय हो ! विराध नामक राक्षस के बध में कुशल तथा देवता और मुनियों के भय (के हेतु) को नष्ट करने वाले रामचन्द्र जी आपकी जय हो ! राक्षसी शूर्पणखा की नाक और कान काटकर उसे विरूप करने वाले, रघुकुलभूषण आपकी जय हो ! दण्डकवन को पवित्र करने वाले (राक्षसों से मुक्त करके देवताओं और ऋषियों के योग्य बनाने वाले) चौदह सहस्र वीरों और खर, दूषण, त्रिशिरा का नाश करने वाले आपकी जय हो ! संसार में प्रसिद्ध तथा जगत् के प्रकाशक, तुलसी के संशय को नष्ट करने वाले जानकीरमण (भगवान्) राम आपकी जय हो ! जय हो !! जय हो !!!

जय मायामृगमथन गीध-सबरी-उद्धारन।
जय कबंध-सूदन बिसाल-तरुताल बिदारन।
दवन बालि बलसालि, थपन-सुग्रीव, संतहित।
कपि-कराल-भट-भालुकटक-पालन, कृपाल-चित॥
जय सियबियोग-दुखहेतु-कृत सेतुबंध बारिधि-दमन।
दससीस बिभीषन-अभयप्रद जय जय जय जानकिरमन ।।११४।।

शब्दार्थ—मायामृग = स्वर्णमृग वेषधारी मारीच। कबंध-सूदन = कबंध नामक राक्षस को मारने वाले। तरुताल = किष्किन्धा के वे सात ताल वृक्ष जिन्हें रामचन्द्र जी ने एक बाण से बेध दिया था। थपन = स्थापित करने वाले। कटक = सेना। वारिधि = समुद्र।

भावार्थ—माया(छल) से स्वर्णमृग का वेष धारण करने वाले, मारीच को मारने वाले तथा जटायु और शवरी का उद्धार करने वाले रामचन्द्र जी, आपकी जय हो ! कबंध नामक राक्षस को मारने वाले एवं ताड़ के बड़े-बड़े सात वृक्षों को एक ही बाण से गिरा देने वाले हे रामचन्द्र जी, आपकी जय हो ! बलशाली

बालि का नाश, सुग्रीव का राज्य-स्थापन तथा संतों का कल्याण करने वाले आपकी जय हो ! वानरों और भयंकर योद्धा भालुओं की सेना का पालन करने वाले दयालु रामचन्द्र जी, आपकी जय हो। सीता के वियोग के दुख के कारण समुद्र के गर्व को नष्ट करके उससे ऊपर पुल बाँधने वाले रामचन्द्र जी आपकी जय हो ! रावण से विभीषण को निर्भय बनाने वाले अर्थात् निडर रहने का आश्वासन देनेवाले जानकीपति रामचन्द्र जी आपकी जय हो ! जय हो !! जय हो !!!

अलंकार—आचार्य केशव के मत से 'आशीष' अलंकार। वस्तुतः इसमें 'गुणकथन' और प्रशंसा है।

कनककुधर-केदार, बीज सुंदर सुरमनिवर।
सींचि कामधुक धेनु सुधामय पय बिसुद्धतर।
तीरथपति अंकुर-सरूप, यच्छेस रच्छ तेहि।
मरकतमय साखा, सुपत्र मंजरिय लच्छ जेहि॥
कैवल्य सकल फल कल्पतरु सुभ सुभाव सब सुख बरिस।
कह 'तुलसिदास' रघुबंसमनि तौ कि होहि तुव कर सरिस॥११५॥

शब्दार्थ—कनककुधर-केदार=स्वर्ण पर्वत रूपी थाला। कुधर=पर्वत। (कु पृथिव्यां)। केदार=थाला। सुरमनिवर=चिंतामणि। कामधुक=कामनाओं को पूरा करने वाली। तीरथपति=प्रयाग। यच्छेस=कुबेर। मंजरिय= मंजरी। कैवल्य=मोक्ष।

भावार्थ—स्वर्ण पर्वत सुमेरु ही यदि थाला हो, सुन्दर चिंतामणि ही बीज हो। (जो इच्छाओं को पूरित करने के लिए है), कामधेनु (कामनाओं को तृप्त करने वाली) के अमृतमय अत्यन्त शुद्ध दूध से यदि उसे सींचा जाय, उससे तीर्थराज प्रयाग अंकुर रूप से प्रगट हो और उसकी रक्षा स्वयं धनद कुबेर कर रहे हों। मरकत मणियाँ ही उसकी शाखाएँ, पत्ते और मंजरियाँ हों। इस प्रकार का कल्पवृक्ष जो हर प्रकार की सुख-सुविधाएँ प्रदान करता हो तो भी तुलसीदास मानते हैं कि यह कल्पवृक्ष राम के हाथ के बराबर नहीं हो सकता।

अलंकार—सांग रूपक से पुष्ट अतिशयोक्ति।

विशेष—इस प्रकार की रूपकीय कल्पना तुलसी की विशेषता है जो सृजन के बहाव का संकेत है। इस प्रकार की रचना रामचरितमानस में सीता के सौन्दर्य के सम्बन्ध में भी है।

जाय सो सुभट समर्थ पाइ रन रारि न मंडै।
जाय सो जती कहाय बिषय-बासना न छंडै।
जाय धनिक बिनु दान, जाय निर्धन बिनु धर्महिं।
जाय सो पंडित पढ़ि पुरान जो रत न सुकर्महिं।
सुत जाय मातु-पितु-भक्ति बिनु, तिय सो जाइ जेहि पति न हित।
सब जाय दास 'तुलसी' कहैं जौ न रामपद नेह नित ॥११६॥

शब्दार्थ—जाय = व्यर्थ है। जती = संयमी। छंडै = छोड़े। रत = अनुरक्त। पति न हित = पति प्यारा न हो।

भावार्थ—वह समर्थ वीर व्यर्थ है जो संग्राम का अवसर उपस्थित होने पर भी युद्ध नहीं करता हो। जो यति (संन्यासी या विरक्त) कहलाने के बावजूद भी विषय-वासनाओं को नहीं छोड़ता वह भी व्यर्थ है अर्थात् उसका जीवन बेकार है। दान न देने वाला धनवान और धर्महीन निर्धन दोनों व्यर्थ हैं। वह पंडित भी व्यर्थ है जो वेद-पुराणों का अध्ययन करने के बाद भी पुण्यकर्म नहीं करता है। जो पुत्र माता-पिता की भक्ति से रहित है वह भी व्यर्थ है तथा जो स्त्री पति से स्नेह नहीं करती वह स्त्री भी निरर्थक है। तुलसीदास कहते हैं कि यदि श्रीरामचन्द्र जी के चरणों में नित्य नवीन प्रेम नहीं है तो वस्तुतः सभी कुछ व्यर्थ है।

अलंकार—तुल्ययोगिता।

को न क्रोध निरदह्यो, काम बस केहि नहिं कीन्हों ?
को न लोभ दृढ़ फंद बाँधि त्रासन करि दीन्हों ?
कौन हृदय नहिं लाग कठिन अति नारि-नयन-सर ?
लोचनजुत नहिं अंध भयो श्री पाइ कौन नर ? ॥
सुर-नागलोक-महिमंडलहु को जु मोह कीन्हों जय न ?
कह 'तुलसिदास' सो ऊबरै जेहि राख राम राजिवनयन ॥११७॥

शब्दार्थ—निरदह्यो = जलाया। त्रासन = भयभीत। नारि-नयन-सर = स्त्रियों के कटाक्ष। लोचनजुत = आँखों वाला। श्री = लक्ष्मी, धन, शोभा।

भावार्थ—ऐसा कौन है जिसको क्रोध ने जलाया न हो अर्थात् जो क्रोधित न हुआ हो ? काम ने किसको अपने बस में नहीं किया अर्थात् सब काम से पीड़ित होते हैं। लोभ ने किसको फाँसी की भाँति दृढ़ फंदे में बाँधा नहीं ?

किसके हृदय में स्त्रियों के नेत्र रूपी कठिन बाण नहीं लगे ? कौन मनुष्य धन पाकर आँखों के रहते हुए भी (मदान्ध) अन्धा नहीं हुआ। देवलोक, पृथ्वी-मंडल तथा नागलोक (पाताल) में ऐसा कौन बचा है जिसे मोह (माया) ने जीता न हो ? अर्थात् माया से हर व्यक्ति कभी न कभी परास्त होता है। तुलसीदास कहते हैं कि इन सभी (काम, क्रोध, लोभ, मोह, माया आदि) से वही बच सकता है जिसकी श्रीरामचन्द्र जी रक्षा करते हैं। तात्पर्य यह कि जो राम का भक्त है उसे ये सब परेशान नहीं कर सकते।

अलंकार—काकुवक्रोक्ति।

भौंह कमान-सँधान सुठान जे नारि-बिलोकनि-बान तें बाँचे।
कोप-कृसानु गुमान-अवाँ घट ज्यों जिनके मन आँच न आँचे।
लोभ सबै नट के बस ह्वै कपि ज्यों जग में बहु नाच न नाचे।
नीके हैं साधु सबै 'तुलसी' पै तेई रघुबीर के सेवक साँचे ।।११८।।

शब्दार्थ—भौंह कमान-सँधान सुठान = भौंह रूपी धनुष, अच्छी प्रकार किया गया है संधान जिनका। नारि बिलोकनि बान = स्त्रियों के कटाक्ष रूपी बाण। गुमान-अवाँ = अहंकार रूपी आवाँ (भट्ठी)। आँच न आँचे = आँच में पके नहीं, गरमी से संतप्त न हुए।

भावार्थ—जो (संत, साधु और भक्त) लोग भृकुटि रूपी कमान पर अच्छी प्रकार चढ़ाये हुए कामिनी के कटाक्ष रूपी बाणों से बचे हुए हैं, अभिमान रूपी अवाँ (भट्ठी) में क्रोधरूपी अग्नि की ज्वाला से जिनके मन घड़े की भाँति पके नहीं हैं तथा जिन्हें लोभ रूपी नट के अधीन होकर संसार में बंदरों की भाँति अनेक प्रकार से नाचना (भ्रमित होना) नहीं पड़ा, वे संत और साधु ही राम के (तुलसीदास के अनुसार) सच्चे सेवक हैं। अन्यथा तो सभी साधु हैं और इसलिये अच्छे भी हैं।

भेष सुबनाइ, सुचि बचन कहैं चुवाइ,
जाइ तौ न जरनि धरनि धन धाम की।
कोटिक उपाय करि लालि पालियत देह,
मुख कहियत गति राम ही के नाम की।
प्रगटै उपासना, दुरावै दुरबासनाहिं,
मानस निवास-भूमि लोभ मोह काम की।

राग रोष ईरषा कपट कुटिलाई भरे,
तुलसी से भगत भगति चहैं राम की ।।११९।।

शब्दार्थ—भेष सुबनाइ = सुन्दर साधुओं का वेष बनाकर। चुवाइ = शांत और मधुर करके। गति = पहुँच और शरण। दुरावै = छिपाता है। दुर-बासनहि = बुरी इच्छाओं को। राग = सांसारिक बिषयों से प्रेम। रोष = क्रोध। ईरषा = ईर्ष्या।

भावार्थ—जिनके मन से पृथ्वी, धन और घर की चिन्ता नहीं छूटती परन्तु साधुओं के समान सुन्दर वेष बनाकर पवित्र (वेद-पुराण सम्बन्धी) एवं अमृत चुवाते हुए वचन बोलते हैं, करोड़ों प्रकार के भले-बुरे प्रकार के उपाय करके शरीर (मरणधर्मा) का लालन-पालन करते हैं, परन्तु लोगों से यही कहते हैं कि हमें तो केवल राम नाम का ही भरोसा है। जो लोग उपासना (भक्ति भावना), धार्मिकता को तो प्रकट करते हैं परंतु मन की बुरी इच्छाओं और वासनाओं को छिपाते हैं। जिनके चित्त में लोभ, मोह और काम का निवास है। तुलसीदास के अनुसार इस प्रकार के राग, द्वेष, ईर्ष्या, धूर्तता और कुटिलता से भरे हुए मेरे जैसे भक्त भी राम की भक्ति चाहते हैं। अर्थात् यह अजीब हास्यास्पद स्थिति है कि किस प्रकार के कर्म के बावजूद लोग राम को प्रसन्न करना चाहते हैं।

'काल्हि ही तरुन तन, काल्हि ही धरनि धन,
काल्हि ही जितौंगो रन कहत कुचालि है।
काल्हि ही साधौंगो काज, काल्हि ही राजा समाज,
मसक ह्वै कहै 'भार मेरे मेरु हालि है'।
तुलसी यही कुभाँति घने घर घालि आई,
घरे घर घालति है, घने घर घालि है।
देखत सुनत समुझत हू न सूझै सोई,
कबहूँ कह्यो न 'कालहू को काल काल्हि है' ।।१२०।।

शब्दार्थ—साधौंगो = सिद्ध करूँगा। मसक = मच्छर। हालि है = हिल जायगा। घने = बहुत। घालना = नष्ट करना। सूझै न = समझ में नहीं आता।

भावार्थ—कुचाली (दुष्ट) लोग कहते हैं कि मुझे कल ही तरुण शरीर प्राप्त हो जायगा, कल ही भूमि और धन उपलब्ध हो जायेगा और कल ही

मैं युद्ध जीत लूंगा, कल ही मैं सभी कार्य सिद्ध कर लूंगा, कल ही मैं राजा हो जाऊंगा। मच्छर के समान होते हुए भी (इस प्रकार के व्यक्ति) कहते हैं कि हमारे बोझ से सुमेरु पर्वत भी काँप जायेगा। तुलसीदास का कहना है कि इस प्रकार की दुर्बुद्धि ने अनेक घरों को बुरी तरह से नष्ट कर दिया है, आज भी अनेक नष्ट हो रहे हैं, तथा आगे भी नष्ट होंगे। इस प्रकार के अनन्त उदाहरणों को देखते, सुनते और समझते हुए भी किसी की समझ में यह नहीं आता और न किसी ने यही कहा कि काल का भी काल कल ही है अर्थात् 'कल' आवेग ही, यह निश्चित नहीं है।

विशेष—मनुष्य की सामान्य प्रवृत्तियों की ओर संकेत है।

भयो न तिकाल तिहूँ लोक 'तुलसी' सो मंद,
निंदै सब साधु, सुनि मानौ न सकोचु हौं।
जानत न जोग, हिय हानि मानौं, जानकीस!
काहे को परेखो पातकी प्रपंची पोचु हौं।
पेट भरिबे के काज महाराज को कहायों,
महाराज हू कह्यो है, प्रनत बिमोचु हौं।
निज अघ जाल, कलिकाल की करालता,
बिलोकि होत ब्याकुल, करत सोई सोचु हौं ॥१२१॥

शब्दार्थ—तिकाल = भूत, भविष्यत् और वर्तमान तीनों कालों में। परेखो = उलाहना, निन्दा। पातकी = पापी। प्रपंची = छली। पोचु = नीच। प्रनत = शरणागत, भक्त। प्रनत बिमोचु = भक्तों को संकट से छुड़ाने वाला। अघ जाल = पापों का समूह।

भावार्थ—भूत, भविष्यत् और वर्तमान तीनों कालों में तीनों लोकों—आकाश, पाताल और पृथ्वीलोक—में मेरे समान नीच कोई नहीं हुआ है। इसलिये सभी साधु मेरी निन्दा करते हैं परंतु मैं इस प्रकार की निन्दा से लज्जित नहीं होता हूँ। राम जी (मेरे सर्वस्व) मुझे अपने योग्य नहीं समझते, इसी कारण मुझे अपनाने में वे अपनी प्रतिष्ठा-हानि समझते होंगे। परंतु मुझे इस बात की शिकायत ही क्यों हो, मैं तो स्वयं ही अपने को बड़ा पापी, पाखण्डी और नीच मानता हूँ। मैं तो अपने स्वार्थ के लिये अथवा पेट भरने के लोभ में आपका कहा जाता हूँ और आपने भी स्वयं कहा है कि मैं शरणागत को संकटों से बचाता हूँ। किन्तु अपनी पापराशि और कलियुग की

कुटिलता देखकर व्याकुल हो जाता हूँ। इसलिये मैं अपने उद्धार के विषय में चिन्तित हूँ।

विशेष—'विनयपत्रिका' में तुलसीदास ने इसी भाव के अनेक पद लिखे हैं। यह विनय और दैन्य का प्रतीक है।

धरम के सेतु जगमंगल के हेतु,
भूमि भार हरिबे को अवतार लियो नर को।
नीति औ प्रतीति-प्रीति-पाल चालि प्रभु मान,
लोक बेद राखिबे को पन रघुबर को।
बानर बिभीषन की ओर के कनावड़े हैं,
सो प्रसंग सुने अंग जरै अनुचर को।
राखे रीति अपनी जो होइ सोई कीजै, बलि,
तुलसी तिहारो घरजायउ हैं घर को ॥१२२॥

शब्दार्थ—धरम के सेतु = धर्म की मर्यादा। हेतु = कारण। पन = प्रण। कनावड़े = कृतज्ञ। प्रसंग = कथा, वार्त्ताक्रम। घरजायउ = दासीपुत्र, गुलाम।

भावार्थ—धर्म के सेतु (मर्यादा) भगवान् ने संसार का कल्याण करने के लिये और पृथ्वी का भार (पापियों से कम करने के लिये) हल्का करने के लिये मनुष्य के रूप (श्रीरामचन्द्र जी) में अवतार लिया है। नीति, विश्वास और प्रीति का पालन करना प्रभु का स्वभाव है तथा लोक-मान्यता और वेद के सिद्धान्तों का पालन करना रामचन्द्र जी का प्रण है। तुलसीदास कहते हैं कि रामचन्द्र जी वानरों और विभीषण के कृतज्ञ हैं यह कथा सुनकर मेरे जैसे सेवक को उनसे ईर्ष्या होती है कि रामचन्द्र जी मेरे भी ऋणी क्यों न हुए? मुझसे ऐसा काम क्यों संभव नहीं हो सका। मैं आपकी बलिहारी जाता हूँ, अपने प्रण की रक्षा करके आपसे जो बने वही कीजिये। मैं तो जन्म से ही आपके घर में पला हूँ, अर्थात् मुझे हर प्रकार से देखना-भालना आपका दायित्व है।

नाम महाराज के निबाह नीको कीजै उर,
सबही सोहात, मैं न लोगनि सोहात हौं।
कीजै राम बार यहि मेरी ओर चखकोर,
ताहि लगि रंक ज्यों सनेह को ललात हौं।

तुलसी बिलोकि कलिकाल की करालता,
कृपालु को सुभाव समुझत सकुचात हौं।
लोक एक भाँति को, तिलोकनाथ लोकबस,
आपनो न सोच, स्वामी सोच ही सुखात हौं ।।१२३।।

शब्दार्थ—बार यहि = इस बार। चखकोर कीजै = दृष्टिपात कीजिए। रंक ज्यों = दरिद्र की तरह। सनेह = घी। ललात हौं = इच्छुक रहता हूँ। लोक एक भाँति को = लोग बहुत से बुरे हो गये हैं।

भावार्थ—महाराज के नाम के साथ अच्छी प्रकार निर्वाह करनेवाला—राम नाम जपने में आलस्य न करने वाला—सबके मन को अच्छा लगता है। परन्तु मैं ही एक अपवाद हूँ जो लोगों को अच्छा नहीं लगता। हे राम! मेरी ओर एक बार कृपादृष्टि कीजिए। मैं इस कृपादृष्टि के लिए उसी प्रकार लालायित हूँ जैसे दरिद्र स्नेह (युक्त पकवानों) के लिए इच्छुक रहता है। तुलसीदास जी कहते हैं, मैं कलियुग की भयंकरता सोच कर संकोच करने लगा हूँ। इस समय सारा संसार एक-सा हो रहा हो। सभी मेरी निन्दा करने वाले और आप त्रिलोकीनाथ होकर भी लोकाचारों के अधीन हैं क्या? हे स्वामी, मुझे अपनी चिन्ता उतनी नहीं जितनी यह कि लोग कहेंगे कि रामचन्द्र जी कलियुग में अपना स्वभाव छोड़कर ऐसे करुणारहित हो गये कि तुलसी का उद्धार न कर सके। यही चिन्ता है।

विशेष—इसमें अभिधामूला व्यंजना है। इस व्यंजना के माध्यम से राम-भक्ति की याचना का ही उद्देश्य प्रतीत होता है।

तौलों लोभ, लोलुप ललात लालची लबार,
बार बार, लालच धरनि धन धाम को।
तब लौं बियोग रोग सोग भोग जानता को,
जुग सम लगत जीवन जाम जाम को।
तौलों दुख-दारिद दहत अति नित तनु,
'तुलसी' है किंकर बिमोह कोह काम को।
सब दुख आपने, निरापने सकल सुख,
जौलों जन भयो न बजाइ राजा राम को ।।१२४।।

शब्दार्थ—तौलों = तब तक। लोलुप = इन्द्रिय सुखों का लालची। लबार

=झूठा, वाचाल। जातना=कष्ट। जाम=याम, प्रहर। तनु=शरीर। किंकर =सेवक। निरापने=पराये। जब=भक्त। बजाइ=निःसंकोच। जौलों= जब तक।

भावार्थ—जब तक तुलसीदास राजा रामचन्द्र जी का नहीं हो जाता तब तक वह लोभ के कारण लोलुप, टुकड़े-टुकड़े के लिए लालायित, लालची, वाचाल तथा पृथ्वी, धन, घर आदि के लिए बार-बार ललचाता रहता है। तभी तक उसे वियोग और रोग का शोक बना रहता है, तभी तक उसे यातना भोगनी पड़ती है। और तब तक उसे पल-पल का जीवन युग के समान जान पड़ता है, तभी तक दुःख और दरिद्रता के कारण सर्वदा मानसिक रूप से अत्यन्त चिंतित रहता है और तभी तक वह काम, क्रोध और मोह से ग्रस्त रहता है, तभी तक सारे दुःख तो उसके हिस्से में है और सारे सुख उससे दूर रहते हैं।

तब लौं मलीन हीन दीन, सुख सपने न,
जहाँ तहाँ दुखी जन भाजन कलेस को।
तब लौं उबैने पायँ फिरत पेटै खलाय,
बाये मुँह सहत पराभौ देस देस को।
तब लौं दयावनो, दुसह दुःख दारिद को,
सारथी को सोइबो, ओढ़िबो झूने खेस को।
जब लौं न भजै जीह जानकी जीवन राम,
राजन को राजा सो तौ साहब महेस को ॥१२५॥

शब्दार्थ—उबैने पायँ=नंगे पाँव। फिरत पेटै खलाय=लोगों को अपना खाली पेट दिखाकर। पराभौ=पराभव। दयावनो=दया का पात्र। साथरी =चटाई। झूने=पुराने। खेस=विशेष प्रकार की रुई की बनी चादर।

भावार्थ—जब तक राजाओं के राजा और (भगवान्) शंकर के भी स्वामी (उपास्य) रामचन्द्र जी का जीभ से (मनुष्य) भजन नहीं करता हैं; तभी तक यह जीव दीन-हीन और उदास बना रहता हैं; उसे स्वप्न में भी सुख नहीं मिलता है। इधर-उधर वह मनुष्य कष्ट का पात्र होता है; तभी तक वह नंगे पैर, पेट खलाये, मुंह बाये देश-देश का निरादर सहता हुआ घूमता रहता है; तभी तक उसे दरिद्रता का असह्य दुःख है एवं वह दया का पात्र है; घास-फूस की शैया पर सोना पड़ता है और जीर्ण-शीर्ण खेस (हरियाणवी बोली का शब्द दुलाई) को ओढ़ना पड़ता है।

ईसन के ईस, महाराजन के महाराज,
देवन के देव, देव ! प्रानहूँ के प्रान हौ।
कालहू के काल, महाभूतन के महाभूत,
कर्म हू के करम, निदान के निदान हौ।
निगम को अगम, सुगम तुलसी हू से को,
एते मान सीलसिन्धु करुनानिधान हौ।
महिमा अपार, काहू बोल को न वारापार,
बड़ी साहिबी में नाथ बड़े सावधान हौ ॥१०६॥

शब्दार्थ—हे नाथ ! आप ब्रह्मा आदि ईश्वरों के भी ईश्वर, महाराजों के महाराज, देवों के देव और प्राणों के भी प्राण हैं। आप काल के भी काल, महाभूतों के भी महाभूत, कर्म के भी कर्म और कारण के भी कारण हैं। वेदों के लिए अगम (जिनके गुण को वेद भी न जान सके) और तुलसीदास जैसे पुरुषों के लिए आसानी से प्राप्त हैं। इतनी महानता के बाद भी आप शील के समुद्र और करुणा के आगार हैं अर्थात् आपमें अथाह शील और अनन्त करुणा है। आप की महिमा अपार है। आपकी किसी भी वाणी (वेद, पुराण आदि) के विस्तार और सीमा का पता नहीं है। हे स्वामी, आप अपने इस बड़े प्रभुत्व के बावजूद भो निबाहने में अत्यन्त ही सावधान रहते हैं। अर्थात् भक्तों पर दया करते ही हैं।

आरतपालु कृपालु जो राम, जेही सुमिरे तेहि को तहँ ठाढ़े।
नामप्रताप महा महिमा, अकरे किये खोटेउ, छोटउ बाढ़े।
सेवक एक तें एक अनेक भए 'तुलसी' तिहुँ तापन डाढ़े।
प्रेम बदौं प्रहलादहि को जिन पाहन तें परमेस्वर काढ़े ॥१२७॥

शब्दार्थ—आरतपालु = दीनरक्षक। सुमिरे = स्मरण करने पर। अकरे = बहुमूल्य। खोटेउ = निर्मूल्य, निकम्मे भी। डाढ़े = दग्ध, जले हुए। बदौं = मानता हूँ। पाहन = पत्थर। काढ़े = निकाला, प्रकट कर दिया।

भावार्थ—करुणामय रामचन्द्र जी दीन-दुःखी व्यक्तियों के तो रक्षक हैं ही। जिस किसी ने भी उनका स्मरण किया वह वहीं उपस्थित हुए। उनके नाम स्मरण की महिमा महान् है। उस नाम ने निर्मूल्य को बहुमूल्य और छोटों को महान् बना दिया। उनके एक से एक बढ़कर सेवकों में कोई भी आधिभौतिक, आधिदैविक, और आध्यात्मिक तापों (कष्टों) से पीड़ित नहीं हुआ। परन्तु प्रेम तो

प्रह्लाद का ही माना जायगा जिसने पत्थर से भगवान् (नृसिंह अवतार) को प्रकट कर दिया।

काढ़ि कृपान, कृपा न कहूँ, पितु काल कराल बिलोकि न भागे।
'राम कहाँ?' 'सब ठाँउ है' 'खंभ में?' 'हाँ सुनि हाँक नृकेहरि जागे।
बैरी बिदारि भए बिकराल, कहे प्रहलादहि के अनुरागे।
प्रीति प्रतीति बढ़ी 'तुलसी' तब तें सब पाहन पूजन लागे ।।१२८।।

शब्दार्थ—काढ़ि = निकालकर। कृपान = तलवार। ठाउँ = स्थान। जागे = प्रकट हुए। बिदारि = फाड़कर।

भावार्थ—प्रह्लाद को मारने के लिए हिरण्यकशिपु ने निर्दय होकर कृपाण निकाल लिया परन्तु प्रह्लाद साक्षात् मृत्यु की भयंकरता देखकर भी भगे नहीं और जब उसके पिता ने पूछा बता तेरा राम कहाँ है? तो प्रह्लाद ने कहा 'वे सर्वत्र हैं।' पिता ने पूछा 'क्या इस खंभे में (जिसमें तू बँधा है) है?' प्रह्लाद ने कहा 'हाँ'। प्रह्लाद की 'हाँ' की पुकार सुनते ही नृसिंह के रूप में राम प्रकट हो गये। शत्रु हिरण्यकशिपु को फाड़कर उनका रूप इतना भयानक हो गया कि की ही प्रार्थना पर वे शान्त हुए। तुलसीदास कहते हैं कि तभी से लोग यह प्रह्लाद मान कर कि ईश्वर सर्वत्र हैं, पत्थरों का भी (पाषाणमयी मूर्तियों का भी) पूजन करने लगे।

विशेष—इसमें मूर्तिपूजा का समर्थन संभवतः समकालीन मूर्तियों की तोड़-फोड़ को ध्यान में रखकर किया गया है।

अंतर्जामिहु, तें बड़ बाहरजामि हैं राम, जे नाम लिये तें।
धावत धेनु पन्हाई लवाइ ज्यों बालक बोलनि कान किये तें।
आपनि बूझि कहै 'तुलसी', कहिबे की न बावरि बात बिये तें।
पैज परे प्रहलादहु को प्रगटे प्रभु पाहन तें, न हिये तें ।।१२९।।

शब्दार्थ—अंतरजामि = निर्गुण ब्रह्म। बाहरजामि = सगुण ईश्वर। पन्हाइ = थन में दूध उतारती हुई। लवाई = जल्दी ब्याई हुई गाय। बावरी = पागल। बिये तें = दूसरे से।

भावार्थ—अवतारी सगुण रूप अन्तर्यामी निर्गुण (निराकार) ईश्वर से भी बड़े हैं। वे नाम मात्र लेने पर ही अपने भक्तों की रक्षा हेतु वैसे ही दौड़ते हैं,

जैसे जल्दी ब्यायी हुई गाय अपने बच्चों का शब्द सुनते ही थनों में दूध उतारती हुई दौड़ आती है। मैं (तुलसीदास) तो अपनी समझी हुई बात कहता हूँ क्योंकि इस प्रकार की बावली बातें दूसरों से कहने योग्य नहीं होतीं कि प्रह्लाद की प्रतिज्ञा का निर्वाह करने के लिए भगवान् पत्थर से प्रकट हुए, न कि हृदय से।

बालक बोलि दिये बलि काल को, कायर कोटि कुचाल चलाई।
पापी है बाप बड़े परिताप तें आपनी ओर तें खोरि न लाई।
भूरि दई बिषभूरि, भई प्रहलाद सुधाई सुधा की भलाई।
रामकृपा 'तुलसी' जन को जग होत भले को भलाई भलाई ॥१३०॥

शब्दार्थ—खोरि न लाई = कसर न राखी। भूरि = बहुत। सुधा = अमृत। सुधाइ = सीधेपन के कारण।

भावार्थ—कायर हिरण्यकशिपु ने प्रह्लाद को मारने के लिए भयानक उपाय किये। यहाँ तक कि उसे बुलाकर काल की बलि दे दी। पापी होने के कारण दुष्ट हिरण्यकशिपु ने पिता होते हुए भी प्रह्लाद को कष्ट देने में कोई कसर नहीं रखी। उसने बहुत सी विषमूलें दीं परन्तु प्रह्लाद की साधुता से वे अमृत की मलाई बन गईं। तुलसीदास का कहना है कि (भगवान्) राम की कृपा से संसार में उनके भक्त और सेवक की, भले व्यक्ति होने के कारण भलाई ही होती है।

कंस करी ब्रजबासिन सों करतूति, कुभाँति, चली न चलाई।
पांडु के पूत सपूत, कुपूत सुजोधन भो कलि छोटो छलाई।
कान्ह कृपालु बड़े नतपालु, गए खल खेचर खीस खलाई।
ठीक प्रतीति कहै 'तुलसी' जग होइ भले को भलाई भलाई ॥१३१॥

शब्दार्थ—सुयोधन = दुर्योधन। भो = हुआ। कलि छोटो = कलियुग का छोटा भाई। कान्ह = कृष्ण जी। नतपाल = शरणागत-रक्षक। खेचर = आकाशचारी राक्षस, घमंडी। खीस गये = नष्ट हो गये। खलाई = दुष्टता के कारण।

भावार्थ—कंस ने व्रजवासियों से बहुत बुरा व्यवहार किया परन्तु व्रज-वासियों के रक्षक कृष्ण थे इसलिए उसके करने से कुछ हानि संभव न हो सकी। पाण्डु के पुत्र युधिष्ठिर आदि बड़े साधु (स्वभाव के) थे परन्तु कुपुत्र दुर्योधन

छल करने में इतना चतुर था जैसे कि वह कलियुग का छोटा भाई हो। इसलिए पांडवों से छल करने में उसने कोई कसर नहीं की। परन्तु कृपालु श्री कृष्णचन्द्र शरणागत-रक्षक हैं और पाण्डव उनकी शरण में थे। यही कारण है कि दुष्ट अपनी दुष्टता के कारण स्वयं ही नष्ट हो गये। तुलसीदास अपने सच्चे विश्वास के कारण कहते हैं कि संसार में भले व्यक्ति का भला होना निश्चित है।

अवनीस अनेक भए अवनी जिनके डर तें सुर सोच सुखाहीं।
मानव-दानव-देव-सतावन रावन घाटि रच्यो जग माहीं।
ते मिल धरि, धूरि सुजोधन जे चलते बहु छत्र की छाहीं।
बेद पुरान कहै जग जान, गुमान गोबिंदहि भावत नाहीं ॥१३२॥

शब्दार्थ—अवनीस = राजा। दानव = राक्षस। घाटि रच्यो = बुराई का आयोजन किया। जग जान = संसार जानता है। गुमान = अभिमान, अहंकार।

भावार्थ—इस पृथ्वी पर ऐसे अनेक राजा हो गये हैं जिनके भय के कारण देवता लोग चिन्ता में ही सूख जाते थे। मनुष्य, राक्षस और देवताओं को सताने के लिए एक रावण ही क्या संसार में किसी से कम था ? वे सब और दुर्योधन, जो इस प्रकार के अनेक राजाओं के छत्रों की छाया में चलता था, पृथ्वी की धूलि में मिल गये—नष्ट हो गये। बेद-पुराण कहते हैं और सारा संसार भर जानता भी है कि श्री गोविन्द को अभिमान अच्छा नहीं लगता।

विशेष—उद्धव प्रसंग।

जब नैनन प्रीति ठई ठग स्याम सों स्यानी सखी हठि हौं बरजी।
नहिं जान्यो बियोग सो रोग है आगे झुकी तब हौं तेहि सों तरजी।
अब देह भई पट नेह के घाले सों, ब्योंत करै बिरहा दरजी।
ब्रजराज-कुमार बिना सुनु भृङ्ग ! अनंग भयो जिय को गरजी ॥१३३॥

शब्दार्थ—ठई = ठानी, निश्चय किया। स्यानी = चतुर। हौं = मुझे। जान्यो = समझा। झुकी = नाराज हुई। तरजी = दंड दिया। पट = वस्त्र। नेह के घाले सों = स्नेह करने से। ब्योंत करै = काट-छाँट करता है। भृङ्ग = भौंरा। अनंग = कामदेव। जिय को गरजी = प्राणों का ग्राहक।

भावार्थ—कृष्ण के मथुरा चले जाने और लम्बी प्रतीक्षा के बाद न आने

पर विरह-वेदना से व्याकुल गोपियाँ योग-मार्ग के प्रवक्ता उद्धव को भ्रमर के बहाने से संबोधित करती हैं। हे भ्रमर ! जिस समय मेरे नेत्रों ने उस ठग कृष्ण से प्रेम-सम्बन्ध किया उसी समय मेरी एक चतुर सखी ने मुझे बल-पूर्वक रोका था। परन्तु मैंने उसके कहने को साधारण समझकर टाल दिया। मुझे क्या पता था कि इससे वियोग जैसा रोग निकलेगा या वियोग-रोग हो जायेगा। इसलिए मैंने उसका तिरस्कार किया और उस पर नाराज हुई। अब मेरा शरीर स्नेह करने के कारण वस्त्र के समान हो गया है और विरह रूपी दर्जी उस वस्त्र की काट-छाँट कर रहा है। अर्थात् विरह के कारण दुर्बल हो रहा है। हे भ्रमर ! सुनो। उस नन्दकुमार श्रीकृष्ण के बिना कामदेव हमारे प्राणों का ग्राहक हो गया है। अर्थात् कृष्ण ही प्राणों की रक्षा कर सकते हैं नहीं तो विरह के कारण ये प्राण अब छूटना चाहते हैं।

विशेष—यहाँ प्रसंग न होने पर भी उद्धव-गोपी-संवाद का प्रसंग राम और गोविन्द को पर्याय मानकर प्रयुक्त हुआ है। विद्वानों का विचार है कि 'कविता-वली' में 'कृष्ण-कवितावली' का संकेत मिलता है।

अलंकार—भ्रमर के कारण अन्योक्ति है।

जोग-कथा पठई ब्रज को, सब सों सठ चेरी की चाल चलाकी।
ऊधो जू ! क्यों न कहै कुबरी जो बरी नटनागर हेरि हलाकी।
जाहि लगै पर जानै सोई, 'तुलसी' सो सुहागिनी नंदलला की।
जानी है जानपनी हरि की, अब बाँधियैगी कछु मोटि कला की ।।१३४।।

शब्दार्थ—पठई = भेजी। सठ चेरी = दुष्ट दासी। चाल चलाकी = धूर्तता, चालाकी की चाल। कुबरी, (१) कुबड़ी (२) बुरी ब्याहता। बरी = ब्याहना। नटनागर = चतुर खिलाड़ी। हलाकी = घातक। जानपनी = ज्ञानपने का। मोटि = गठरी।

भावार्थ—हे उद्धव जी, व्रज में यह जो आपको योग सिखाने का संदेश लेकर भेजा गया है, निश्चय ही यह उसी दुष्ट दासी कुब्जा की धूर्तता है। जिस कुब्जा ने धूर्तता से चतुर खिलाड़ी और घातक कृष्ण को भी एक ही दृष्टि में वरण कर लिया, वह इस प्रकार से क्यों नहीं कहेगी ? इस प्रकार का संदेश तो अवश्य ही भिजवायेगी। वरह की आग कैसी होती है यह तो वही जान सकती है जिसे यह आग लगती है या लगी हो। कुब्जा तो आज संयोग का अनुभव कर रही है। नन्दपुत्र कृष्ण की वह आज सुहागिन है। वह मेरी पीर को क्या समझ सकती है ? परन्तु अब हमें श्यामसुन्दर की चालाकी का पता चल गया है कि

उन्हें कूबड़ अच्छा लगता है, इसीलिए उन्होंने कुब्जा को चुना। अब हम लोग भी पीठ पर बनावटी गठरी बाँधा करेंगी जिससे कि कूबड़ दिखाई पड़े।

विशेष—गोपी-उद्धव-संवाद में कुब्जा का यह प्रसंग सूर आदि कवियों ने भी लिया है परन्तु तुलसी की कल्पना निश्चय ही नई है।

अलंकार—श्लेष (कुबरी में)।

पठयो है छपद छबीले कान्ह कैहू कहूँ,
खोजि कै खवास खासो कूबरी-सी बाल को।
ज्ञान को गढ़ैया, बिनु गिरा को पढ़ैया, बार-
खाल की कढ़ैया, सो बढ़ैया उर-साल को।
प्रीति को बधिक, रसरीति को अधिक, नीति-
निपुन, बिबेक है निदेस देसकाल को।
'तुलसी' कहे न बनै, सहेही बनैगी सब,
जोग भयो जोग को, बियोग नंदलाल को ।।१३५।।

शब्दार्थ—पठयो है = भेजा है। छपद = भ्रमर। छबीले = सुन्दर। कैहू = किसी प्रकार से। कहूँ = कहीं से। खोजि कै = ढूंढ़ कर। खवास = सेवक। खासो = प्रसिद्ध। बाल = बाला। गिरा = वाणी। बारखाल = बाल की खाल। उर-साल = हृदय का कष्ट। निदेश = आज्ञा। जोग = संयोग।

भावार्थ—कन्हैया श्यामसुन्दर ने बड़ी मुश्किल से कहीं खोजकर कुबड़ी के उत्तम सेवक को भ्रमर रूप में भेजा है। यह बड़ी ज्ञान की बातें गढ़ने वाला, विना जिह्वा के ही पढ़ने वाला, बाल की खाल निकालने वाला और हृदय को पीड़ा को बढ़ाने वाला है। यह प्रीति का बधिक है और विशेष प्रकार से रस-रीति को नष्ट करने वाला, बड़ा नीति-कुशल एवं विवेकी है। सो इसमें इसका कोई दोष नहीं है, देश-काल का ऐसा विधान है। तुलसीदास कहते हैं, अब कहने से कुछ प्रयोजन सिद्ध थोड़े ही होगा। अब तो सब कुछ सहना ही पड़ेगा क्योंकि नन्दनन्दन के वियोग से योग-साधना का अच्छा अवसर हाथ आ गया है। अर्थात् अब उनके वियोग में योगिनी बनना ही उचित है।

अलंकार—अनुप्रास एवं हेतु (नंदलाल के वियोग का ही योग का संयोग होने से)।

हनूमान ह्वै कृपालु, लाड़िले लषन लाल,
भावते भरत कीजै सेवक सहाय जू।

बिनती करत दीन दूबरो दयावनो सो,
बिगरे तें आपही सुधारि लीजै भाय जू ।
मेरी साहिबिनी सदा सीस पर बिलसति,
देबि ! क्यों न दास को देखाइयत पाय जू ।
खीझहू में रीझबे की बानि, राम रीझत हैं,
रीझे ह्वै हैं राम की दुहाई रघुराय जू ॥१३६॥

शब्दार्थ—ह्वै = होकर । लाड़िले = प्यारे । भावते = प्यारे । बिगरे ते = बिगड़ने से । भाय जू = भाई जी । साहिबिनी = स्वामिनी । बिलसत = शोभायमान है । खीझहू = क्रोध में भी । रीझे ह्वै हैं = प्रसन्न हुए होंगे ।

भावार्थ—हनुमान् जी ! प्रिय लखनलाल और मनभावन भरत जी, थोड़ी इस सेवक पर कृपा करके इसकी सहायता कीजिए । यह दीन, दुर्बल और दया का पात्र दास आपसे विनय करता है । इस दास से यदि कुछ त्रुटि हो जाय तो आप ही उसे देख लें । मेरी स्वामिनी सीता जी हमेशा मेरे मस्तक पर हाथ दिये रहती हैं, इसलिए हे देवि, इस दास तुलसी को अपना चरण क्यों नहीं दिखलातीं । श्रीराम जी का तो यह स्वभाव है कि वे क्रोध में भी प्रसन्न होते हैं । अतः मैं रामचन्द्र जी की शपथ लेकर कहता हूँ कि इस समय भी राम जी अवश्य ही प्रसन्न हुए होंगे ।

वेष बिराग को, राग भरो मनु, माय ! कहौं सतिभाव हौं तोसों ।
तेरे ही नाथ को नाम लै बेचिहौं पातकी पामर प्राननि पोसों ।
एते बड़े अपराधी अघी कहँ, तें कहू अंबु को मेरो तु मोसों ।
स्वारथ को परमारथ को, परिपूरन भो फिरि घाटि न हो सों ॥१३७॥

शब्दार्थ—राग = सांसारिक सुखों से प्रेम । सतिभाव = सत्य भाव से; निष्कपट मन से । पामर = नीच । पोसों = पुष्ट करता हूँ, पालन करता हूँ । अघी = पापी । घाटि = कमी । घाटि न हो सों = कमी नहीं ।

भावार्थ—तुलसीदास कहते हैं कि हे माता ! मैं निष्कपट भाव से आपसे कहता हूँ कि मेरा वेश तो वैरागियों के समान है परन्तु मन में सांसारिक सुखों की अपरिमित कामना है । मैं नीच, पापी, तुम्हारे स्वामी रामचन्द्र का नाम लेकर उसी को (घूम-घूम कर) बेच कर अपना पेट पालता हूँ—अपना भरण-पोषण करता हूँ अर्थात् राम का नाम लेने के कारण ही लोग मुझे पेट पालने

से लिए कुछ देते रहते हैं। हे माता, इतने बड़े पापी और अपराधी से एक बार आप कह दें कि तू मेरा है, तू मुझसे है। इससे मेरे स्वार्थ और परमार्थ दोनों सिद्ध हो जायेंगे, मेरे जीवन की सार्थकता पूरी हो जायगी। कोई कमी नहीं रह जायगी।

विशेष—इसमें सीता जी की वन्दना है।

जहाँ बालमीकि भए ब्याध तें मुनींद्र साधु,
'मरा-मरा' जपे सुनि सिव ऋषि सात की।
सीय को निवास लव-कुस को जनमथल
'तुलसी' छुवत छाँह ताप गरै गात की।
विटप-महीप सुरसरित-समीप सोहै,
सीताबट पेखत पुनीत होत पातकी।
बारिपुर दिगपुर बीच बिलसति भूमि,
अंकित जो जानकी चरन जलजात की ।।१३८।।

शब्दार्थ—सिख = शिक्षा। ऋषि सात की = सप्तर्षियों की। गरै = गल जाते हैं। गात = शरीर। पेखत = देखने से। बारिपुर = ग्रामविशेष। दिगपुर = ग्रामविशेष। जलजात = कमल। अंकित = चिह्न।

भावार्थ—जहाँ सप्तर्षियों का उपदेश सुनकर (राममन्त्र को उलटे क्रम से) 'मरा-मरा' जपते हुए बाल्मीकि जी व्याध से मुनीन्द्र हो गये, जो सीता जी का निवासस्थान एवं लव-कुश का जन्मस्थान था। तुलसीदास जी कहते हैं कि जहाँ की छाया का स्पर्श होते ही शरीर का सारा ताप शान्त हो जाता है, वह वृक्ष-राज सीटावट श्रीगङ्गा जी के तट पर शोभायमान है। उसके दर्शनमात्र से पापी पुरुष पवित्र हो जाता है। जानकी जी के चरण-कमलों से अंकित यह स्थान वारिपुर और दिगपुर के बीच में है, जहाँ यह वृक्ष सुशोभित है।

विशेष—यह सीतामढ़ी का वर्णन है जो दिघउर के पास झूसी से कुछ दूर भीटी नामक स्टेशन के पास गंगातट पर है।

मरकत बरन परन, फल मानिक से,
लसै जटाजूट जनु रूख बेष हरु है।
सुखमा को ढेरु, कैधौं सुकृत-सुमेरु कैधौं,
संपदा सकल मुद मङ्गल को घरु है।

देत अभिमत जो समेत प्रीति सेइए,
प्रतीति मानि 'तुलसी' बिचारि काको थरु है।
सुरसरि निकट सोहावनी अवनि सोहै,
रामरमनी को बट कलि कामतरु है ॥१३९॥

शब्दार्थ—मरकत बरन = पन्ना रत्न के समान अर्थात् हरे वर्ण के। परन = पत्ते। रूख = पेड़। हरु = शिवजी। सुमेरु = पर्वत के अर्थ में प्रयुक्त। मुद = आनन्द। अभिमत = मन की इच्छा। थरु = स्थान। अवनि = पृथ्वी। कलि = कलियुग में।

भावार्थ—उस सीतावट के पत्ते पन्ना के समान हरे तथा माणिक्य के सदृश लाल रङ्ग के हैं। अपनी जटाओं के कारण इस प्रकार शोभित हैं जैसे महादेव की जटाएँ ही शोभित हों। (लगता है) जैसे सुन्दरता का पुञ्ज है अथवा पुण्य का पर्वत है अथवा सभी प्रकार की सम्पत्ति, आनन्द और मंगल का घर है। तुलसीदास कहते हैं कि यदि यह जानकी जी का स्थान है, यह समझकर विश्वास और प्रीति-पूर्वक उसका सेवन किया जाय तो वह सब प्रकार के इच्छित फल देता है। गङ्गा के निकट सुन्दर सीतामढ़ी नामक स्थान में वह सीतावट शोभायमान है, जो कलियुग में कल्पवृक्ष है।

अलंकार—उपमा और संदेह।

देवधुनि पास मुनिबास श्रीनिवास जहाँ,
प्राकृत हूँ बट बूट बसत पुरारि हैं।
जोग जप जाग को बिराग को पुनीत पीठ,
रागिन पै सीठि डीठि बाहरी निहारि हैं।
'आयसु', 'आदेस', 'बाबा', 'भलो भलो', 'भावसिद्ध',
तुलसी बिचारि जोगी कहत पुकारि हैं।
रामभगतन को तौ कामतरु तें अधिक,
सिय बट सेए करतल फलचारि हैं ॥१४०॥

शब्दार्थ—धुनी = नदी। श्री = सीता जी। प्राकृत बट = साधारण वट वृक्ष। बूट = वृक्ष। पीठ = पवित्र स्थान। सीठि = नीरस। डीठि = दृष्टि।

भावार्थ—साधारण वट (बरगद) वृक्ष में श्रीमहादेव जी का निवास होता है, फिर इसके समीप तो गंगाजी का तट एवं मुनिवर वाल्मीकि का आश्रम है,

जहाँ श्री सीता जी ने निवास किया था, इसलिए इसकी महिमा का वर्णन कौन कर सकता है ? यह योग, जप, यज्ञ और वैराग्य के लिए तो निश्चय ही बड़ा पवित्र साधना-स्थल है। परंतु, सांसारिक माया-मोह में फँसे हुए (साधारणजन) जो इसे बाह्य दृष्टि से देखेंगे उन्हें यह वृक्ष अत्यन्त निरर्थक और तुच्छ पेड़ ही प्रतीत होगा। तुलसीदास कहते हैं कि यहाँ के लोग विचार-पूर्वक 'जो आज्ञा', 'आदेश', 'भैया' आदि शिष्ट शब्दों का स्वभाव से ही प्रयोग करते हैं। यह सीतावट रामभक्तों के लिए तो कल्पवृक्ष से बढ़कर है और इसकी सेवा करने से धर्म, अर्थ, काम और मोक्ष अत्यंत सुलभ हैं—हस्तामलकवत् हैं।

अलंकार—समुच्चय और व्यतिरेक।

जहाँ बन पावनो, सुहावनो, बिहंग मृग,
देखि अति लागत अनंद खेत खूंट सो।
सीताराम-लखन-निवास, बास मुनिन को
सिद्ध साधु साधक सबै बिवेक बूट सो।
झरना झरत झारि सीतल पुनीत बारि,
मंदाकिनी मंजुल महेस जटाजूट सो।
'तुलसी' जौ राम सों सनेह साँची चाहिए,
तौ सेइए सनेह सों बिचित्र चित्रकूट सो ॥१४१॥

शब्दार्थ—खेत खूंट सो = खेत के टुकड़े की भाँति हरा-भरा। बूट = वृक्ष। बारि = जल। मंजुल = सुन्दर। सेइये = सेवा कीजिए।

भावार्थ—जहाँ अति पवित्र वन, सुन्दर और सुहावने पशु-पक्षी हैं, जिसे खेत के टुकड़े के समान हरा-भरा देखकर बड़ा आनंद होता है; जहाँ सीता, राम और लक्ष्मण का निवासस्थान था। (आज भी) जहाँ अनेक मुनिजन रहते हैं तथा जो सिद्ध, साधु और साधकों के लिए विवेकरूपी वृक्ष के समान है। जहाँ झरनों से पवित्र जल गिरता रहता है और मन्दाकिनी नदी महादेव जी के जटा-जूट के समान जान पड़ती है। तुलसीदास जी कहते हैं, यदि राम से सच्चे प्रेम की इच्छा है तो प्रेम-पूर्वक इस विचित्र (प्रभावमय) चित्रकूट में वास करना चाहिए।

मोह-बन कलिमल-पल-पीन जानि जिय,
साधु गाय बिप्रन के भय सो नेवारिहैं।

दीन्हीं रजाइ राम पाइ सो सहाइ लाल,
लषन समर्थ बीर हेरि हेरि मारिहैं।
मन्दाकिनी मंजुल कमान असि, बान जहाँ,
बारि-धार धीर धरि सुकर सुधारिहैं।
चित्रकूट अचल अहेरि बैठ्यो घात मानों,
पातक के ब्रात घोर सावज सँहारिहै ।।१४२।।

शब्दार्थ—मोह-बन = अज्ञानरूपी वन। कलिमल = पाप। पल = मांस। पीन = मोटा। निवारिहैं = निवारण करेगा। रजाइ = आज्ञा। पाइ सो = उस आज्ञा के बल पर। हेरि हेरि = खोज-खोजकर। कमान = धनुष। असि = समान। बारिधार = मंदाकिनी। सुकर = स्वकर। अचल = पर्वत। अहेरी = आखेट करने वाला। घात बैठ्यो = छुपकर मारने की प्रतीक्षा में बैठा है। ब्रात = समूह। सावज = जंगली जानवर।

भावार्थ—मोहरूपी वन में पापरूप हिंसक पशुओं को कलियुग के पापरूप मांस के सेवन से मोटा होता देखकर और मन में समझकर रामचन्द्र की आज्ञा से लक्ष्मण की सहायता प्राप्त करके चित्रकूट रूपी शिकारी उन्हें मारकर साधु, गाय और ब्राह्मणों के भय को दूर करेगा। इस प्रकार की सहायता पाकर वह समस्त पापरूपी सावजों (जंगली पशुओं) को खोज-खोज कर मार डालेगा। इस प्रकार का शिकार करने के लिए चित्रकूट रूपी इस शिकारी के पास सुन्दर मन्दाकिनी रूपी धनुष तथा उसके जल की धारा रूपी बाण हैं, जिनको वह धैर्य-पूर्वक अपने हाथों में सँभालेगा।

विशेष—इस रूपक का प्रयोग चित्रकूट के संदर्भ में मानस में भी किया गया है।

अलंकार—साङ्गरूपक।

लागि दवारि पहार ठही लहकी कपिलंक जथा खर खौकी।
चारु चुवा चहुँ ओर चलैं, लपटैं झपटैं सो तमीचर तौंकी।
क्यों कहिजात महा सुखमा, उपमा तकि ताकत है कवि कौ की।
मानों लसी 'तुलसी' हनुमान हिये जगजीति जराय की चौंकी ।।१४३।।

शब्दार्थ—दवारि = दावाग्नि। ठही = ठहकर, अच्छी तरह। लहकी = प्रज्वलित हुई। खर खौकी = आग। चारु = सुन्दर। चुवा = चतुष्पद, मृगादि।

लपटैं = ज्वालाएं । तमीचर = राक्षस । तौंकी = आँच से तपकर । कौ की = कब की । तकि = विचार करके । जराय की चौंकी = नगदार चौकी ।

संदर्भ—एक समय चित्रकूट में हनुमानधारा के समीप आग लगी । तुलसीदास उस समय वहाँ थे । इस छन्द में उसी अग्नि के दृश्य का वर्णन है ।

भावार्थ—इस समय पहाड़ में (चित्रकूट) खूब अच्छी तरह से दावाग्नि लगी हुई है जैसे हनुमान ने लंका में लगाई थी । इस जंगली आग की तपन से परेशान होकर सुन्दर पशु (मृगादि) चारों ओर इस प्रकार भाग रहे हैं जैसे लंका में आग लगने पर शीघ्रता से राक्षस भागते थे । उस समय की महान् शोभा का वर्णन कैसे क़िया जाय ? इसके लिए कवि (मैं तुलसीदास) उपमा की खोज में इधर-उधर देर तक ताकता रह गया अर्थात् कब से सोचता रहा परन्तु कोई उपमा नहीं सूझी । ऐसा जान पड़ता है मानो हनुमान जी के वक्षस्थल पर संसार में सर्वोत्तम विजयी होने के कारण रामचन्द्र जी द्वारा प्रदत्त नगों से जड़ा हुआ (पुरस्कारस्वरूप) पदक सुशोभित हो ।

अलंकार—उत्प्रेक्षा ।

देव कहैं अपनी अपना अवलोकन तीरथराज चलो रे ।
देखि मिटै अपराध अगाध, निमज्जत साधु समाज भलो रे ।
सोहै सितासित को मिलिबो, तुलसी हुलसै हिय हेरि हलोरे ।
मानों हरे तृन चारु चरैं बगरे सुरधेनु के धौल कलोरे ।।१४४।।

शब्दार्थ—अपनी अपना = परस्पर । अवलोकन = दर्शन । निमज्जत = स्नान करते हैं । सितासित = सफेद-काला, गंगा-यमुना । हेरि = देखकर, खोजकर । हलोरे = तरंग । बगरे = फैले हुए । धौल = सफेद । कलोरे = बछड़ा ।

भावार्थ—देवता परस्पर कहते हैं कि चलिए तीर्थराज प्रयाग के दर्शन को चला जाय । वहाँ साधुओं के समूह स्नान करते हैं जिनके दर्शन से महत्तम अपराध भी नष्ट हो जाते हैं । श्वेत जलवाली गंगा और नीले जलवाली यमुना का संगम अत्यंत आकर्षक लगता है । उस स्थल पर दोनों नदियों की तरंगें देखकर मेरा (तुलसीदास का) मन उल्लसित होता है । ऐसा लगता है मानो इधर-उधर फैले हुए कामधेनु के सफेद बछड़े (गंगा की तरंगें) सुन्दर हरे-हरे तृणों (यमुना की तरंगों) को चर रहे हैं ।

अलंकार—उत्प्रेक्षा ।

देवनदी कहँ जो जन जान किये मनसा कुल कोटि उधारे।
देखि चले झगरैं सुरनारि, सुरेस बनाइ बिमान सँवारे।
पूजा को साजि बिरंचि रचैं, 'तुलसी' जे महातम जाननहारे।
ओक की नींव परी हरिलोक बिलोकत गंग तरंग तिहारे ।।१४५।।

शब्दार्थ—देवनदी = गंगा। उधारे = उद्धार किया। सुरनारि = अप्सराएँ (यहाँ इसी अर्थ में है)। बिरंचि = ब्रह्मा। ओक = घर। हरिलोक = वैकुण्ठ।

भावार्थ—जिस मनुष्य ने गंगा-स्नान करने का मन में विचार भी किया उसकी करोड़ों पीढ़ियाँ का उद्धार हो गया। उसे स्नान करने के लिये चलता हुआ देखकर अप्सराएँ उसका वरण करने के लिये आपस में झगड़ने लगती हैं। इन्द्र उसको स्वर्ग में ले जाने के लिये विमान सजाकर तैयार करने लगते हैं। ब्रह्मा जो गंगा का माहात्म्य जानते हैं उसकी पूजा करने की सामग्री एकत्र करने लगते हैं। तुलसीदास कहते हैं कि हे गंगा जी, आपकी तरंगों के दर्शन से ही (निकट पहुँचते ही) दर्शक के लिये वैकुण्ठ में उसके घर की नींव पड़ जाती है। (स्नान करने के बाद क्या होगा कल्पनातीत है।)

ब्रह्म जो ब्यापक बेद कहैं, गम-नाहिं गिरा गुन-ज्ञान गुनी को।
जो करता भरता हरता सुर साहिब साहब दीन दुनी को।
सोई भयो द्रव रूप सही जू है नाथ बिरंचि महेस मुनी को।
मानि प्रतीति सदा 'तुलसी' जल काहे न सेवत देवधुनी को ।।१४६।।

शब्दार्थ—गम-नाहिं = अगम्य। गिरा = सरस्वती। करता = उत्पन्न करने वाला। भरता = भरण-पोषण करने वाला। हरता = संहार करने वाला। दुनि = दुनिया। द्रवरूप = जलरूप।

भावार्थ—जिन परब्रह्म परमात्मा को वेद सर्वव्यापी कहते हैं, जिसके गुण और ज्ञान की थाह गुणीजन और शारदा भी नहीं पा सकते, जो संसार की उत्पत्ति, स्थिति और प्रलय करने वाला, देवताओं का स्वामी तथा लोक-परलोक का प्रभु हैं, जो ब्रह्मा, शिव और मुनिजनों का स्वामी है, निश्चय ही वही जल-रूप हो गया है। तुलसीदास कहते हैं, इसलिये विश्वास करके सर्वदा गंगाजल का सेवन क्यों नहीं करता ?

विशेष—इसमें गंगा का माहात्म्य है।

बारि तिहारो निहारि मुरारि भए परसे पद पाप लहौंगो।
ईस ह्वै सीस धरौं पै डरौं, प्रभु की समता बड़ दोष दहौंगो।
बरु बारहि बार सरीर धरौं, रघुबीर को ह्वै तब तीर रहौंगो।
भागीरथी! बिनवौं करजोरि, बहोरि न खोरि लगै सो कहौंगो ॥१४७॥

शब्दार्थ—बारि = जल। मुरारि = विष्णु भगवान्। परसे = स्पर्श करके। लहौंगो = प्राप्त करूँगा। बहोरि = फिर। खोरि = दोष।

भावार्थ—हे गंगे, तुम्हारे जल के दर्शन के प्रभाव से यदि मैं विष्णु हो गया तो अपने चरणों से तुम्हारा स्पर्श होने के कारण मुझे पाप लगेगा और यदि महादेव ही हो गया तो सिर पर धारण करने से मुझे डर है कि इस प्रकार अपने प्रभु भगवान् शङ्कर की समता करने के भारी दोष से कष्ट पाऊँगा। इसलिये मुझे चाहे कितनी बार शरीर धारण करना पड़े, मैं तो श्री रघुवीर रामचन्द्र जी का दास होकर ही तुम्हारे तीर पर रहूँगा। हे भागीरथि! मैं हाथ जोड़कर प्रार्थना करता हूँ कि मैं वही बात करूँगा जिससे दुबारा दोष न लगे। (यदि मैं स्नान नहीं करता तो इसका कारण रामभक्ति है क्योंकि इसमें व्यवधान होता है।)

लालची ललात, बिललात द्वार द्वार दीन,
बदन मलीन, मन मिटै न बिसूरना।
ताकत सराध कै बिबाह कै, उछाह कछू,
डोलै लोल बूझत सबद ढोल तूरना।
प्यासे हू न पावै बारि, भूखे न चनक चारि,
चाहत अहारन पहार दारि कूरना।
सोक को अगार दुख-भार-भरो तौलों जन,
जौलों देवी द्रवै न भवानी अन्नपूरना ॥१४८॥

शब्दार्थ—बिसूरना = चिन्ता, सोच। सराध = पितृकर्म। डोलै = भटकता है। लोल = चंचल। अहारन पहार = आहारों के पहाड़ अर्थात् अपरिमित भोजन। दारि = दाल का दाना। द्रवै = पिघले, दया करे।

भावार्थ—जब तक देवी अन्नपूर्णा कृपा नहीं करतीं तभी तक मनुष्य लालची होकर टुकड़े-टुकड़े तक के लिये लालायित रहता है, और दीन और उदास मुख होकर द्वार पर बिलबिलाता रहता है। परन्तु मन की चिन्ता दूर

नहीं होती। इस बात की टोह में रहता है कि श्राद्ध, विवाह और उत्सव आदि कहाँ हैं। अत्यन्त चंचल मन से घूमता रहता है; यदि कहीं ढोल और तुरही का शब्द सुनाई पड़ता है तो पूछता है कि क्या यहाँ पर कोई उत्सव है। प्यासे होने पर भी उसे जल नहीं मिलता है और भूखे रहने पर चार चने भी नहीं मिलते हैं। पहाड़ के समान बहुत अधिक उत्तम भोजन करने की इच्छा होती है। इस प्रकार कृपा न होने के कारण वह शोक का आश्रय-स्थान दुःख के भार से दबा रहता है।

भस्म अंग, मर्दन अनंग, संतत असंग हर।
सीस गंग, गिरिजा अधंग, भूषन भुजंगबर।
मुंडमाल बिधु बाल भाल, डमरू कपाल कर।
बिबुध-बृन्द-नवकुमुद-चंद, सुखकंद, सूलधर॥
त्रिपुरारि त्रिलोचन दिग्बसन बिष भोजन भव-भय-हरन।
कह 'तुलसिदास' सेवत सुलभ सिव सिव सिव संकर सरन॥१४६॥

शब्दार्थ—मर्दन = नाश करने वाले। अनंग = कामदेव। संतत असंग = निरंतर एकान्त में रहने वाले। गिरिजा = पार्वती। अधंग = अर्धाङ्ग। बाल-बिधु = द्वितीया का चन्द्रमा। बिबुध = देवता। दिग्वसन = नंगा।

भावार्थ—अंगों पर विभूति लगाये हुए, कामदेव को भस्म करने वाले, सदा एकाकी रहने वाले, जगत् के संहार-कर्त्ता, सिर पर गंगा, अर्धाङ्ग में पार्वती को धारण किये हुए और श्रेष्ठ साँपों का आभूषण पहने हुए, गले में मुंडों की माला, ललाट पर द्वितीया का चन्द्रमा तथा हाथों में डमरू और खप्पर लिये हुए, देवगण रूपी कुमुदों को प्रफुल्लित करने के लिए चन्द्रमा के समान, सुख के आधार, त्रिशूल-धारी त्रिपुर के नाशक, त्रिनेत्र, नग्न, सांसारिक कष्ट को दूर करने के लिए भयानक विष का पान करने वाले, जिनकी सेवा करने से तीनों लोकों और तीनों कालों में कल्याण प्राप्त करना सुलभ है, उस शंकर जी की मैं (तुलसीदास) शरण में हूँ।

अलंकार—रूपक।

गरल-असन, दिग्बसन, ब्यसन-भंजन, जन-रंजन,
कुंद-इन्दु-कर्पूर-गौर, सच्चिदानंदघन।
बिकट बेष, उर शेष, सीस सुरसरित सहज सुचि।
सिव अकाम, अभिराम, धाम, नित रामनाम रुचि॥

कन्दर्पदर्प-दुर्गम-दवन, उमारवन गुनभवन हर।
तुलसीस त्रिलोचन, त्रिगुन-पर, त्रिपुर-मथन, जय त्रिदसबर ।।१५०।।

शब्दार्थ—गरल = विष। असन = भोजन। व्यसन = कुटेव। कुन्द = एक प्रकार का फूल। बिकट = भयंकर। सेष = सर्प। अकाम = इच्छा-रहित। सिव = कल्याण-स्वरूप। अभिराम = सुंदर। धाम = घर। कंदर्प = कामदेव। उमा-रवन = उमारमण। हर = संहारकर्त्ता। त्रिगुन-पर = सत्त्व, रज, तम तीनों गुणों से परे।

भावार्थ—जो विषभक्षण करने वाले, दिगम्बर, दुःखहारी, भक्तों के मन को आनंदित करने वाले, कुन्द, चन्द्र एवं कपूर के समान गौरवर्ण, सच्चिदानंद-घन और भयंकर वेष धारण करने वाले, जिनके हृदय पर शेषनाग और सिर पर स्वभाव से ही परम पवित्र गंगाजी विराजमान हैं, जो कल्याण-स्वरूप, कामनाशून्य और सौंदर्यधाम हैं, जिनकी रामनाम में नित्य रुचि है, जो कामदेव के विशाल अभिमान को नष्ट करने वाले हैं, ऐसे पार्वती जी के स्वामी समस्त सद्गुणों के आगार, जगत् के संहारकर्त्ता, तुलसीदास के स्वामी, त्रिलोचन, सत्त्व रज, तम इन तीनों गुणों से परे, त्रिपुर का नाश करने वाले, देवश्रेष्ठ (भगवान्) शिव की जय हो।

अर्ध अंग अंगना, नाम जोगीस जोगपति।
बिषम असन, दिगबसन, नाम बिस्वेस बिस्वगति।
कर कपाल, सिर माल ब्याल, बिष-भूति-विभूषन।
नाम सुद्ध, अबिरुद्ध, अमर, अनवद्य, अदूषन।
बिकराल भूत-बैताल-प्रिय, भीम नाम भवभय-दमन।
सब बिधि समर्थ, महिमा अकथ तुलसिदास संसयसमन ।।१५१।।

शब्दार्थ—अंगना = स्त्री। जोगीस = योगियों के स्वामी। जोगपति = योगपति। विषम असन = भांग धतूरा आदि भोजन करने वाले। बिस्वेस = संसार के स्वामी। बिस्वगति = संसार भर को शरण देने वाले। ब्याल = सर्प। भूति = विभूति, ऐश्वर्य। अबिरुद्ध = शत्रु या प्रतिद्वन्द्वी रहित। अनवद्य = स्तुत्य। भीम = भयंकर। संसय समन = सन्देह को हटाने वाले।

भावार्थ—भगवान् शिव जी के अर्धाङ्ग में पार्वती (स्त्री) सुशोभित हैं परन्तु इसके बावजूद भी वे योगपति और योगेश्वर कहलाते हैं। जो खाते तो

भांग-धतूरा आदि विषम भोजन तथा दिशाएँ जिनके वस्त्र हैं किन्तु जो विश्वेश्वर और विश्व के आश्रय स्थान कहलाते हैं; जिनके हाथ में कपाल, सिर पर सर्पों की माला और शरीर में हलाहल विष तथा भस्म की ही शोभा है किन्तु जिनका नाम शुद्ध, अविरुद्ध, अमर, अमल और निर्दोष है; जिनका विकराल भूत-वैताल-प्रिय ऐसा भयंकर नाम है; किन्तु जो भव-भय का नाश करने वाले हैं। तुलसीदास कहते हैं—वे महादेव जी सब प्रकार समर्थ हैं, उनकी महिमा अकथनीय है और वे मेरे संदेहों की निवृत्ति करने वाले हैं।

अलंकार—विरोधाभास।

भूतनाथ भयहरन, भीम, भय-भवन भूमिधर।
भानुमंत, भगवंत, भूति-भूषन-भुजंगवर।
भव्य-भाव-वल्लभ, भवेस, भवभार-बिभंजन।
भूरि भोग, भैरव, कुजोग-गंजन, जनरंजन।
भारती-बदन, बिस-अदन सिव, ससि-पतंग-पावक-नयन।
कह 'तुलसिदास' किन भजसि मन भद्रसदन मर्दनमयन ॥१५२॥

शब्दार्थ—भूतनाथ = भूतों के स्वामी। भीम = भयंकर। भानुमंत = प्रकाशवान। भगवंत = ऐश्वर्यवान। भाव-वल्लभ = प्रेम और भक्ति को चाहने वाले। भवेस = संसार के स्वामी। भूरि भोग = जिसे सब भोग सुलभ हैं। भैरव = भयंकर शब्द करने वाले। कुजोग-गंजन = दुर्भाग्य को मिटाने वाले। भारती = सरस्वती। अदन = खाने वाले। सिव = कल्याणकारी। पतंग = सूर्य। भद्रसदन = कल्याणघर। मयन = कामदेव।

भावार्थ—शिवजी भूत-प्रेतों के नाथ हैं पर लोगों के भय को दूर करते हैं। वे भयंकरों के लिए भी भय के घर हैं, पृथ्वी को धारण करने वाले हैं, प्रकाशवान और ऐश्वर्यवान हैं, विभूति और श्रेष्ठ साँप ही उसके भूषण हैं। जो कल्याण-स्वरूप, भावप्रिय, संसार के स्वामी तथा संसार पर पड़ने वाले दुःखों के भार को नष्ट करने वाले हैं। जो महाभोगशाली, भयंकर, कुयोग का नाश करने वाले, भक्तों को आनंदित करने वाले हैं। उनके मुख में सरस्वती का वास अर्थात् विद्या के अधिष्ठान हैं। वे विष का भोजन करते हैं परन्तु कल्याण-कर्त्ता हैं। चन्द्रमा, सूर्य और अग्नि उनकी तीन आँखें हैं। तुलसीदास कहते हैं कि हे मन, तू इस प्रकार के कल्याणधाम कामदेव के नाशकर्त्ता

शिवजी का भजन क्यों नहीं करता ? अर्थात् इस प्रकार के शिव जी का भजन करना चाहिए ।

नाँगो फिरै, कहै माँगतो देखि 'न खाँगो कछू' जनि माँगिए थोरो ।
राँकनि नाकप रीझि करै, 'तुलसी' जग जो जुरै जाचक जोरो ।
'नाक सवाँरत आयो हौं नाकहिं, नाहिं पिनाकिहिं नेकु निहोरो' ।
ब्रह्म कहै 'गिरजा ! सिखवो, पति रावरो दानि है बावरो भोरो' ।।१५३।।

शब्दार्थ—खाँगो = मेरे पास धन-सम्पत्ति किसी वस्तु की कमी नहीं । राँकनि = दरिद्रों को । नाकप = इन्द्र । रीझि = प्रसन्न होकर । जोरो = एकत्र करना, जोड़ना । नाक सँवारत = स्वर्ग बनाते-बनाते । आयो हौं नाकहि = मैं हैरान हो गया हूँ । नाहि पिनाकिहिं नेकु निहोरो = शिव जी मेरा थोड़ा भी एहसान नहीं मानते । भोरो = सीधा ।

भावार्थ—ब्रह्मा जी कहते हैं—हे पार्वती ! तुम अपने पति को समझा दो, क्योंकि यह बड़ा बावला, दानी और भोला है । अर्थात् बिना पात्रता का विचार किये ही दान देता है । स्वयं तो नंगे घूमते हैं परन्तु याचकों को देखकर कहते हैं कि कुछ कमी नहीं है इसलिए थोड़ा मत माँगना । संसार में जितने याचक जोड़े जुट सकते हैं, उन्हें जुटाकर उन सब कंगालों को प्रसन्न होकर इन्द्र बना देते हैं । उन इन्द्रों के लिए स्वर्ग बनाते-बनाते मेरी नाक में दम हो गया है, परन्तु पिनाकपाणि शिव जी मेरा कुछ भी एहसान नहीं मानते ।

विशेष—विनयपत्रिका में 'बावरो रावरो नाह भवानी' पद में इसी प्रकार की व्यंजना है ।

अलंकार—व्याज स्तुति अलंकार ।

विष-पावक, ब्याल कराल गरे, सरनागत तौ तिहुँ ताप न डाढ़े ।
भूत बैताल सखा, भव नाम, दलै पल में भव के भय गाढ़े ।
तुलसीस दरिद्र-सिरोमनि, सो सुमिरे दुखदारिद होहिं न ठाढ़े ।
भौन में भाँग, धतूरोई आँगन, नाँगे के आगे हैं माँगने बाढ़े ।।१५४।।

शब्दार्थ—पावक = अग्नि । ब्याल = साँप । गरे = गले में । तिहुँ ताप = दैहिक, दैविक, भौतिक तीन प्रकार के कष्ट । न ठाढ़े = जले नहीं । भव =

शिव का नाम, संसार। दलै = नाश करते हैं। गाढ़े = कठिन। माँगने = भिखारी। बाढ़े हैं = बढ़ गये हैं।

भावार्थ—यह स्वयं तो गले में भयङ्कर विष और भीषण सर्प तथा नेत्रों में अग्नि धारण किये हुए हैं, परन्तु इनके शरणागत दैहिक, दैविक और भौतिक तापों (कष्टों) से दग्ध (संतप्त) नहीं होते। इनके साथी तो भूत-वैताल आदि हैं और नाम भी 'भव' है परन्तु यह भव (संसार) की संकटापन्न स्थिति को क्षण-मात्र में दूर कर देते हैं। तुलसी का यह स्वामी महादेव है तो दरिद्रशिरोमणि, परन्तु (इनका) स्मरण करने से दुःख और दारिद्रय ठहरने ही नहीं पाते। इसके घर में केवल भाँग है और आँगन में केवल धतूरा है, परन्तु इससे माँगने वाले भिखारी माँगने के लिए बढ़ते ही रहते हैं।

अलंकार—विरोध।

सीस बसै बरदा, बरदानि, चढ्यो बरदा, घरन्यौ बरदा है।
धाम धतूरो बिभूति को कूरो, निवास तहाँ शव लै मरे दाहै।
ब्याली कपाली है ख्याली, चहूँ दिसि भाँग की टाटिन को परदा है।
राँकसिरोमनि काकिनिभाग बिलोकत लोकप को करदा है ।।१५५।।

शब्दार्थ—बरदा = बैल; वर देने वाला। धाम = घर। कूरो = ढेर। शव = लाश। ब्याली = साँपों वाला। कपाली = कपाल धारण करने वाले शिव जी। ख्याली = कौतुकी। काकिनिभाग = एक कौड़ी पाने की योग्यता रखने वाला। लोकप = लोकपाल। करदा है = धूल है; निरर्थक हैं।

भावार्थ—इनके (शिवजी के) सिर पर वरदायिनी गंगा जी सुशोभित हैं और स्वयं ये श्रेष्ठ दानी हैं। स्वयं बैल पर सवार हैं तथा इनकी गृहिणी भी वरदायिनी हैं। घर में धतूरा और भस्म का कूड़ा (ढेर) है तथा निवासस्थान वहाँ है जहाँ लोग लाश को जलाने के लिए ले जाते हैं। ये सर्प और कपाल धारण करने वाले शिव जी अत्यन्त कौतुकी हैं। इनके घर में चारों ओर भाँग की टाटियों (छप्परों) के परदे लगे हैं। ये आधी दमड़ी की हैसियत वाले कंगालों के शिरोमणि को भी लोकपाल बना देते हैं।

अलंकार—'बरदा' में 'यमक' अलंकार।

दानी जो चारि पदारथ को त्रिपुरारि तिहूँ पुर में सिर टीको।
भोरो भलो भले भाय को भूखो, भलोई कियो सुमिरे तुलसी को।

ता बिनु आस को दास भयो, कबहूँ न मिट्यो लघु लालच जी को।
साधो कहा करि साधन तें, जोपै राधो नहीं पति पारबती को ।।१५६।।

शब्दार्थ—चारि पदारथ = धर्म, अर्थ, काम, मोक्ष। सिर टीको = शिरोमणि। भोरे = भोले। भले भाय = सद्‌भाव, शुद्ध भक्ति। सुमिरे = स्मरण करने पर। साधो = सिद्ध किया। राधो = आराधना की।

भावार्थ—त्रिपुरारि भगवान् शंकर धर्म, अर्थ, काम, मोक्ष चारों पदार्थों को देने वाले हैं। वे तीनों लोकों के शिरोमणि हैं। शिवजी शुद्ध भक्ति को छोड़कर भक्तों से कुछ नहीं चाहते हैं। जिन्होंने केवल स्मरण करने मात्र से तुलसीदास जैसे का भी कल्याण किया है। इस प्रकार के शिवजी का स्मरण छोड़कर तुम सांसारिक सुखों की आशा कर रहे हो ? मन से लालच थोड़ा भी दूर नहीं हुआ। तुलसीदास कहते हैं, यदि तूने पार्वतीपति भगवान् शङ्कर की आराधना नहीं की तो बहुत से योगादि साधनों से क्या फल प्राप्त किया ? अर्थात् कुछ नहीं।

जात जरे सब लोक बिलोकि त्रिलोचन सो बिष लोकि लियो है।
पान कियो बिष-भूषन भो, करुना बरुनालय सांइँ हियो है।
मेरोई फोरिबे जोग कपार, किधौं कछु काहू लखाइ दियो है।
काहे न कान करौ बिनती, 'तुलसी' कलिकाल बिहाल कियो है ।।१५७।।

शब्दार्थ—लोकि लियो है = झपट कर ले लिया, विष का प्रभाव कम कर दिया। पान कियो = पी लिया। वरुनालय = समुद्र। करुना बरुनालय = दया के सागर। कान करना = सुनना। बिहाल = व्याकुल।

भावार्थ—सम्पूर्ण लोकवासियों को विष की भयंकरता से जलता हुआ देखकर त्रिनेत्र (भगवान्) शंकर ने उस हलाहल विष को लपक कर शीघ्रता से पी लिया। इस कारण वह कालकूट विष आपके गले का भूषण हो गया। हे स्वामी, आपका हृदय तो दया का सागर है अर्थात् विशाल और गहरा है। मालूम नहीं, मेरा भाग्य ही फोड़ने योग्य है अर्थात् इस प्रकार निरर्थक है अथवा किसी ने आप को कुछ दोष दिखा दिया है। आप मेरी प्रार्थना पर ध्यान क्यों नहीं देते हैं जब कि मुझे कलियुग ने परेशान कर डाला है।

विशेष—मुहावरों के प्रयोग से उलाहने में गहराई सहजतः आ गयी है।

खायो कालकूट भयो अजर अमर तनु,
भवन मसान, गथ गाँठरी गरद की।
डगरू कपाल कर, भूषन कराल ब्याल,
बावरे बड़े की रीझ बाहन-बरद की।
'तुलसी' बिसाल गोरे गात बिलसति भूति,
मानों हिमगिरि चारु चाँदनी सरद की।
अर्थ धर्म काम मोक्ष बसत बिलोकनि में,
कासी करामाति जोगि जागत मरद को ।।१५८।।

शब्दार्थ—अजर = जिसकी वृद्धावस्था न आये। मसान = श्मशान। गथ = धन। गरद = विभूति। रीझ = प्रसन्न होना। बरद = बैल। सरद = शरद् ऋतु। जागत = प्रकट होती है।

भावार्थ—शिवजी ने हलाहल विष का पान (जगत् के हित के लिए) किया और अजर तथा अमर हो गये। अब श्मशान ही उनका निवास स्थान है और भस्म की पोटली ही उनकी सम्पत्ति है। हाथ में डमरू और कपाल हैं, भयंकर सर्प ही उनके आभूषण हैं तथा उस अत्यंत बावले महादेव को बैल की सवारी पसन्द है। तुलसीदास कहते हैं कि उनके अत्यंत प्रशस्त गौरवर्ण शरीर पर विभूति (भस्म) सुशोभित है मानो हिमालय पर्वत पर शरत्कालीन चन्द्रिका छिटक रही हो। अर्थ, धर्म, काम और मोक्ष उनके दृष्टिपात करने मात्र से उपलब्ध हैं। उस पुरुष योगी का चमत्कार तो काशी में प्रकट है (जहाँ मरने मात्र से व्यक्ति स्वर्ग को पहुँच जाता है)।

पिंगल जटा कलाप, माथे पै पुनीत आप,
पावक नयना, प्रताप भ्रू पर बरत हैं।
लोचन बिसाल लाल, सोहै बालचन्द्र भाल,
कंठ कालकूट, ब्याल भूषन धरत हैं।
सुन्दर दिगम्बर बिभूति गात, भाँग खात,
रूरे सृङ्गी पूरे काल-कंटक हरत हैं।
देत न अघात, रीझि जात पात आक ही के,
भोलानाथ जोगी जब औढर ढरत हैं ।।१५६।।

शब्दार्थ—पिंगल = भूरा। कलाप = समूह। आप = जल (गङ्गाजल)। पावक = अग्नि। भ्रू = भौंह। बरत = प्रज्वलित है। दिगम्बर = नंगा। सृङ्गी

=शिव जी का बाजा। पूरे=बजाकर। अघाना=तृप्त होना। आक=मदार। ओढर ढरत हैं=अपरिमित प्रसन्नता।

भावार्थ—शिवजी का जटाजूट भूरे वर्ण का है। सिर पर परस पवित्र गङ्गाजल शोभित है और नेत्रों में स्थित अग्नि का प्रताप भौंहों पर चमक रहा है। आँखें विशाल और लाल हैं, मस्तक पर द्वितीया का चन्द्रमा सुशोभित है। कंठ में कालकूट का चिह्न वर्तमान है, साँपों के गहने पहनते हैं। सुन्दर और नग्न शरीर में विभूति लगाये हुए हैं और भाँग खाते हैं। सींग को वाद्य के रूप में प्रयोग करके मनोहर शब्द के माध्यम से काल-रूपी कण्टक को निवृत्त कर देते हैं। जिस समय योगी भोलानाथ बेतरह प्रसन्न होते हैं उस समय वे देते हुए तृप्त नहीं होते हैं और स्वयं मदार के पत्तों से ही प्रसन्न हो जाते हैं।

देत संपदा समेत श्रीनिकेत जाचकनि,
भवन विभूति भाँग, वृषभ बहनु है।
नाम बामदेव, दाहिनौ सदा असंग रंग,
अर्द्ध अंग अंगना, अनंग को महनु है।
तुलसी महेस को प्रभाव भाव ही सुगम,
निगम अगम हू की जानिबो गहनु है।
वेष तौ भिखारि को, भयंक रूप संकर,
दयालु दीनबंधु दानि दारिद-दहनु है॥१६०॥

शब्दार्थ—श्रीनिकेत=वैकुंठ। असंग रंग=एकान्त प्रेमी। अंगना=स्त्री। महनु=नाशक। निगम=वेद। आगम=शास्त्र। गहनु=कठिन है। भयंक=डरावनो। संकर=कल्याणकारी। दहनु=जलाने वाला।

भावार्थ—शिवजी के घर में तो भस्म, भाँग और सवारी करने के लिए बैल रहता है परन्तु याचकों को धन समेत लक्ष्मी का घर बैकुंठ ही दे देते हैं। नाम तो बामदेव है अर्थात् बाएँ रहने वाले देवता हैं परन्तु रहते सदा दाहिने हैं, अर्थात् भक्तों पर सदा कृपालु रहते हैं। एकाकी रहना पसंद है। परन्तु अर्धाङ्ग में पार्वती हैं और कामदेव के जलानेवाले भी (प्रसिद्ध) हैं। तुलसीदास कहते हैं कि शिव जी का प्रभाव भक्ति से ही सुलभ है, नहीं तो वेदशास्त्र के लिए भी वे अप्राप्य हैं। भिक्षुकों के वेषवाले शंकर जी का रूप अत्यन्त भयानक है परन्तु वे शंकर (कल्याण करने वाले) दीनबन्धु, दयामय, दाता शिरोमणि तथा दारिद्रय का नाश करने वाले हैं।

अलंकार—विरोध और श्लेष।

चाहै न अनंग-अरि एकौं अंग मंगन को,
देबोई पै जानिए सुभाव-सिद्ध बानि सो।
बारिबुंद चारि त्रिपुरारि पर डारिए तौ,
देत फल चारि, लेत सेवा साँची मानि सो।
तुलसी भरोसो न भवेस भोलानाथ को तौ,
कोटिक कलेस करौ मरौ छार छानि सो।
दारिद-दमन दुख-दोष-दाह-दावानल,
दुनी न दयालु दूजो दानि सूलपानि सो ॥१६१॥

शब्दार्थ—अनंग-अरि = कामशत्रु शिव जी। एकौ अंग = षोडशोपचार पूजा के १६ प्रकार के अंगों में से एक भी अंग। मंगन = माँगने वाले से। पै = निश्चय। बानि = आदत। भवेस = संसार के स्वामी। छार = धूल। छानि = ढूंढ़कर। सूलपानि = शूलपाणि।

भावार्थ—कामदेव को जलाने वाले भगवान् शंकर माँगनेवाले से षोडशोपचार में से किसी भी अंग की इच्छा नहीं करते, वे केवल देना ही जानते हैं। यह उनका सहज स्वभाव है। यदि उन पर पानी की चार बूंदें भी डाल दी जायँ तो उसे ही वे सच्ची सेवा मान लेते हैं और प्रसन्न होकर उसके बदले में धर्म, अर्थ, काम, मोक्ष चारों फल दे डालते हैं। तुलसीदास का कहना है कि यदि तुम्हें विश्वेश्वर भगवान् भोलानाथ का विश्वास नहीं है तो चाहे करोड़ों प्रकार के कष्ट सहन करो, सब जगह की धूल छानकर मर जाओ तो भी कोई प्रयोजन सिद्ध न होगा। संसार में शूलपाणि महादेव जी के समान दारिद्रय का नाशक, दुःख-दोष आदि तापों को नष्ट करने के लिए दावानल रूप कोई दूसरा दानी नहीं है।

अलंकार—अंतिम पंक्ति में रूपक है।

काहे को अनेक देव सेवत जागै मसान,
खोवत अपान, सठ होत हठि प्रेत रे!
काहे को उपाय कोटि करत मरत धाय,
जाचत नरेस देस देस के अचेत रे!
'तुलसी' प्रतीति बिनु त्यागै तैं प्रयाग तनु
धन ही के हेतु दान देत कुरुखेत रे।
पात द्वै धतूरै के दै, भोरे कै भवेस सों
सुरेस हू की संपदा सुभाय सों न लेत रे ॥१६२॥

शब्दार्थ—मसान जागना = शव साधना करना (मुख्यतः अमावस्या की रात को)। अपान = आत्म-सम्मान। भोरे कै = भोलाभाला बनाकर। तैं = तू। भवेस = शिवजी।

भावार्थ—अरे दुष्ट, अनेक देवताओं की उपासना क्यों करते हो ? क्यों श्मशान में जाकर शव-साधना करते हो ? इन सबसे आत्म-सम्मान क्यों खोते हो ? इस प्रकार की साधनाओं से स्वयं ही हठ करके (हठ योग करके) क्यों प्रेत बनते हो ? अरे मूर्ख ! इधर-उधर अनेकों देशों के नरेशों के पास दौड़-दौड़कर क्यों मरते हो ? अनेक प्रकार के (छल-छद्म पूर्ण) उपाय क्यों करते हो ? तुलसीदास कहते हैं कि दूसरे जन्म में सभी भोग्य पदार्थों को पाने के लिए तुम बिना विश्वास के प्रयाग में शरीर-त्याग और धन के लिए कुरुक्षेत्र में दान क्यों करते हो ? इससे क्या लाभ होगा ? अरे अज्ञानी ! धतूरे के दो पत्ते देकर भगवान् शंकर को प्रसन्न करके इन्द्र की सम्पत्ति क्यों नहीं प्राप्त कर लेते हो ?

स्यंदन, गयंद, बाजिराजि, भले भले भट,
धन-धाम-निकरि, करनि हू न पूजे कै।
बनिता बिनीत, पूत पावन सोहावन, औ
बिनय बिवेक, विद्या सुभग सरीर ज्वै।
इहाँ ऐसो सुख, परलोक, सिवलोक ओक,
ताको फल तुलसी सों सुनौ सावधान ह्वै।
जाने, बिनु जाने, कै रिसाने, केलि कबहुँक,
सिवहि चढ़ाये ह्वै है बेल के पतौवा ह्वै ॥१६३॥

शब्दार्थ—स्यंदन = रथ। गयंद = श्रेष्ठ हाथी। बाजिराजि = अश्वपंक्ति। निकर = समूह। क्वै = कोई। ज्वै = जो कुछ। ओक = घर। रिसाने = क्रोध में। पतौवा = पत्ते।

भावार्थ—जिसके यहाँ रथ, हाथी और घोड़ों की पंक्तियाँ हैं, अच्छे योद्धा हैं, धन-धाम की अधिकता है और जिसके भाग्य-कर्म को कोई नहीं पहुँच सकता। जिसकी स्त्री अत्यन्त नम्र, पुत्र बड़ा सदाचारी और सुन्दर और जिसे स्वयं विनय, विवेक, विद्या और सुन्दर शरीर इस लोक में उपलब्ध हैं। तुलसीदास के अनुसार इस लोक में इस प्रकार का सुख और मरणोपरान्त परलोक में—शिवलोक में निवास की प्राप्ति, यह सब जिस कर्म का परिणाम है उसे सावधान होकर सुनिए। उस व्यक्ति ने जाने-अनजाने, रूठकर अथवा मजाक में ही किसी समय महादेव जी पर दो पत्ते चढ़ा दिये होंगे।

अलंकार—अतिशयोक्ति, परिवृत्त।

रति सी रवनि, सिंधु-मेखला-अवनिपति,
औनिप अनेक ठाढ़े हाथ जोरि हारि कै।
संपदा समाज देखि लाज सुरराज हू के,
सुख सब बिधि बिधि दीन्हें हैं सँवारि कै।
इहाँ ऐसो सुख, सुरलोक, सुरनाथ-पद,
ताको फल 'तुलसी' सो कहैगो बिचारि कै।
आक के पतौवा चारि, फूल द्वै धतूरे के,
दीन्हें ह्वै हैं बारक पुरारि पर डारि कै॥१६४॥

शब्दार्थ—रवनि = रमणी। अवनिपति = राजा। औनिप = राजा। सुरनाथ = इन्द्र। आक = मदार। डारि दीन्हें ह्वै हैं = चढ़ाये होंगे। बारक = एक बार, कभी।

भावार्थ—जिसकी रति के समान सुन्दरी पत्नी हो, समुद्र पर्यन्त पृथ्वी का राज्य हो, अनेक राजा हार मानकर हाथ जोड़े खड़े रहते हों, सम्पत्ति का विस्तार देखकर इन्द्र लज्जित होता हो, ब्रह्मा ने अनेक प्रकार के सुख एकत्र करके उसे प्रदान किये हों। वह व्यक्ति इस प्रकार के सुखों का इस लोक में भोग करने के उपरान्त मरने पर स्वर्ग में इन्द्र की पदवी प्राप्त करे तो तुलसीदास के विचार से उसने कभी इस जन्म में या पूर्व जन्म में एक बार शिव जी पर मदार के दो-चार पत्ते या धतूरे के फूल चढ़ाये होंगे।

अलंकार—परिवृत्त।

देवसरि सेवौं बामदेव गाउँ रावरे ही,
नाम राम ही के माँगि उदर भरत हौं।
दीबे जोग 'तुलसी' न लेत काहू को कछुक,
लिखी न भलाई भाल, पोच न करत हौं।
एते पर हू जो कोऊ रावरो ह्वै जोर करै,
ताको जोर, देवे दीन द्वारे गुदरत हौं।
पाइकै उराहनो, उराहनो न दीजै मोहिं,
कला-कला कासीनाथ कहे निबरत हौं॥१६५॥

शब्दार्थ—देवसरि = गंगा । बामदेव = शिवजी । उदर = पेट । रावरो = आपका । गुदरत हौ = कहे देता हूँ । उराहना = उलाहना । निवरत हौं = मैं छुटकारा पाता हूँ ।

भावार्थ—हे शिवजी ! मैं आपकी ही काशीपुरी (विश्वनाथ का धाम) में रहकर गंगाजी का सेवन करता हूँ तथा राम के नाम पर टुकड़े माँगकर पेट भरता हूँ । यह तुलसी यदि किसी को कुछ दे नहीं सकता तो किसी का कुछ लेता भी नहीं है । भलाई तो मेरे भाग्य में है ही नहीं, परन्तु मैं कोई बुराई भी नहीं करता । इसके बावजूद भी यदि कोई आपका भक्त कहलाकर भी मुझसे जबर्दस्ती करता है तो उसके बल प्रयोग को मैं आपके दरवाजे पर आकर निवेदन कर देता हूँ । हे काशीनाथ, मेरे स्वामी रामचन्द्र जी से उलाहना पाकर मुझे उलाहना मत देना कि तुमने मुझसे क्यों नहीं बताया ? इसलिए मैं काल की करतूत आप से कहकर छुट्टी ले लेता हूँ ।

विशेष—इस पद में तुलसी और शिवभक्तों के विवाद का संकेत है । इसमें व्यंजना है ।

चेरा राम राय को सुजस सुनि तेरो, हर !
पाइँ तर आइ रह्यों सुरसरि तीर हौं ।
बामदेव, राम को सुभाव सील जानि जिय,
नातो नेह जानियत रघुबीर भीर हौं ।
अधिभूत बेदन बिषम होत, भूतनाथ !
'तुलसी' बिकल पाहि पचत कुपीर हौं ।
मारिए तो अनायास कासीबास खास फल,
ज्याइए तो कृपा करि निरुज सरीर हौं ॥१६६॥

शब्दार्थ—चेरो = दास । भीर = डरना । अधिभूत = आधिभौतिक बाधा । बिषम = असह्य । पाहि = रक्षा करो । कुपीर पचत = बुरी पीड़ा से पीड़ित । खास = प्रसिद्ध । निरुज = रोगरहित ।

भावार्थ—हे शिवजी ! मैं रामचन्द्र जी का दास हूँ, आपका सुन्दर यश सुनकर आपके चरणों में गंगा जी के तट पर आकर बस गया हूँ । आप मेरे स्नेह सम्बन्ध और राम जी के शील-स्वभाव को जानते ही हैं । मैं श्री रामचन्द्र जी से डरता भी हूँ इसलिए उनसे नहीं कह सकता । मेरे इस आधिभौतिक शरीर में बड़ी पीड़ा हो रहो है । तुलसीदास इस पीड़ा के कारण व्याकुल है ।

मेरी रक्षा कीजिये क्योंकि इस कुत्सित पीड़ा से मैं घुला जा रहा हूँ। इससे तो यही अच्छा है कि आप मार दें ताकि काशीवास का सुन्दर फल प्राप्त हो जाय ओर नहीं तो शरीर ही रोगरहित कर दीजिये।

विशेष--भैरव जी ने तुलसीदास की बाँह में दर्द पैदा कर दिया था और इसीलिए तुलसी ने इन तीन कवित्तों से विश्वनाथ से रोगरहित करने की प्रार्थना की है।

जीबे की न लालसा, दयालु महादेव ! मोहिं,
मालुम है तोहिं मरिबेइ को रहतु हौं।
कामरिपु राम के गुलामनि को कामतरु;
अवलंब जगदंब सहित चहतु हौं।
रोग भयौ भूत सो, कुसूत भयो 'तुलसी' को,
भूतनाथ पाहिं पदपंकज गहतु हौं।
ज्याइए तौ जानकी-रमन जन जानि जिय,
मारिए तौ माँगी मीचु सूधियै कहतु हौं ।।१९७।।

शब्दार्थ—लालसा = कामना। कामतरु = कल्पवृक्ष, कामनाओं को देने-वाला। कुसूत = कुप्रबंध, असुविधा। पाहि = रक्षा कीजिए। गहतु हौं = पकड़ता हूँ। ज्याइये = जीवित रखना हो तो।

भावार्थ—हे करुणामय महादेव जी ! मुझे जीवित रहने की इच्छा नहीं है। यह आप जानते हैं कि मैं मरने के ही लिए (काशीपुरी में) रहता हूँ। हे कामारि ! आप भगवान् राम के दासों के लिये कल्पवृक्ष के समान हैं, मैं जग-न्माता पार्वती जी के सहित आपका आश्रय चाहता हूँ। (भैरव जी की प्रेरणा से) यह रोग भूत की तरह मेरे पीछे पड़ा है, जिसके कारण इस तुलसीदास को बड़ा कष्ट हो रहा है इसलिए हे भूतनाथ, आप मेरी रक्षा कीजिये। मैं आपके चरण-कमलों को पकड़ता हूँ। यदि मुझे जिलाना है तो जानकी-वल्लभ का दास जानकर जिलाइये और यदि मारना है तो आपसे साफ-साफ कहता हूँ कि मुझे मुँहमाँगी मौत मिलेगी।

भूतभव ! भवत् पिसाच-भूत-प्रेत-प्रिय,
आपनो समाज, सिव ! आपु नीके जानिए।
नाना वेष बाहन बिभूषन बसन, बास,
खान पान, बलि पूजा बिधि को बखानिए।

राम के गुलामनि की रीति प्रीति सूधी सब,
सब सो सनेह सबही को सनमानिए।
तुलसी की सुधरै सुधारे भूतनाथ ही के,
मेरे माय बाप गुरु संकर भवानिए ॥१६८॥

शब्दार्थ—भूतभव = पंचमहाभूतों के कारण स्वरूप। भवत् = आप। नीके = अच्छी तरह। बसन = वस्त्र। वास = निवासस्थान। भवानिये = भवानी ही।

भावार्थ—हे पंच महाभूतों के कारण स्वरूप शिवजी, आपको भूत, प्रेत, एवं पिशाच प्रिय हैं। अतः आप अपने समाज को अच्छी तरह जानते हैं। उनके अनेक प्रकार के वेष, वाहन, भूषण, वस्त्र, निवासस्थान, खान-पान, वलि और पूजा विधियों आदि का कौन वर्णन कर सकता है? मैं उनको प्रसन्न करने के लिए कहाँ तक सामग्री इकट्ठी करूंगा। रामचन्द्र जी के भक्तों की मान्यताएँ और प्रेम सम्बन्ध अत्यन्त सरल हैं। वे सबसे स्नेह करते हैं और सबका सम्मान भी करते हैं। तुलसीदास जी कहते हैं कि मेरी बात शिवजी के ठीक करने से ही ठीक होगी क्योंकि मेरे भाई, माँ, बाप, गुरु आदि सब कुछ श्रीशिव-पार्वती ही हैं।

विशेष—इसमें भी वातरोग से मुक्ति हेतु शंकर जी से प्रार्थना ही है।

अलंकार—तुल्ययोगिता।

गौरीनाथ, भोलानाथ, भवत भवानीनाथ,
बिस्वनाथ-पुर फिरी आन कलिकाल की।
संकर से नर, गिरजा सी नारी कासीबासी,
बेद कही, सही ससिसेषर कृपाल की।
समुख गनेस तें महेस के पियारे लोग,
बिकल बिलोकियत, नगरी बिहाल की।
पुरी-सुरबेलि, केलि काटत किरात कलि,
निठुर निहारिए उघारि दीठि भाल की ॥१६९॥

शब्दार्थ—भवत = आप। आन = दुहाई। ससिसेषर = शिवजी। समुख = कार्तिकेय। बिहाल = व्याकुल। सुरबेलि = कल्पलता। किरातकलि = कलियुग रूपी किरात। डीठि भाल की = ललाट का तीसरा नेत्र।

भावार्थ—हे शिवजी, आप पार्वतीपति, भोलानाथ और भवानीपति हैं। इस विश्वनाथ-पुरी काशी में आपके होते हुए भी कलियुग का ही राज्य है। वेदों (यहाँ तात्पर्य पुराणों से है) ने कहा है कि काशी में रहने वाले पुरुष महादेव जी के समान और स्त्रियाँ पार्वती जी के समान हैं। इस बात को दयानिधान शशिशेखर शिवजी ने भी स्वीकार किया है। किन्तु हे महेश ! कलियुग का प्रभाव इतना बढ़ गया है कि वे लोग जो शंकर को गणेश और कार्त्तिकेय से भी अधिक प्रिय हैं, वे बड़े ही चिन्तातुर दिखाई पड़ते हैं। सारी काशीपुरी को इस कलियुग ने परेशान कर दिया है। यह कलिकाल-रूपी निष्ठुर किरात काशी-रूपी कल्पलता को मजाक में ही काटना चाहता है। इसे अपने मस्तक का तीसरा नेत्र खोलकर एक बार देखिये तो जिससे यह भस्म हो जाय।

विशेष—इस छंद का वर्णन काशी में महामारी फैलने से सम्बद्ध है।

अलंकार—अंतिम चरण में 'रूपक' और त्रिनेत्र में 'व्यंजना' है।

ठाकुर महेस, ठकुराइनि उमा सी जहाँ,
लोक बेद हू बिदित महिमा ठहर की।
भट रुद्रगन, भूतगनपति, सेनापति,
कलिकाल की कुचाल काहू तौ न हर की।
बीसी बिस्वनाथ की विषाद बड़ो बारानसी,
बूझिए न ऐसो गति संकर-सहर की।
कैसे कहै 'तुलसी', वृषासुर के बरदानि !
बानि जानि सुधा तजि पियनि जहर की ॥१७०॥

शब्दार्थ—ठाकुर = स्वामी। ठहर = स्थान। सेनापति = कार्तिकेय। बीसी बिस्वनाथ की = साठ संवत्सरों को तीन भागों में बाँटा जाता है जिसमें अंतिम विश्वनाथ का है। यह संवत् १६६५-१६८५ तक रहा। वृषासुर = भस्मासुर।

भावार्थ—जिस शहर के भगवान् शंकर जैसे स्वामी और पार्वती जैसी स्वामिनी हैं, जिसकी महिमा परम्परा और वेद-शास्त्रों से प्रमाणित है, (जिसकी रक्षा) के लिये शंकर के गण तथा सेनापति कार्तिकेय एवं गणेश जैसे जहाँ वर्तमान हैं, उस शहर में कलियुग की कुचाल को किसी ने नहीं रोका ? विश्वनाथ की बीसी में इस विश्वनाथ की नगरी वाराणसी में अत्यन्त दुःख बढ़ गया है। इस शहर की ऐसी दुर्दशा है कि पूछिये मत। तुलसीदास कैसे कह सकते हैं कि यह दुर्दशा क्यों है ? हे भस्मासुर को वरदान करने वाले आपकी तो अमृत छोड़-

कर विष पीने की आदत सब जानते हैं, अतः आप कलियुग को क्यों मना करेंगे ? अर्थात् आपका इधर ध्यान ही नहीं है।

विशेष—अंतिम पंक्ति में 'वृषासुर' एवं विषपान में व्यंजना के कारण अर्थ में गहराई और व्यंग आ गया है।

लोक बेद हू बिदित बारानसी की बड़ाई,
बासी नर नारि ईस अंबिका-सरूप हैं।
कालनाथ कोतवाल, दंडकारि दंडपानि,
सभासद गनप से अमित अनूप हैं।
तहाँऊँ कुचालि कलिकाल की कुरीति, कैधौं,
जानत न मूढ़, इहाँ भूतनाथ भूप हैं।
फलैं फूलैं फैलैं खल, सीदैं साधु पल पल,
खाती दीपमालिका ठठाइयत सूप हैं॥१७१॥

शब्दार्थ—कालनाथ = कालभैरव। दंडपाणि = एक भैरव। गनप = गणेश। अमित = अनेक। सीदैं = कष्ट पाते हैं। ठठाइयत सूप हैं = दीपावली के दिन प्रातःकाल सूप बजाया जाता है।

भावार्थ—वाराणसी का महत्त्व लोक-परम्परा और वेदशास्त्र दोनों में प्रसिद्ध है। यहाँ के निवासी श्री शंकर और पार्वती के ही रूप हैं। कालभैरव जैसे तो यहाँ के कोतवाल, दण्डपाणि भैरव जी दण्ड देने वाले न्यायाधीश हैं और गणेश जी जैसे अनेक सभासद हैं। परन्तु दुष्ट कलियुग ने यहाँ भी, जहाँ डरना चाहिए था, अपनी दुष्टता नहीं छोड़ी। अर्थात् वह मूर्ख नहीं जानता है कि यहाँ के राजा साक्षात् भूतनाथ हैं। लगता है कि इस कलियुग में सब कुछ विपरीत हो रहा है। दुष्ट लोग तो खूब फलते, फूलते और फैलते हैं और सज्जन व्यक्ति क्षण-क्षण दुःख उठाते हैं। जैसे कहावत है कि "घी तो खाय दीपमालिका और ठोका जाय सूप बेचारा।"

अलङ्कार—छेकोक्ति या विदग्धोक्ति।

पंचकोस पुन्यकोस, स्वारथ परारथ को,
जानि आप आपने सुपास बास दियो है।
नीच नर नारि न सँभारि सकैं आदर,
लहत फल कादर बिचारि जो न कियो है।

बारी बारानसी बिनु कहे चक्र चक्रपानि,
मानि हित हानि सो मुरारि मन भियो है।
रोष में भरोसो एक आसुतोष कहि जात,
बिकल बिलोकि लोक कालकूट पियो है ॥१७२॥

शब्दार्थ—पंचकोस = असी से वरुणा तक की पाँच कोस की परिक्रमा। परारथ = परमार्थ। सुपास = स्वपार्श्व। बारी = जला दी। चक्रपानि = श्रीकृष्ण या विष्णु। भियो है = डरे। आसुतोष = शीघ्र ही सन्तुष्ट हो जाने वाले शिव जी।

भावार्थ—पंचकोसी के भीतर की यह पुण्यभूमि स्वार्थ तथा परमार्थ साधने के लिए बहुत उत्तम है, ऐसा सोचकर तो आपने यहाँ के निवासियों को कृपा करके अपने पास में बसाया परंतु वे नीच स्वभाव वाले लोग आदर को न संभाल सकने के कारण सुकर्म के बदले कुकर्म करने लगे। इसीलिये यह महामारी उनके अविवेक पूर्ण कर्मों का फल है। परंतु यह कलियुग आपसे नहीं डरता है, यह निश्चय ही आश्चर्यजनक है। क्योंकि आपसे उस समय मुर नामक प्रबल शत्रु का वध करने वाले श्रीकृष्ण जी भी प्रेम की हानि समझ कर डर गये थे जब मिथ्या वासुदेव को मारने के लिए उन्होंने सुदर्शन चक्र छोड़ा था और उस चक्र ने पौण्ड्रक को मारकर बिना कृष्ण की आज्ञा के ही काशी नगरी को जला दिया था। फिर यह कलियुग क्यों नहीं डरता? दैवीकोप होने पर तो एकमात्र आप आशुतोष का ही भरोसा कहा जाता है क्योंकि आपने लोकों को व्याकुल देखकर कालकूट विष पान किया था। इसलिए रुष्ट होकर भी आप इस महामारी के कारण नहीं हो सकते।

विशेष—इसमें कृष्ण की एक बार की क्षमा प्रार्थना का उल्लेख शंकर के महत्त्व के संदर्भ में किया गया है जब उन्होंने काशी के राजा पौण्ड्रक का मिथ्या वासुदेवत्व के कारण अपने सुदर्शन चक्र से वध किया था और चक्र ने बिना कृष्ण के आदेश के ही काशी नगरी को जला दिया था और बाद में कृष्ण ने क्षमा प्रार्थना की थी।

अलंकार—परिकरांकुर (मुरारी शब्द साभिप्राय है।)

रचत बिरंचि, हरि पालत, हरत हर,
तेरे ही प्रसाद जग, अग-जग-पालिके।

तोहि में बिकास बिस्व, तेहि में बिलास सब,
तोहि में समात मातु भूमिधर बालिके।
दीजै अवलंब जगदंब न बिलंब कीजै,
करुना-तरंगिनी कृपा-तरंग-मालिके।
रोष महामारी, परितोष महतारी! दुनी,
देखिए दुखारी मुनि-मानस-मरालिके ॥१७३॥

शब्दार्थ—अग = अचर। जग = जंगम, चर। विकास = उत्पत्ति। बिलास = स्थिति पालन। भूमिधर = पर्वत। परितोष = संतुष्ट हो।

भावार्थ—जड़ और चेतन का पालन करने वाली हे पार्वती! तुम्हारी इच्छा से ब्रह्मा सृजन करते हैं, विष्णु पालन करते हैं और शंकर नाश करते हैं। हे हिमालय की पुत्री पार्वती जी, समग्र विश्व तुमसे ही उत्पन्न होता है, तुम्हीं में स्थित होता है और तुम्हीं में लीन हो जाता है। हे जगदम्बे! तुम कृपा तरङ्गावलि से विभूषित करुणामयी सरिता हो। इसलिए मुझे आश्रय देने में विलम्ब न करो। मुनियों के मन रूप मानसरोवर में विलास करने वाली हंसिनी क्रुद्ध होने पर तुम्हीं महामारी हो जाती हो और प्रसन्न होने पर संसार की साक्षात् माता हो। इसलिए हम दुःखी लोगों की ओर एक बार कृपादृष्टि से देखिए तो।

विशेष—इसमें रामचरितमानस की पार्वती-वन्दना और 'सर्ग स्थिति नाश हेतवः' का अभिप्राय भी परिलक्षित है।

अलंकार—परिकरांकुर।

निपट बसेरे अघ औगुन घनेरे नर,
नारिऊँ अनेरे जगदंब चेरी चेरे हैं।
दारिदी दुखारी देखि भूसुर भिखारी भीरु,
लोभ-मोह-काम-कोह-कलिमल घेरे हैं।
लोकरीति राखी, राम साखी बामदेव जान,
जन की बिनति मानि मातु कही 'मेरे हैं'।
महामारी महेशानि महिमा की खानि,
मोद मंगल की रासि, दास कासी-बासी तेरे हैं ॥१७४॥

शब्दार्थ—निपट = अत्यंत। बसेरे = स्थान। औगुन = अवगुण। घनेरे =

बहुत। अनेरे = अनीति में प्रेम। भूसुर = ब्राह्मण। कलिमल = पाप। महेशानि = पार्वती जी। मोद = आनन्द। महामारी = जगदंबा।

भावार्थ—हे जगन्माता, मैंने यह माना कि यहाँ के पापी नरनारी अन्यायी होने के साथ ही साथ अवगुणों के पूर्णरूपेण निवासस्थान हैं। लेकिन वे हैं आप ही के दास-दासियाँ। वे दरिद्रता के कारण दुःखी हैं। ब्राह्मण लोग डर-पोक और भिखारी हैं; काम, क्रोध, लोभ और मोह आदि कलियुग के पापों से ग्रस्त हैं। भगवान् राम ने भी अपने निवासियों के गुण-दोष पर ध्यान दिये बिना ही लोक-मर्यादा की रक्षा की थी; इस घटना के गवाह स्वयं महादेव जी हैं। यह समझकर हे माता, इस दास की प्रार्थना पर ध्यान देकर एक बार आप कह दें कि 'ये सब मेरे ही (पुत्र) हैं' और वस्तुतः महामाया पार्वती, ये सभी काशीवासी हैं भी तुम्हारे ही दास, इसलिए तुम्हें इन सब पर दया करनी होगी।

विशेष—यहाँ तुम का प्रयोग सन्निकटता का प्रमाण है। भाव-विह्वलता और लगाव इन छंदों में स्पष्टतः चरम कोटि का है।

लोगन के पाप, कैधों सिद्ध-सुर साप कैधों,
काल के प्रताप कासी तिहुँ-ताप तई है।
ऊँचे नीचे, बीच के धनिक रंक राजा राय,
हठनि बजाय करि डीठि पीठि दई है।
देवता निहोरे, महामारिन्ह सों कर जोरे,
भोरानाथ जानि भोरे अपनी सी ठई है।
करुनानिधान हनुमान बीर बलवान,
जसरासि जहाँ तहाँ तैहीं लूटि लई है ॥१७५॥

शब्दार्थ—कैंधों = अथवा। साप = श्राप। तई = तप्त। हठनि बजाय = खुल्लम खुल्ला। करि डीठि = देखकर। पीठि दई है = विमुख होना। तैहीं = तुमने ही।

भावार्थ—लोगों के पाप के कारण अथवा सिद्ध और देवताओं के शाप के वश अथवा समय के फेर से इस समय काशी दैहिक, दैविक और भौतिक तापों (कष्टों) से तप्त (पीड़ित) है। उत्तम, मध्यम, अधम, धनी, दरिद्र, सम्राट्, राजा, सब हठपूर्वक खुले मैदान जान-बूझकर धर्म-कर्म से विमुख हो गये हैं। मैंने देव-ताओं से भी महामारी के निवारण के लिए प्रार्थना की, स्वयं महामारी से भी

हाथ जोड़कर विनती की, परन्तु सब निरर्थक हो गया। शिवजी को भोला-भाला समझकर महामारी ने अपनी इच्छा पूरी की। इस प्रकार के समय में हे दया-सागर, वीर और बलवान हनुमान् जी, महामारी का निवारण करके आप ही यश लीजिये क्योंकि कठिन समयों में जहाँ-तहाँ आपही ने यश की ढेरी लूट ली है। अर्थात् आपने अमित यश प्राप्त किया है।

संकर-सहर सर, नरनारि बारिचर,
बिकल सकल महामारी माँजा भई है।
उछरत उतरात हहरात मरि जात,
भभरि भगत, जल थल मीचु मई है।
देव न दयालु, महिपाल न कृपालुचित,
बारानसी बाढ़ति अनीति नित नई है।
पाहि रघुराज, पाहि कपिराज रामदूत,
राम हू की बिगरी तुहीं सुधारि लई है ॥१७६॥

शब्दार्थ—संकर-सहर=काशी। सर=तालाब। बारिचर=जलजंतु। हहरात=हाय-हाय करते हुए। भभरि=भयभीत होकर। मीचुमई=मृत्युमय। पाहि=रक्षा करो।

भावार्थ—काशी मानो एक तालाब है, यहाँ के स्त्री-पुरुष उस तालाब के जलजन्तु हैं, वे जलजन्तु महामारी रूपी मांजा (बरसात के प्रथम जल) के पानी से व्याकुल होकर उछलते हुए पानी के ऊपर उतराते हैं और हाय-हाय करके मर जाते हैं जैसे जलजन्तु मछलियाँ आदि मर जाती हैं और कुछ घबराकर भाग जाते हैं। स्थिति तो यह हो गई है कि जल और स्थल हर ओर मृत्यु ही प्रतीत होती है। न तो राजाओं के चित्त में दया है और न देवता ही दयालु हैं क्योंकि काशी में नई-नई अनीति बढ़ रही है। हे रामचन्द्र जी, अब आप ही रक्षा करें। हनुमान् जी रामचन्द्र जी की आपत्ति के समय भी जब लक्ष्मण जी बेहोश थे, उस समय भी आप ही सहायक सिद्ध हुए थे। अब आप ही रक्षा कीजिए।

अलंकार—रूपक।

एक तो कराल कलिकाल सूल मूल तामें,
कोढ़ में की खाजु सी सनीचरी है मीन की।

वेद धर्म दूरि गए, भूमिचोर भूप भए,
साधु सीद्यमान, जानि रीति पाप-पीन की।
दूबरे को दूसरो न द्वार, राम दयाधाम !
रावरी ही गति बल-बिभव-बिहीन की।
लागैगी पै लाज वा बिराजमान बिरुदहिं,
महाराज आजु जौ न देत दादि दीन की ॥१७७॥

शब्दार्थ—सूल-मूल = कष्ट का हेतु। कोढ़ में की खाजु = मुहावरा (कोढ़ स्वयं कष्टप्रद और उसमें फिर दाद का होना और कष्ट का प्रतीक है) सनीचरी है मीन की = मीनराशि पर शनि की स्थिति राजा-प्रजा दोनों का नाश करती है, वह योग संवत् १६६९ के आरंभ से १६७१ के मध्य पड़ा था। सीद्यमान = कष्ट पाते हैं। द्वार = शरण। विभव = ऐश्वर्य। दादि न देत = न्याय नहीं करते हैं।

भावार्थ—एक तो सारे दुखों का मूलभूत यह भयंकर कलियुग स्वयं और उसमें भी कोढ़ की खाज के समान मीनराशि पर शनि की स्थिति है। इसी से इस समय वेद-धर्म आदि लुप्त हो गये हैं। लुटेरे लोग राजा हो गये हैं। एवं बढ़े हुए पाप की गति देखकर साधु (सज्जन व्यक्ति) लोग उदास हैं। हे दयाधाम भगवान् राम, दुर्बल और दीन लोगों के लिए कोई अन्य गति नहीं है, बल-वैभव-शून्य पुरुषों का तो एकमात्र आप का ही भरोसा है। हे महाराज, यदि इस समय आपने इन गरीबों और दुःखियों की सहायता न की तो आपके उस यश को लज्जित होना पड़ेगा अर्थात् आप दीनदयालु कैसे कहलायेंगे ?

रामनाम मातुपितु स्वामि समरथ हितु
आस राम नाम की, भरोसो रामनाम को।
प्रेम रामनाम ही सों, नेम रामनाम ही को
जानौ न मरम पद दाहिनो न बाम को।
स्वारथ सकल, परमारथ को रामनाम,
रामनामहीन 'तुलसी' न काहू काम को।
राम की सपथ, सरबस मेरे रामनाम,
कामधेनु कामतरु मो से छीन छाम को ॥१७८॥

शब्दार्थ—हितु = हितकारी। नेम = नियम। मरम = भेद। न दाहिनो न बाम पद को मरम जानौ = सुमार्ग और कुमार्ग का भेद नहीं जानता हूँ। काम-तरु = कल्पवृक्ष। छाम = दुर्बल। छीन-छाम = अत्यंत दुर्बल।

भावार्थ—रामनाम ही मेरा माता, पिता, स्वामी एवं समर्थ मित्र है। मुझे रामनाम से ही हर प्रकार की आशा एवं भरोसा है। रामनाम से ही मेरा प्रेम है और उसी का जाप करना मेरा नियम है। इस नाम के अतिरिक्त और किसी अनुकूल-प्रतिकूल—दक्षिण और वामाचार—का पता नहीं है। राम-नाम ही मेरे स्वार्थ और परमार्थ को सिद्ध करने वाला है। इस नाम से हीन व्यक्ति किसी काम का नहीं है। मैं राम की ही शपथ लेकर कहता हूँ कि राम-नाम ही मेरा सर्वस्व है और वही मेरे-जैसे दीन, दुर्बल के लिए कामधेनु और कल्पवृक्ष के समान है।

मारग मारि, महीसुर मारि, कुमारग कोटिक कै धन लीयो।
संकर कोप सों पाप को दाम परीच्छित जाहिगो जारि कै हीयो।
कासी में कंटक जेते भए ते गे पाइ अघाइ कै आपनो कीयो।
आजु कि काल्हि परौं कि नरौं जड़ जाहिंगे चाटि दिवारी को दीयो॥
॥१७९॥

शब्दार्थ—मारग मारि = पथिकों को लूटकर। महीसुर = ब्राह्मण। कै = करके। दाम = धन। जाहिगो = नष्ट हो जायगा। कंटक = बाधक। जेते = जितने। ते गे = वे नष्ट हो गये। जड़ = मूर्ख। जाहिंगे = नष्ट हो जायेंगे।

भावार्थ—जिन लोगों ने पथिकों को लूटकर और ब्राह्मणों को मारकर करोड़ों कुमार्गों से धन एकत्र किया है; तुलसीदास कहते हैं कि शिव जी के कोप से पाप की कमाई मन में दुःख बढ़ाकर अवश्य नष्ट हो जायेगी, क्योंकि काशी में जितने भी बाधक हुए हैं वे अपनी करनी का भली प्रकार फल भोगकर नष्ट हो गये हैं। वे सब भी आज, कल, परसों या नरसों दिवाली का दिया चाट कर नष्ट हो जायेंगे अर्थात् जिस प्रकार साँप दिवाली का दीपक चाटकर चला जाता है, फिर दिखाई नहीं पड़ता, उसी प्रकार ये सभी पापी नष्ट हो जायेंगे।

कुंकुम रंग सुअंग जितो, मुखचंद सों चंद सों होड़ परी है।
बोलत बोल समृद्धि चुवै, अवलोकत सोच विषाद हरी है।
गौरी की गंग बिहंगिनि वेष, कि मंजुल मूरति मोद-भरी है।
पेखि सप्रेम पयान-समय सब सोच बिमोचन छेमकरी है॥१८०॥

शब्दार्थ—कुंकुमरंग = केसरिया रंग। सुअंग = चोंच। होड़ परी है = शर्त लगी है। समृद्धि = धन। पेखि = देखकर। पयान = प्रस्थान। छेमकरी = क्षेम-करी पक्षी, कल्याणकर।

भावार्थ—जिसकी चोंच का रंग कुंकुम के रंग से अच्छा है, जिसका मुख चन्द्रमा से सुन्दर है, जिसकी वाणी से समृद्धि टपकती है और देखते ही जो विषाद को दूर कर देती है, यह क्षेमकरी पक्षी कहीं पक्षी के वेष में पार्वती हैं अथवा गंगा है अथवा आनन्द से परिपूर्ण किसी अन्य सुन्दर देवी की मूर्ति। प्रस्थान करते समय प्रेमपूर्वक क्षेमकरी का दर्शन पा जाना सब चिन्ताओं से मुक्त होना है।

अलंकार—उपमा एवं संदेहालंकार।

विशेष—तुलसीदास इस पक्षी से प्रभावित हुए होंगे या उनके लिए यह पक्षी विशेष हितकर हुआ होगा।

मंगल की रासि, परमारथ की खानि जानि,
बिरचि बनाई बिधि, केसव बसाई है।
प्रलय हू काल राखी सूलपानि सूल पर,
मीचुबस नीच सोऊ चहत खसाई है।
छाँड़ि छितिपाल जो परीच्छित भए कृपालु,
भलो कियो खल को निकाई सो नसाई है।
पाहि हनुमान! करुनानिधान राम पाहि!
कासी कामधेनु कलि कुहत कसाई है ॥१८१॥

शब्दार्थ—रासि = ढेर। खानि = उत्पत्ति, भूमि। बिरचि बनाई = अच्छी तरह रचकर बनाई। केसव = विष्णु, कृष्ण। बसाई है = पालन किया है। सूल = त्रिशूल। चहत खसाई = नष्ट होना चाहती है। छितिपाल = राजा। निकाई = भलाई। कुहत है = मारता है।

भावार्थ—विधाता ने काशी को मंगल (कल्याण) की राशि और परमार्थ की भूमि अर्थात् मोक्षदायिनी समझ कर निर्माण किया, विष्णु ने रक्षा की और भगवान् शंकर ने उसे अपने त्रिशूल पर रखकर बचाया परन्तु उसी काशी को नीच कलियुग ने मृत्यु के वशीभूत होकर नष्ट करना चाहता है। महाराज परीक्षित ने इसे छोड़कर इस दुष्ट का कल्याण किया परन्तु इसने उस उपकार को भी भुला दिया। हे हनुमान जी आप रक्षा कीजिए। हे भगवान् राम, आप ही बचाइये। (क्योंकि) यह कलियुग रूपी कसाई काशी रूपी गाय को मार रहा है।

अलंकार—अन्तिम चरण में 'रूपक' है।

बिरचि बिरंचि की बसति बिस्वनाथ की जो,
प्रानहू तें प्यारी पुरी केसव कृपाल की।
ज्योतिरूप लिंगमई, अगनित लिंगमई,
मोक्ष-बितरनि, बिदरनि जगजाल की।
देवी देव देवसरि सिद्ध मुनिवर, बास,
लोपति बिलोकत कुलिपि भोंड़े भाल की।
हाहा करै 'तुलसी' दयानिधान राम ! ऐसी
कासी की कदर्थना कराल कलिकाल की ।।१८२।।

शब्दार्थ—बसति = बस्ती। ज्योतिरूप लिंग = द्वादश ज्योतिर्लिङ्गों में से एक लिङ्ग जो विश्वनाथ जी हैं। बिदरनि = विदीर्ण करने वाली। लोपति = लुप्त हो जाती है। बिलोकत = दर्शन मात्र से। कुलिपि = दुर्भाग्य रेखा। कदर्थना = दुर्दशा।

भावार्थ—ब्रह्मा द्वारा बनाई गई, शिव जी की पुरी काशी जिसे विष्णु प्राणों से अधिक महत्त्व देते हैं, जहाँ बारह ज्योतिर्लिङ्गों में से एक ज्योतिर्लिङ्ग विश्वनाथ जी एवं असंख्य शिवलिङ्ग शोभित हैं। मोक्षदायिनी, सांसारिक कष्टों को विदीर्ण करने वाली, देवी, देवता, गंगा, सिद्धों और श्रेष्ठ मुनियों से बसी हुई, अभागों के कपाल कर लिखी दुर्भाग्य रेखा को मिटाने वाली काशी की कलियुग ने भयंकर दुर्दशा की है। इसलिए हे करुणागार रामचन्द्र जी, मैं आपसे विनती करता हूँ कि आप काशी की रक्षा कीजिए।

आस्रम बरन कलि बिबस बिकल भए,
निज निज मरजाद मोटरी सी डार दी।
संकर सरोष महामारि ही तें जानियत,
साहिब सरोष दुनी दिन दिन दारदी।
नारि नर आरत पुकारत, सुनै न कोऊ,
काहू देवतनि मिलि मोटी मूठि मार दी।
'तुलसी' सभीत-पाल सुमिरें कृपालु राम,
समय सुकरुना सराहि सनकार दी ।।१८३।।

शब्दार्थ—आस्रम = ब्रह्मचर्य, गृहस्थ, वानप्रस्थ और संन्यास। बरन = वर्ण = ब्राह्मण, क्षत्रिय, वैश्य, शूद्र। डार दी = फेंक दिया। मोटरी = गठरी। दारदी

= दारिद्रच । मोटी = अधिक । समय = समय पर । सनकार दी = इशारा किया ।

भावार्थ—चारों आश्रमों और वर्णों के लोगों ने कलियुग के कारण परेशान होकर अपनी-अपनी मर्यादाएँ त्याग दीं। भगवान् शंकर जी क्रुद्ध हैं, इसका प्रमाण महामारी है और शिव जी जैसे स्वामी के क्रोधित होने पर दिन प्रतिदिन दारिद्रच बढ़ता जा रहा है! पुरुष-स्त्री सभी आर्त्त होकर प्रार्थना कर रहे हैं परन्तु कोई सुनता नहीं है। ऐसा प्रतीत होता है, मानों देवताओं ने मिलकर बड़ा भारी जादू कर दिया हो। तुलसीदास कहते हैं कि ऐसे समय में कृपालु रामचन्द्र जी का स्मरण करते ही उन्होंने अपनी करुणा का ध्यान करके ठीक अवसर पर लोगों की सहायता करने का वचन दिया। (रामकृपा से काशी से महामारी जा रही है, इसी का संकेत है)।

•